As práticas e os saberes médicos no Brasil colonial
(1677-1808)

CONSELHO EDITORIAL
Ana Paula Torres Megiani
Eunice Ostrensky
Haroldo Ceravolo Sereza
Joana Monteleone
Maria Luiza Ferreira de Oliveira
Ruy Braga

Ana Carolina de Carvalho Viotti

As práticas e os saberes médicos no Brasil colonial (1677-1808)

Copyright © 2017 Ana Carolina de Carvalho Viotti

Grafia atualizada segundo o Acordo Ortográfico da Língua Portuguesa de 1990, que entrou em vigor no Brasil em 2009.

Edição: Haroldo Ceravolo Sereza
Editora assistente: Cristina Tamada
Projeto gráfico, diagramação e capa: Dafne Ramos
Assistente acadêmica: Bruna Marques
Revisão: Zélia Heringer
Assistente de produção: Jean Ricardo Freitas

Imagens da capa: Ilustração da primeira edição da *Enciclopédia* (Paris, chez Briasson, David, Le Breton e Durand)

Este livro foi publicado com o apoio da FAPESP.

Número do processo Fapesp: 2014/20635-3

CIP-BRASIL. CATALOGAÇÃO NA PUBLICAÇÃO
SINDICATO NACIONAL DOS EDITORES DE LIVROS, RJ

V796p

Viotti, Ana Carolina de Carvalho
AS PRÁTICAS E OS SABERES MÉDICOS NO BRASIL COLONIAL (1677-1808)
Ana Carolina de Carvalho Viotti. - 1. ed.
São Paulo: Alameda, 2017
212 p.; il.; 21 cm

Inclui bibliografia
ISBN 978-85-7939-391-4

1. Medicina - Brasil - História. 2. Medicina popular - Brasil - História. 3. Brasil - Período colonial, 1500 - 1822. I. Título.

16-32247	CDD: 610.981
	CDU: 61(81)

ALAMEDA CASA EDITORIAL
Rua 13 de Maio, 353 – Bela Vista
CEP 01327-000 – São Paulo, SP
Tel. (11) 3012-2403
www.alamedaeditorial.com.br

Para o Rafa e o Rique.

[...] Verdadeiramente, a minha observação é um problema, e, como o de Hamlet, trata da vida e da morte. Quando a gente não pode imitar os grandes homens, imite no menos as grandes ficções. E por que não hei de eu imitar os grandes homens?

Conta-se que Xerxes, contemplando um dia o seu imenso exército, chorou com a ideia de que, ao cabo de um século, toda aquela gente estaria morta. Também eu contemplo, e choro, por efeito de igual ideia; o exército é que é outro. Não são os homens que me levam à melancolia persa, mas os remédios que os curam. Mirando os remédios vivos e eficazes, faço esta pergunta a mim mesmo: Por que é que os remédios morrem?

Machado de Assis

[...] é uma medicina dos homens, corpos e organismos, mas uma medicina das coisas: ar, água, decomposições, fermentos; uma medicina das condições de vida e do meio de existência. A relação entre organismo e meio será feita simultaneamente na ordem das ciências naturais e da medicina, por intermédio da medicina urbana. Não se passou da análise do organismo à analise do meio ambiente. A medicina passou da análise do meio à dos efeitos do meio sobre o organismo e finalmente à análise do próprio organismo.

Michel Foucault

Sumário

11 Prefácio
15 Apresentação: Uma colônia remediada
23 Capítulo 1: O médico, a(s) medicina(s)
25 "Houve povos sem médicos, mas nunca houve povos sem medicina"
35 Ensino médico e hierarquias
48 "Conservar em saúde o estado da natureza através da razão e da experiência"

55 Capítulo 2: O doente, as doenças
56 Sobre do quê e por que se adoece
79 Quem enferma (n)a colônia
96 De uma terra de muito bons ares à insalubre

105 Capítulo 3: Os remédios, os tratamentos
106 Ingredientes, receitas e métodos
131 Fórmulas inventadas, receitas secretas, farmacopeias
144 A prevenção como tratamento

151 Considerações finais: Enfim, curado?
157 Glossário de médicos, cirurgiões e outros autores consultados (Séculos XVI – XIX)
187 Referências bibliográficas
187 Documentos
197 Estudos

Prefácio
Os caminhos da cura na colônia

Em 1833, num discurso dirigido ao Instituto Histórico da França, o brasileiro Francisco de Sales Torres Homem, ao traçar um breve panorama da história das ciências no Brasil colonial, explicou aos seus colegas europeus que o país, lamentavelmente, permanecera, enquanto amargou o estado de colônia, "imóvel nos seus elementos de humanidade" e submetido ao "mutismo da inteligência". Daí não ter prosperado na colônia "nenhuma academia, nenhuma instituição literária".

O lamento de Torres-Homem, que ilustra de certo modo a opinião de uma parte substantiva dos intelectuais seus coetâneos, homens interessados em ressaltar a ruptura introduzida pela Independência recente do país e ansiosos por construir uma cultura que pudesse se auto-intitular brasileira, criou raízes robustas na sociedade local e tornou-se quase um mantra na boca daqueles que se puseram a estudar, ao longo dos séculos XIX e XX, a cultura e a ciência produzidas no Brasil durante o período colonial.

Os estudos sobre a história do saber médico no país não constituem exceções. Ao contrário, dos pioneiros e sucintos ensaios vinculados nos periódicos médicos do Oitocentos às obras mais extensas, interessadas em narrar a lenta mais sólida implantação do saber médico no país, publicadas ao longo do século XX, a maioria repetiu a seu modo a cantilena inaugurada por Torres-Homem e seus contemporâneos: antes da Independência, melhor, antes da emergência da clínica e do ensino especializado no país — ocorrida depois do desembarque de D. João VI, em 1808 —, curar os males do corpo era incumbência de curandeiros e de práticos ignorantes, de empíricos que se valiam de terapias e medicamentos obscuros ou da aplicação torta de uns poucos métodos doutos de que tinham conhecimento, como a sangria e a purga.

O grande interesse deste *As práticas e os saberes médicos no Brasil colonial (1677-1808)*, de Ana Carolina de Carvalho Viotti, que o leitor tem em mãos, está justamente em nuançar esse panorama tão lúgubre. Obviamente, não se trata de contrariar as séries documentais e negar o evidente, isto é, negar que os meios de produção e circulação do saber médico — ou de qualquer outro saber — na colônia são praticamente nulos, que o número de doutores com diploma universitário a andarem por estas terras é muito pequeno ou que aqueles discípulos de Hipócrates que se aventuravam por aqui não primavam pelo abrilhantado do seu saber.

Todavia, o que bem ou mal se produziu nestas terras naqueles tempos de poucas letras — e algo se produziu —, que contornos tinha? Há peculiaridades no que se deixou registrado por aqui, quando comparado ao conhecimento médico que então se produzia na Europa? Que lugar esse conhecimento propagado por poucos e obtido em universidades europeias tinha na rústica sociedade colonial? Impunha-se aos conhecimentos sobre a doença e a cura que detinham os religiosos, os curandeiros, os pajés e tantos outros atores sociais que então se ocupavam dos males dos colonos? Houve diálogo entre o saber dos doutos e o saber desses práticos da cura?

O livro de Viotti merece uma leitura atenta exatamente por tentar responder, com minúcias e amparado em larga documentação, a tais questões, indo além da mera e questionável constatação, partilhada por muitos estudiosos, de que o saber médico de matiz universitária está praticamente ausente da colônia e de que não desempenha papel digno de nota na sociedade colonial. É certo que o leitor não vai encontrar aqui a descrição da emergência do embrião de uma escola médica tropical, o que seria absurdo e anacrônico; no entanto, estou seguro de que irá se surpreender com o curioso e variado cenário traçado pela autora.

Jean Marcel Carvalho França
Professor Titular de História do Brasil
UNESP/campus Franca

Apresentação
Uma colônia remediada

> Depois de eu ter aprendido nas Universidades as regras gerais da Medicina, e todas as suas teorias, eu não fiz mais que escutar a voz da natureza e da observação quando fui obrigado a principiar e pôr em prática os meios de atacar as enfermidades. Portanto, este meu trabalho não é fruto da imaginação, mas sim um resultado de experiências. [...] Porque o espírito de filosofar é quem indaga a verdade, é quem dá valor a experiência, é quem produz as descobertas, e é quem remove o empirismo.[1] (AZEREDO, 1799, X-XI)

José Pinto de Azeredo, que medicou em diversas regiões do Império Português entre finais do século XVIII e início do XIX, sintetiza na afirmação acima, presente no prólogo de seu *Ensaio sobre algumas enfermidades d'Angola*, um pouco do pensamento médico característico dos séculos antecedentes à emergência da clínica: admissão e louvor do uso da experiência aliada à reflexão e a teoria, combatendo o mero empirismo. As obras redigidas pelos doutores e cirurgiões de então condenavam, direta ou indiretamente, a ação dos práticos, curandeiros, mezinheiros e mesmo de boticários que obrassem pela cura em detrimento das prescrições médicas, ainda que fosse corriqueiro o recurso a esses empíricos.

---

1 As traduções/atualizações da grafia da língua, em todas as citações de documentação, são nossas.

Pouco antes das observações de Azeredo, em 1740, João Pedro Xavier do Monte, médico português natural de Santarém, deu à prensa a obra intitulada *O homem médico de si mesmo*, onde afirmava que "são as doenças e os enfermos mais frequentes no mundo do que os médicos, e o seu insulto mais pronto que a medicina, e o padecer essas doenças mais certo e fácil do que remediá-las; em todo o mundo há doenças e enfermos, e em poucas partes dele se acham médicos" (MONTE, 1760, 26).

Essas duas passagens dão as cores do cenário de cuidados com o corpo no período colonial: muitas doenças para serem remediadas, um amontoado de saberes e pessoas obrando pelas curas, um número diminuto de doutores para atuar. Há, ainda assim, uma quantidade significativa de registros sobre a atividade dos agentes de saúde – médicos, cirurgiões, boticários – nos primeiros séculos, que vão desde a documentação cartorária e camarária produzida em diversas das capitanias de então – autos, licenças, requerimentos, testamentos, inventários, prescrições médicas[2] –, aos compêndios, tratados e livros médicos, advindos da pena dos doutores. Nos estudos sobre a medicina no Brasil, entretanto, a assertiva de que quase não era possível encontrar lentes antes do Oitocentos e de todas as modificações empreendidas pela Coroa portuguesa após sua transladação é recorrente.

Pelo punho de diversos médicos do século XX,[3] empenhados em recontar a história do que passou a ser denominado como "ciência médica", repetiu-se a notícia de que antes da emergência da clínica e do ensino especializado, nessas terras só era possível tratar os males do corpo pela ação de curandeiros e práticos de parcos conhecimentos. Por empíricos que se valeram de uma ou outra técnica utilizada pelos doutos, em grande medida erroneamente, como a sangria e a purga. De mezinheiras e parteiras que embutiam em suas ações elementos mais mágicos ou supersticiosos do que estudados, do que "científicos". Esses médicos-historiadores,

---

2   Apenas na comarca do Rio das Velhas, Carla Almeida afirma haver, ao longo do século XVIII, 111 oficiais da cura (médicos diplomados e cirurgiões licenciados), mais 50 droguistas e boticários regulamentados. Cf. (ALMEIDA, 2010, 23).

3   Especialmente (RIBEIRO, 1971); (SANTOS FILHO, 1966); (SANTOS FILHO, 1947); (SANTOS FILHO, 1960).

pautados em depoimentos como os de Frei Caetano Brandão, bispo do Grão-Pará e Maranhão no século XVIII, que dizia ser "melhor tratar-se a gente com um tapuia do sertão, que observa com mais desembaraçado instinto, do que com um médico de Lisboa", afirmam que os poucos licenciados que aqui ousaram medicar, valendo-se de um saber estrangeiro, nem sempre tinham condições – ou conhecimentos – para socorrer os pobres colonos. Esses estudiosos beberam, ainda, de outras fontes Setecentistas, como as obras do famoso Luís Antônio Verney, onde se lê seu testemunho sobre a pouca formação que os doutos tinham, ainda na metrópole. Diz-nos: "ainda não achei médico português que formasse verdadeira ideia de como circula o sangue nos vasos, e de que nasce o movimento do coração. Pelo contrário, achei muitos que nem sabiam onde estavam as veias". (VERNEY, 1745, 23)

Uma medicina plural, heterogênea e muitas vezes ineficiente para os padrões contemporâneos, é verdade, mas que procurava se firmar como um saber legítimo sobre o corpo e seus distúrbios. O toque da terra nas fórmulas de origem europeia, o misto de empirismo e conhecimento acadêmico, a utilização de materiais diversos em prol da cura – desde excrementos (PINA, 1931) a 'simpatias' –, as prescrições de plantas nativas para sanar as enfermidades, dentre outros traços, chamam a atenção para a existência de uma medicina colonial brasileira. Não se afirma, evidentemente, que se desenvolveu aqui, neste período, uma ciência nacional – tanto pela inexistência de uma "nação", debate que só se aflora no Oitocentos, quanto de meios socioculturais para desenvolver um saber deste gênero – mas é inegável a consideração de que práticas nativas e o conhecimento importado da Europa deram origem, pela necessidade (RIBEIRO, 1997, 71) e pelas possibilidades, a uma forma específica de ver e curar os males em terras brasílicas.

Será apenas com a criação das Escolas de Cirurgia da Bahia e do Rio de Janeiro (1808) e, alguns decênios depois, com a fundação das Faculdades de Medicina nas mesmas localidades (1832), que os escritos médicos se tornarão mais comuns. Considerando, porém, que a legitimidade do médico para versar sobre a doença é fruto de um processo e não somente da imposição dos meios oficiais de controle, é pertinente olhar para os séculos que antecederam esses dois grandes marcos da instituição da clínica no Brasil.

Para tanto, o leitor é convidado, no primeiro capítulo, a conhecer, a partir das impressões dos médicos deixadas em seus compêndios, quem eram e como trabalhavam os agentes de cura entre finais do Seiscentos e início do Oitocentos. Da primeira obra escrita em vernáculo sobre a(s) medicina(s) do Brasil até a criação das citadas escolas de cirurgia, são arroladas as críticas empreendidas pelos doutos àqueles que incursionaram no espaço de tratamento e cura dos moribundos, de onde se destacam as direcionadas aos religiosos e aos chamados "práticos". Todavia, que arcabouço de ideias utilizavam os profissionais formados para distinguirem-se dos empíricos que diziam se afastar? Onde adquiriram o saber qualificado para reivindicar tal afastamento? A propósito de tal aquisição, nunca é demais lembrar que o saber sobre a saúde e a doença na colônia está diretamente atrelado àquele desenvolvido em Coimbra, Lisboa, Edimburgo e Montpellier — o que demandou, em diversos momentos, recorrer a estudos que não versavam diretamente sobre o Brasil, mas que tinham desempenhado um papel importante na formação dos doutores que aqui atuaram. Que o leitor não se espante, pois, com nomes como os de João Curvo Semedo ou José Francisco Leal, por exemplo, profissionais que sabidamente não estiveram ou escreveram sobre o Brasil, mas que, inegavelmente, exerceram grande influência sobre os que se lançaram nesta tarefa.

Destacam-se, sobretudo, as "teorias" responsáveis por respaldar suas práticas, da qual a teoria hipocrático-galênica e, posteriormente, a boerhaaviana, sobressaem. Deste modo, ainda que de forma breve, propõe-se o direcionamento dos olhares para a teoria dos humores e do regimento do corpo, tão populares entre os escritos médicos, indicando a necessidade de "conservar em saúde o estado da natureza através da razão e da experiência" – característica, como adiantado, que diferenciaria o médico dos demais atores do espaço curativo. Fala-se, assim, de duas "naturezas": uma, descrita no capítulo inicial, referente àquilo que rege o corpo, que obra quase que misticamente sobre os humores; a outra, interpelada mais adiante, relacionada ao "mundo natural" e aos seus elementos constitutivos, terra, ar, clima, fauna, flora.

As descrições dos licenciados deslocam-se, ao longo do período abordado nesse estudo – de 1677 a 1808 –, por todo o espaço da então colônia lusa. As primeiras circunscrevem-se ao nordeste do território, depois passam às Minas, e, no final desse recorte temporal, concentram-se no Rio de Janeiro. Este movimento geográfico não é aleatório, tampouco determinado meramente pelo deslocamento do centro econômico colonial, como se pode supor. É aqui considerado, no entanto, que a maior concentração de gentes – e, portanto, de corpos para manifestações mórbidas – propicia o interesse de profissionais a se fixar nesta ou naquela região, bem como a ocorrência e descrição de novas epidemias. A segunda parte da obra é dedicada, então, à apresentação das doenças e dos doentes que aqui foram vistos e descritos; dito de outro modo, indica-se as principais enfermidades, com especial atenção para as possíveis causas dos males: internas, externas, comportamentais? O leitor não encontrará, no entanto, uma extensa lista de doenças, seguidas de suas atualizações léxicas, ou indicações sobre quais são os nomes dos vírus, bactérias e vetores que causavam ou transmitiam, por exemplo, o escorbuto, a febre amarela ou os sarampos. Tais aspectos remetem para uma outra concepção de medicina, de cuidado, de doente e de doença, os quais serão vistos no Brasil somente a partir das décadas iniciais do século XIX. Uma vez que as doenças – entendidas ao longo de toda a reflexão proposta – passam a existir a partir de sua descrição e normatização,[4] seja por qual baliza for, é mais interessante perceber os mecanismos que as tornaram inteligíveis e reconhecidas por seus pares, em seu tempo, do que a maneira como foram classificadas posteriormente pelos padrões "científicos": "todos os juristas dão cânones, e leis para o governo de outrem [...] os moralistas da mesma sorte, e finalmente os médicos"(MONTE, 1760, 22), ressalta, com propriedade, aquele doutor João Xavier.

Ainda no segundo capítulo, são apresentados os contornos de um perfil de doente nesses tratados médicos, a partir das considerações sobre pelo que e porque a saúde dos indivíduos era perturbada. Busca-se, também, olhar com mais vagar para o ambiente que envolvia os colonos, palco, vale ressaltar, de diversas

---

4 Cf. (CANGUILHEM, 2000b).

epidemias, a fim de entender os mecanismos que regeram sua interação com os corpos – e, mormente, os achaques desses corpos.

O último tópico deste texto vem elencar as respostas dos doutos para as causas das moléstias recorrentes nas pautas dos tratados por eles legados. Procura-se, nesta altura, descrever as principais estratégias medicamentosas e os tratamentos que foram empregados – e inventados – para sanar os achaques da colônia. São, também, destacadas, as inovações que a medicina pôde desenvolver a partir do contato com a terra americana, do conhecimento das plantas locais, do contato com outros praticantes de curas, da leitura de manuais europeus e da sistematização dos tratamentos. Destacam-se, ainda, as medidas profiláticas tomadas pelos doutores: se o ambiente, como exposto, poderia guardar o estopim dos males, era possível "limpá-lo" antes que esses se transferissem para os corpos? A medicina de então pensava na higiene dos espaços público e privado? Havia um espaço próprio para se obrar as curas?

Em um tópico conclusivo, há algumas considerações acerca do sentido da cura pelos doutores, ou melhor, quando o doente poderia considerar-se novamente são? O que se pode dizer, ao fim e ao cabo, sobre as curas na colônia? As instituições médicas europeias passaram da estrita utilização da teoria dos humores para a compreensão do corpo como máquina, incorporaram os conhecimentos da química na formulação dos medicamentos e começaram a observar o corpo doente no espaço próprio da clínica; o mesmo ocorreu em solo brasileiro? Nesse sentido, o maior objetivo das linhas que se seguem é apresentar, a partir do que se deixou registrado sobre as formas de curar – dos limites, então, da atuação dos médicos e das lacunas inevitáveis que os documentos apresentam –, as impressões dos doutores acerca dos doentes, dos tratamentos e das curas nessas terras.

***

Antes de o leitor passar adiante, gostaria de registrar meu profundo agradecimento àqueles que, de diversas formas, contribuíram para a existência das linhas que se seguem. Ao Jean Marcel

Carvalho França, orientador da pesquisa que resultou nesta obra, do meu projeto em andamento e amigo, pela confiança nas minhas ideias e na execução delas. À Susani Silveira Lemos França, por ser exemplo e companhia. Aos amigos, presentes antes mesmo da feitura do projeto de mestrado, agradeço a presença, as leituras e o suporte: Rafael Falasco, Michele Silva, Simone Almeida, Tamara Lima, Cláudia Silva, Fernanda Abumrad, Joana Cruz, Juliana Natal, Juliana Mingoti, Marcela Barbosa, Raquel Altoé, Rebeca Bacani e Ricardo Montagnoli. Em especial, agradeço à Clara Braz, pela preciosa ajuda na formulação do glossário de autores. A todos os estagiários do CEDAPH, obrigada pelo incentivo, aprendizado, projetos, confiança e parceria. À minha família: Ana Maria Viotti, Wilson Viotti e Gabriela Viotti, meus maiores incentivadores, pelo apoio incondicional com que sempre pude contar; Rafael Gonçalves, pelas incontáveis leituras e conversas quase que diárias sobre esse trabalho – por ser primeiro leitor, quase "co-autor" da obra e sempre companheiro –, e ao Henrique Gonçalves, por ensinar com simples sorrisos. Ao Sr. Rutônio, da Fundação Biblioteca Nacional, à Maísa de Araújo e à Viviane Baldochi, da Seção de Pós-graduação da Unesp/Franca, pela ajuda constante. Às professoras Denise Moura, Lorelai Kury e, em especial, Karina Anhezini, pela atenção, leitura e sugestões nas bancas avaliadoras, e ao professor Ricardo Ferreira, pelo incentivo, disponibilidade, confiança e amizade. Por fim, à CAPES, pela bolsa de pesquisa concedida, e à FAPESP, pelo auxílio que tornou possível a presente publicação.

Capítulo 1
O médico, a(s) medicina(s)

> "A Medicina é a Ciência que ensina a conservar e recuperar a vida perfeita e a saúde do corpo humano. Essa definição não tem controvérsias, porque é clara e abraçada geralmente"
>
> (VERNEY, 1745, 88).

Toda sorte de febres, disenterias, tétanos, bexigas, sarampos, males de Luanda e de Lázaro, pleurisias, obstruções, maculos ou achaques de bicho, fraturas, bronchoceles, tifos, tracomas, icterícias, infecções e tantas outras doenças foram corriqueiras e, em grande medida, fatais nos primeiros séculos de existência da colônia, acometendo do escravo ao governador. Diversas foram as formas de entender e curar as enfermidades num período anterior às noções de saúde pública,[1] medicina social[2] ou mesmo de clínica.[3] Sobre essas, muitas linhas já foram escritas, visto que as doenças, epidêmicas ou não, encaradas como problema público ou particular, modificam a dinâmica da vida do homem – além de, muitas

---

1   Destacamos (ROSEN, 1994).
2   Cf. (MACHADO, 1978).
3   Em especial, (FOUCAULT, 2001).

vezes, determinarem seu fim –, bem como a sua relação com o meio em que se encontra.

Parâmetros curativos de uma medicina europeia, fundada em moldes antigos e medievais (MARQUES, 1964), foram transpostos para o Brasil, pautados "[n]o mais útil elemento que há nos homens, que é a sabedoria" (MENDES, 1770, XIX). Advogava-se que "a experiência sem ciência é errada, incerta e cheia de perigos" (MORÃO, 1965, 7), e que era preciso proceder "com clareza para a utilidade dos enfermos" (FERREIRA, 1735, 257). Essa medicina – tomada aqui no sentido atribuído pelos médicos que a exerceram entre o final do Seiscentos e início do Oitocentos, a saber: de ciência que tem por fim "recuperar a saúde perdida e conservar a que se há recuperado" (FRANCO, 1994, 22) –, importada em função da proibição do ensino universitário na Colônia,[4] fez-se brasileira, por adaptar-se ao meio social, ao clima e, sobretudo, às possibilidades de acesso àqueles medicamentos então conhecidos pelos europeus. Desde os primeiros registros do olhar do licenciado[5] luso ou natural da terra acerca das enfermidades, sob a pena de Simão Pinheiro Mourão, em 1677, até a fundação de Escolas de Cirurgia nas antigas São Salvador e São Sebastião, em 1808, foram incontáveis os relatos de mortes, diversas as notícias de epidemias, múltiplas as novas manifestações de doenças e também de cura aqui ocorridas.

Mais do que inventariar as causas ou incidência de uma tão extensa lista de enfermidades do cotidiano colonial, dediquemo-

---

4   Conjuga bem Luiz Edmundo alguns dos fatores que não só contribuíram para a importação do modelo curativo europeu, como dos poucos nomes de médicos brasileiros coloniais que ganharam destaque por seus escritos: a falta de instrução médica no Brasil e as poucas vantagens em voltar para ele, quando formado no exterior. "Se mais notáveis deixamos de dar, a culpa foi tão-somente devida aos naturais estorvos que se antepunham aos filhos da terra, que tinham a veleidade de amar a instrução e os livros. Além de não possuirmos escolas no país, para a Europa só ia o filho do rico, e, que, em geral, por lá mesmo ficava, ganhando, com vantagem, a sua vida." (EDMUNDO, 2000, 433).

5   Ainda que boticários, parteiras e barbeiros também necessitassem e obtivessem *licenças* para exercer suas artes, utilizaremos o termo com estrita referência aos que eram certificados com diplomas de ensino superior em Medicina ou Cirurgia, em consonância com a definição de Bluteau: "Licenciado: o que nas Universidades se dá ao aprovado nos Exames de Conclusões Magnas, e Exame privado. O sujeito que tem esse grau". Verbete Licenciado. In: (BLUTEAU, 1789, 22).

-nos a compreender os diferentes contornos atribuídos ao adoecimento (SOURNIA, 1995, 359), abordando, num primeiro momento, os vários agentes que se preocuparam com a saúde dos corpos e, em seguida, a perspectiva de um grupo específico dentre esses agentes, os médicos e cirurgiões formados (SILVA, 1975;1984). A partir das impressões dos cirurgiões e físicos[6] que aqui medicaram, procura-se mapear as personagens que os coetâneos reconheciam como integrantes do cenário das curas encontrados naqueles tempos, dito de outro modo, quem, além dos doutos, trabalhava para reestabelecer a saúde, ou melhor, com que mecanismos de assistência os doentes poderiam contar. Depois de mapeados os agentes da cura, busquemos, visto que licenças e testes para exercer a medicina eram exigidos por órgãos de fiscalização reais e esses asseguravam o monopólio das práticas legais de cura apenas àqueles que passavam por suas vistas, identificar nos tratados médicos os parâmetros e "teorias" que esses médicos legitimados utilizaram para atender aos doentes. Por fim, debrucemo-nos sobre as formas pelas quais a ação da natureza – e não aquela relacionada ao mundo natural, que adiante observaremos (CALAFETE, 1994), mas a natureza do corpo – fora percebida e utilizada pelos doutos enquanto fator decisivo para manutenção da saúde.

"Houve povos sem médicos, mas nunca houve povos sem medicina"[7]

A preocupação oriunda da sociedade colonial em conservar[8] ou restabelecer a saúde partiu, inicialmente, dos religiosos, nota-

---

[6] De acordo com Roberto Passos Nogueira, "a palavra físico foi usada durante toda a Idade Média para designar o médico internista, ou seja, aquele que empregava drogas diversas no tratamento das enfermidades internas do corpo". "A partir do século XII", completa ele, "a palavra *fisicien*, em francês, difunde-se por várias línguas, inclusive o português. No inglês (*physician*), o significado mantem-se como no original". Assim, o termo é empregado neste trabalho também como sinônimo de médico. Cf. (NOGUEIRA, 2007, 19-20).

[7] Máxima de Plínio aos romanos. (TAVARES DE SOUSA, 1996, 15)

[8] Ainda que medidas preventivas em massa sejam estimuladas e mapeadas posteriormente, vê-se, ainda no período colonial, diversas empreitas sobre prevenção. É o caso da obra de Pimenta (varíola) e João Pedro Xavier do Monte (homem médico de si mesmo), por exemplo.

damente dos franciscanos e jesuítas, que desembarcavam no país. A princípio responsáveis pela "cura das almas", os jesuítas que aqui se fixaram procuraram, paralelamente ao trabalho de catequese do gentio, resguardar também sua saúde – tão fragilizada pela incidência de enfermidades até então desconhecidas por seus organismos[9] – e expurgar aqueles rituais mágicos que até então se mostravam tão eficientes entre os nativos. Um dos grandes nomes da ordem de Inácio de Loyola no Brasil, Padre José de Anchieta, afirma que não seriam apenas os silvícolas os dependentes da assistência dos irmãos, pois "[...] mesmo os portugueses parecem que não sabem viver sem nós outros [os jesuítas], assim em suas enfermidades próprias, como de seus escravos: em nós outros têm médicos, boticários e enfermeiros; nossa casa é botica de todos, poucos momentos está quieta a campainha da portaria" (ANCHIETA, 1984, 239-240). Até mesmo a sangria, que, a priori, seria vedada aos religiosos praticar, passa a ser permitida através de legislação canônica especial (ALGUNAS cosas, 1579, 45), dada a necessidade de atender aos doentes e cumprir o *Compromisso da Ordem*, datado de 1516. Das instruções com o cuidado corporal presentes nos *Compromissos*, destacam-se: "resgatar os cativos e visitar os prisioneiros, tratar dos doentes, vestir os nus, alimentar os famintos, dar de beber aos sedentos, abrigar os viajantes e os pobres, sepultar os mortos" (RUSSELL-WOOD, 1981, 90).

As boticas mencionadas por Anchieta continuaram sob a curadoria dos irmãos inacianos até meados do século XVIII, quando de sua expulsão dos domínios portugueses.[10] Nelas, além da presença de medicamentos de uso recorrente na capital do Império Luso, encontravam-se receitas oriundas dos experimentos dos próprios religiosos, receitas que obtiveram considerável sucesso no período colonial. Em 1703, um traficante de escravos francês, em sua estada no Rio de Janeiro, destaca o papel dessas antigas farmácias dos inacianos: "a botica mantida por essa casa é exce-

---

9 Cf. catálogo de obras que abordam especificamente a temática das doenças indígenas pós colonização em (BUCHILLET, 2007).

10 Até 1757, para se ter dimensão da importância dessas boticas administradas pelos religiosos, a única existente do gênero na região do Grão-Pará era aquela localizada no Colégio jesuíta em Belém. (LEITE, 1953, 189).

lente: bem decorada, asseada e provida de todos os tipos de drogas. Julgo não possuirmos, em França, nenhuma que se lhe compare. Essa botica dos padres abastece todas as outras da cidade" (ANÔNIMO, 2008, 80-81).

O crescente emprego da farmacopeia indígena na cura de determinadas doenças, não só ampliou as possibilidades terapêuticas dos missionários, como reduziu significativamente o caráter depreciativo atribuído às práticas indígenas – quando, como se pode prever, esta não era utilizada pelos nativos, mas sim pelos religiosos. Um dos mais conhecidos compostos jesuíticos da época é a *triaga brasílica*,[11] cuja fórmula manteve-se em segredo[12] até a expulsão da Ordem da colônia. Diversas são as notícias de suas contribuições no mapeamento de plantas e no desenvolvimento de receitas úteis aos médicos, a exemplo da *herva de cobra*, por eles beneficiada e extremamente eficaz no combate aos efeitos das picadas do animal, como salientou o botânico Bernardino Antônio Gomes: "por meio deste remédio nenhum morria, ainda que já estivesse inchado, com ânsias, e deitando sangue por toda a parte" (GOMES, 1972a, CXXIX). Além da feitura e distribuição de fórmulas como a *triaga*, os religiosos das mais diversas ordens foram responsáveis pela criação e manutenção das Santas Casas de Misericórdia, instituições "especialmente recomendadas pela Coroa portuguesa" (MESGRAVIS, 1976, 38) e propagadas por todo Ultramar.

---

11   Destacamos a (COLLEÇÃO, 1766). (manuscrito)

12   Essa eficácia tornava a formulação tão cobiçada que aproveitou-se o episódio da expulsão dos jesuítas para se tentar obtê-la. Um dos desembargadores, atuante na Bahia, escrevia a um ministro da corte em 30 de julho de 1760: "*Agora sou obrigado a dizer a V. Exa. para ser presente ao mesmo Senhor que tendo eu notícia que havia na Botica do mesmo Colégio algumas receitas particulares e entre elas a do Antídoto ou Triaga Brasílica, fiz a necessária diligência para que me viesse a mão antes que fossem de outrem vista pelo justo receio de que se transladasse ou se desencaminhasse por indústria de quem com eficácia a buscava: o que se não evitaria, faltando a predita cautela, que se ignora na inteligência de que poderiam os mesmos Padres ocultar a dita receita, como fizeram aos principais remédios que em lugar incompetente foram achados. Por essa receita me dizem haverá nesta cidade quem dê três ou quatro mil cruzados: e é certo que o fundo principal da dita Botica era este remédio, pelo grande gasto que tinha, por ser pronto o seu efeito. Também achei outros manuscritos de outras receitas, que poderão não ser vulgares, porquanto delas se vê mandarem os Prelados com pena de desobediência se não mostrassem à pessoa alguma* ". (ARQUIVO, 1760, 5018)

Mesmo que munidos de remédios para o corpo, a percepção dos religiosos sobre os doentes fundamentava-se na assertiva de que o que está manifesto no exterior seria, na verdade, espelho das chagas da alma. Dito de outro modo, de nada adiantaria cuidar dos males do corpo se a alma ainda padecesse, especialmente em razão de vícios morais ou da falta de assiduidade no exercício do catolicismo. Assim, ainda que a pena de muitos padres tenha sido empunhada para tratar da matéria médica e de toda uma farmacopeia possível para ser empregada nas doenças, é a feitura de uma espécie de "medicina teológica" o seu maior legado. É curioso notar que em pleno *século das Luzes,* obras como a de Ângelo de Sequeira, que defendiam que "é Maria Santíssima a verdadeira botica preciosa" (SEQUEIRA, 1754, 5) e que suas obras "deixam a perder de vista a todas as ciências, e prodígios da natureza" (SEQUEIRA, 1754, 3), obtivessem notoriedade; ou que em 1749, nas Minas do Sabará, se tivesse as águas de uma lagoa santa como o mais frutuoso remédio contra toda sorte de achaques.[13]

Malgrado a assistência que teriam prestado no socorro imediato aos doentes, a ação dos religiosos, especialmente dos jesuítas, é veementemente condenada pelos homens de ciência. Prova disto é a confecção, em 1772, de um tratado direcionado a listar os malefícios que a influência dos loyolistas teria causado à nação portuguesa, onde se lê:

> [...] a mesma Universidade [de Coimbra] foi tão admirada na Europa até o ano de mil quinhentos e cinquenta e cinco, no qual os denominados jesuítas, depois de haverem arruinado com os Estudos Menores com a ocupação do Real Colégio de Artes, em que toda a nobreza de Portugal recebia a mais útil, e louvável educação, passaram também a destruir os outros Estudos Maiores com o mau fim. (COMPENDIO, 1772, II)

A respeito do Estudo Maior da Medicina "que tem o fim de conservar e recuperar a saúde do corpo humano," o tratado assevera que quando esta ficara a cargo dos jesuítas, fora arruinada: "se vê com admiração, e espanto, que sendo eles tão sutis em ver

---

13 Abordaremos a incidência dessas "curas mágicas" por braços autorizados na cura no capítulo 03. (MIRANDA, 1749).

os interesses do seu corpo assim Moral, como Físico, se deixaram de tal sorte cegar com o desordenado desejo de arruinar as ciências, que igualmente envolveram a Medicina nesta calamidade geral" (COMPENDIO, 1772, 311). Dizia também que se os grandes doutores concluíam seus estudos fora de Portugal, ou caso se quisesse mensurar as causas da falta de perspicácia e preparo dos médicos que tinham como função cuidar dos súditos da metrópole e de além-mar, concluir-se-ia "que a verdadeira causa, e decadência da Medicina, foi a ruína dos Estudos Menores, causada pelo magistério e ensino dos jesuítas" (COMPENDIO, 1772, 313). Mesmo aqueles que dialogam de forma mais intensa com o clero e, sendo naturalistas, procuram justificar as causas estritamente corporais das doenças (FRANCO, 1994, 18-23) sem cair nas teias da Inquisição, não admitem a participação no processo de cura dos "médicos da alma" que não detenham os conhecimentos de "médicos do corpo". É o caso do doutor Francisco de Melo Franco que, já em finais do Setecentos, apresenta um indicativo de que a querela e inter-relação entre cura do espírito e cura do físico, ou entre o divino e a medicina, perduraram por todo o período colonial. Endereçando seu tratado aos confessores, Melo Franco afirma que "só será bom médico espiritual o que for bom médico corporal" (FRANCO, 1994, 22), pois crê que

> [...] é entendendo somente daqueles que, conhecendo homem físico e moral, estudando continuamente os mistérios da graça e da natureza, combinados em indivíduos singulares, sabem como uma e outra se concordam, sabe também como a alma obra no corpo e o corpo na alma, sabem como ambos se comunicam e se firmam em suas paixões e adquirem suas virtudes; e depois de conhecido o jogo desde mecanismo oculto, desta simpatia admirável, tiram indicações seguras, formam juízos certos e aplicam remédios não só morais mas também físicos [...] e os dirigem, enfim, nos caminhos da saúde do corpo e da salvação da alma. (FRANCO, 1994, 17-18)

As críticas acerca da ação curativa de não licenciados não se circunscrevem aos religiosos, recaindo, especialmente, sobre os comumente denominados pelos doutores de "empíricos". Aliás, "até mesmo os párocos, que por preceito de Deus e da Igreja deveriam atalhar estes abusos [as mentiras e falsos prognósticos dos práticos], caem neles" (MORÃO, 1965, 15). Grosso modo, esses empíricos eram homens ou mulheres que praticavam curas baseados em suas experiências com ervas, no conhecimento hereditário de mezinhas, na imitação de procedimentos médicos correntes – como veremos adiante, a purga e a sangria –, e até mesmo com alguma leitura de obras de cirurgia – mas, essencialmente, sem uma formação direcionada para o exercício da Medicina (PEDROSA, 1951). A ação desses empíricos é tão notória que a primeira obra escrita em vernáculo sobre a matéria médica no Brasil tem por mote denunciar os erros por eles cometidos. O título da obra é quase que um clamor contra sua atuação: *Queixas repetidas em ecos dos Arrecifes de Pernambuco contra os abusos médicos que nas suas capitanias de observam tanto em dano das vidas de seus habitadores*, e o conteúdo traz, além das presumidas críticas, sugestões para a correção de tão danosos procedimentos, pois havia "tantos abusos e tantos erros para a emenda" (MORÃO, 1965, 19).

Dois seriam os responsáveis pela difusão da crença nos tratamentos apresentados pelos não licenciados: os próprios empíricos, que, prometendo o que não podem fazer, não se furtam de medicar (MORÃO, 1965, 7), aplicando tratamentos inadequados para as doenças apresentadas,[14] mas sem nunca tirar as esperanças do enfermo; e os próprios colonos, entregues "[...] de todo coração mais aos experimentados empíricos do que aos cientes experimentados, entendendo falsamente consistir a experiência para curar só no conhecimento de algumas ervas, ou nos sucessos de algumas curas" (MORÃO, 1965, 7). Os questionamentos a que os curandeiros submetiam os doentes seriam, também, uma das causas que levavam a população a recorrer às suas práticas terapêuticas. Enquanto os médicos se preocupariam em identificar "o como" das doenças, tais curandeiros, atendendo diretamente à tentativa de construir um sentido para a condição dos homens, buscariam compreender "o porquê" das enfermidades (CAMARGO, 1985, XI). A doença, nesse sentido, seria provocada por uma causa sobrenatural e a cura, antes de tudo, um ritual (BASTIDE,

---

14   Especialmente as sangrias. (MORÃO, 1956).

1971, 7) que teria tanta ou maior eficácia do que a própria substância empregada. O que se poderia denominar "medicina rústica" encontra-se na interligação dos estágios mágico, religioso e empírico[15] de identificação das causas das patologias: para os indígenas, ela seria especialmente mágica, enquanto para os africanos, abrangeria a ordem religiosa (ARAÚJO, 1977, 45). Delimitar os limites dessa noção de doença e da noção legada pela medicina da época é, ao fim e ao cabo, o principal intuito deste trabalho.

Malgrado tais argumentos, os doutores não conferiam legitimidade àqueles que, partindo de qualquer princípio alheio aos livros e procedimentos correntes, intentavam eliminar a doença "pronunciando palavras mágicas [...] fazendo caretas para infundir medo e confiança [...] apalpava todo o corpo [...] seguia-se a terapêutica [...] com folhas queimadas [...] costumavam esfregar, chupar e defumar os doentes nas partes lesas [...]" (PEIXOTO, 1931, 322). Nesse sentido, denunciar os malefícios do trabalho desses charlatães, por definição, "homens que, sem estudos, e sem conhecimento da arte de curar a exercem, distribuindo como específicos remédios de sua invenção, e enganando nas encruzilhadas o público, para se enriquecer às custas dele" (ARCHIVO, 1866, 80), é o que Morão propõe, inaugurando o que se tornaria uma linha de tradição entre os escritos médicos em língua portuguesa.[16]

O cuidado com os corpos, no entanto, não figurava como preocupação apenas entre quem o praticava e quem dele dependia:

---

15 Como destaca Márcia M. Ribeiro (1997, 48), o uso da magia como meio de cura teve aceitação ampla por ser um ponto comum entre os "três povos" do Brasil. Em sua obra, lê-se: "o sucesso da medicina popular não deve-se apenas à fragilidade dos sistemas de saúde, uma vez que benzedeiras, feiticeiras e curandeiras eram procuradas por indiivudos de posses." O que se vê, portanto, é que a concepção de doença e cura permeado por rituais fazia parte do universo das elites e das camadas populares.

16 Vale sublinhar que, embora muitos trabalhos dedicados a pensar sobre as doenças, os doentes e as formas de curá-los, antes da transladação da família Real e da institucionalização da clínica,tenham privilegiado a ação desses práticos, ou o caráter essencialmente mágico que uma espécie de medicina "alternativa" tenha desempenhado no Brasil, os licenciados não deixaram de pontuar "erros crassos", para usar as palavras de Morão, e valorizar seu trabalho nos escritos que legaram, pois seriam eles os efetivamente preparados para incursionar nos caminhos da cura.

a Coroa também tinha uma palavra a dizer sobre o assunto. Foi através das ordenanças do Regimento de 1521 e da Fisicatura mor – substituída em 1782 pela Junta do Protomedicato – que a ação real no tocante ao regulamento da medicina se fez presente no além-mar. Ao menos no papel, as medidas régias colaborariam para a legitimação do discurso do médico como autoridade inquestionável no que concernia ao conhecimento dos males e nas medidas para seu tratamento. Coibir a ação de charlatães e assegurar não apenas a presença de licenciados, mas de diplomados avaliados e aprovados para curar a população seria o grande mérito dessas medidas. Organizada como um "verdadeiro tribunal" (MACHADO, 1978, 26), a Fisicatura mor era composta por "médicos aprovados pela Universidade de Coimbra, e de três em três anos visitariam as boticas que houvesse no distrito da sua comissão, levando em sua companhia três boticários dos aprovados pelo físico-mor", cuja atuação limitava-se ao julgamento, pois "não poderá o delegado do físico-mor do reino dar licença à pessoa alguma para curar de Medicina" (REGIMENTO, 1744).

Há, contudo, preocupação muito maior da Fisicatura em assegurar que as ordens dadas à administração fossem cumpridas do que propriamente se informar acerca dos malefícios causados à população pelos abusos dos inquiridos – através da prescrição de medicamentos inadequados ou corrompidos. Muitas são as ordens de multa e punição expedidas contra aqueles que intencionavam medicar ou atuar em qualquer ramo que se ligue a saúde à revelia das disposições dos físicos. É interessante observar o já citado Regimento de 1744, bastante claro quanto aos procedimentos punitivos que deveriam ser tomados no caso de o físico se deparar com alguma irregularidade. A título de exemplo, vejamos o que dispõe o documento sobre os boticários[17], não elencados como

---

17 Sobre a ação específica dos boticários, vistos como mediadores entre o saber médico e o universo de outras praticas que coexistiam no mundo colonial, consultar a obra de Vera R. B. Marques. Nessa obra, os boticários aparecem denominados como "cozinheiros dos médicos", denominação que aparece em Bleuteau e é bem apropriada pela autora, que sustenta a tese, a qual concordamos, de que as curas alternativas não estavam necessariamente ligadas à falta de médicos, mas, sobretudo, às diferentes raízes culturais dos povos residentes no Brasil. (MARQUES, 1999)

"empíricos", mas que, enquanto agentes no processo da cura, deveriam atuar dentro do regulamento corrente:

> Achando-se nas visitas e exames alguns medicamentos, ou simples, ou compostos com incapacidade, ou defeitos, os mandará queimar ou lançar aonde se não possam tornar a recolher, e condenará ao boticário, ou droguista, ou outra qualquer pessoa que os tiver para vender, em quatro mil **réis**, pela primeira vez, e em oito mil réis pela segunda vez que for compreendido; e se tornar a delinquir no mesmo, será na terceira vez suspenso, e lhe mandará o dito comissário fazer auto pelo seu escrivão, juntando-lhe a prova e o exame em que assinem os examinadores, para ser sentenciado como for justiça pelo físico-mor do reino, a quem fará remeter[...] esta culpa com citação da parte para vir dar a sua defesa. [...] Achando-se que algum boticário que vende medicamentos por receitas não tem carta do físico-mor, nem é dos 20 do partido da Universidade de Coimbra, lhe mandará fechar a botica, nem consentirá que prepare, nem venda medicamentos, e mande fazer um auto pelo seu escrivão com toda a prova necessária desta culpa, citada a parte para o dito auto e também para a remessa dele para o físico-mor, a quem compete sentenciá-lo, conforme a culpa, e o livramento do réu. [...] (REGIMENTO, 1744)

A ação dos delegados visava, em suma, fazer cumprir o regimento que estabelecia as normas para prática de medicina na colônia (REGIMENTO, 1744); embora as autoridades tivessem ciência de que, mesmo com a incidência de multas, não eram os médicos os únicos a curar. Quando da criação da Junta do Protomedicato, Dona Maria I reconhece os

> [...] muitos estragos que, com irreparável prejuízo da vida de meus vassalos, têm resultado do pernicioso abuso e extrema facilidade com que muitas pessoas faltas de princípios e conhecimentos necessários se animam a exercitar a faculdade da medicina e a arte da cirurgia e as frequentes e lastimosas desordens praticadas nas boticas destes Reinos e meus Domínios Ultramarinos[...];[18]

e, para remediar o equívoco, propõe a centralização dos me-

---
18 Citado por (ABREU, 1901, 189).

canismos fiscalizadores como a solução para o problema do mau exercício das artes de curar no Brasil.

Tornar-se-ia monótono transcrever aqui todas as menções encontradas nos Arquivos do Conselho Ultramarino, nas Coleções de Documentos Interessantes, nas Cartas e Atas das Câmaras Municipais que indicam as punições ou a constante interface de não habilitados ou de licenciados apenas na manipulação de remédios, caso dos boticários, com a ciência hipocrática. As já citadas críticas dos doutos aos religiosos e empíricos que atuavam pela saúde contribuem para dimensionarmos seus descontentamentos com o não prevalecimento daquele saber especializado sobre os demais durante o período colonial, bem como suscita uma questão: sendo esses físicos e cirurgiões os detentores da especialidade médica, respaldados pelas autoridades locais e imperiais, por que concorriam com outras formas de curar? Por que denunciar tantos abusos e ter que facear concorrência naquilo em que eram diplomados?

Os "muitos erros, que continuamente estão cometendo os curiosos", ressalta o cirurgião José Antônio Mendes, ocorrem "uns talvez por não gastarem com os Médicos, e Cirurgiões, outros por não poderem, nem terem posses para os chamar, e outros pelas grandes distâncias em que moram" (MENDES, 1770, XIII). De acordo com Mendes, a ausência de profissionais da saúde e a constante necessidade de combater os males justificavam tanto o recurso da população aos práticos, quanto a difusão de terapêuticas híbridas, e mesmo a já citada valorização das curas "não oficiais" pelos praticantes diplomados da medicina colonial.

Mesmo considerando a diminuta presença dos doutores nos primeiros séculos de existência do Brasil,[19] não se pode afirmar que sua contribuição na cura e nas maneiras de perceber a doença sejam nulas. Aliás, é sabido que "apesar do número pequeno de médicos prestando assistência, eles são encontrados sempre em pauta na documentação, pois as práticas de atenção à saúde

---

19 A demanda de pedidos por médicos pode ser ilustrada pela CARTA dos oficiais da Câmara de São Paulo representando a grande falta que têm de médicos e medicamentos In: (DOCUMENTO, 1698, 80), onde os vereadores sugerem ao Rei que na ausência de médicos voluntários para aqueles domínios, que se obrigassem alguns a deslocar-se para lá, tamanha a demanda e necessidade.

estavam organizadas a partir deles". (MARQUES, 1999) Nesse sentido, contemplar a visão dos médicos e cirurgiões através dos tratados escritos sobre seus sucessos, infortúnios e impressões sobre as patologias faceadas na América Portuguesa contribui para compreender o cotidiano de seus habitantes e de que formas procuraram manter ou reestabelecer a saúde de seus corpos – e, muitas vezes, também de suas almas –, indispensável para que exercessem quaisquer que fossem suas funções na sociedade colonial. Acompanhemos, pois, alguns dos traços que deram forma aos autores e obras responsáveis por narrar sobre matéria médica nessas terras.

Ensino médico e hierarquias

A formação desses profissionais nos fornece indicativos sobre o que valorizavam na observação do corpo adoecido, bem como esclarece de onde partiam suas concepções. Para "professar a medicina", indica o já citado Dr. Simão Pinheiro Morão, o candidato deveria "saber a Latinidade, professar a Filosofia e estudar oito anos contínuos nas Universidades a Medicina por preceito irrefragável dos Sumos Pontífices, dos Imperadores e de todos os Reis do Mundo, e em particular da Europa, obrigando-os a fazerem antes de lhes darem o grau de médico dez ou doze exames públicos" (MORÃO, 1965, 6). A importância da Filosofia é colocada como condição para o pleno exercício da arte de curar – "que médico pode merecer este nome sem desta ciência [a Filosofia, em especial a Lógica] ter uma perfeita instrução?" (COMPENDIO, 1772, 318) –, pois as duas ciências se ocupam da mesma ordem de problemas: o homem como ser criado e sua relação com o ambiente (CRUZ, 1985, 233). Nesse sentido, a preparação para o exercício das artes de cura só poderia ser forjada através de intensos anos de estudo: apenas aquele que se dedicasse a todas as ciências poderia conhecer o homem, "esta máquina visível que nos encanta com todas as suas leis e indivíduos" (FRANCO, 1994, 21) de forma tão profunda, como deve ser próprio da especialidade médica.

Até as décadas iniciais do século XIX, os que aqui exerciam a profissão médica eram formados pelas faculdades de Coimbra, Montpellier e Edimburgo. As licenciaturas nessas instituições vêm destacadas na apresentação dos escritos dos doutos e, muitas vezes, referendadas com as receitas ou prescrições que indicam em suas obras. A título de exemplo, podemos notar na mais célebre obra do Dr. João Curvo Semmedo,[20] a *Polyanthea Medicinal*, onde ressalta "1657, que foi meu[seu] primeiro ano na Universidade de Coimbra" (SEMEDO, 1727, 237), ou a valia das receitas do "Doutor Manoel Carreyra, Lente da Universidade de Coimbra" (SEMEDO, 1727, 588), e ainda ser "lícito contar uma observação que vi[viu] em Coimbra" (SEMEDO, 1727, 217). Tratemos destas três escolas com mais vagar, visto que a procura por uma ou outra teve uma certa regularidade, melhor, teve maior ou menor fluxo de acordo com modificações empreendidas na própria organização destes centros.

A Universidade de Coimbra foi o local privilegiado de preparação dos esculápios que passaram pelo Brasil no início do período abordado. A grade curricular pautava-se nas disciplinas anteriormente citadas – letras, física, filosofia, matemática, ciências naturais –, valendo o acréscimo das Artes, cursadas previamente pelos candidatos, sendo permitida a prática da medicina apenas após o cumprimento de todas essas matérias "adicionais" e com a supervisão de um físico já estabelecido (RASTEIRO, 1999, 30). Estima-se que no período entre 1619 e 1624 a escola tenha contado com mais de 5000 alunos, 333 em medicina, 60 novos a cada ano (GOMES, 1991, 43). Entretanto, a validade do conhecimento produzido pela

---

20 Não seria exagero dizer que este médico, embora não tenha firmado residência no Brasil, fora autor das obras que obtiveram maior sucesso entre seus pares na colônia. A leitura de seus escritos e o uso de suas receitas parece ter sido de grande difusão no Setecentos, visto o número de referências encontradas a seus ensinamentos. Destacamos, sobretudo, a influência de seus métodos nas curas das doenças nas Minas, indicadas por Gomes Ferreira e José Antônio Mendes. Suas invenções medicamentosas foram copiadas, revistas e questionadas por muitos, o que parece ter contribuído com sua fama. Constam listadas no Diccionário bibliográfico Portuguez 11 obras de sua autoria, bem como a seguinte nota: "O dr. Curvo foi no seu tempo médico de grande fama, e experiência, com a qual inventou alguns remédios especiais, e de muita utilidade, menos aqueles simpáticos e antipáticos, que os sábios modernos, fundados em melhores e irrefragáveis experiências, reprovam como ficções dos antigos. [...] porém é merecedor da estimação que dele se faz comumente". (SILVA, 1859, 358).

Universidade passa a ser questionada especialmente pela já citada inserção de ordens religiosas nos núcleos acadêmicos, freando o desenvolvimento das ciências entre os lusos e aqueles que sob sua tutela tencionavam formar-se como médicos. A intervenção desses religiosos parece ter sido mais significativa na restrição dos materiais possíveis para os estudos anatômicos, essenciais para o mapeamento do interior do corpo humano, corpo até então desconhecido para os futuros agentes da saúde. Até meados do século XVIII[21], o que se vê na dita instituição corrobora o relato de D. Francisco Carneiro Figueiredo, no famoso e citado *Compêndio histórico* [...] que, em 1772, não encontrou nela

> ferros para se fazerem anatomias, nem também que se fizesse em corpos humanos, e a prática de que há memória até agora, é mandar chamar o lente de Anatomia um cortador de açougue que traz os próprios instrumentos, de que usa, e vai partindo o carneiro pelas partes, que o Lente lhe manda em presença aos estudantes aos quais o Lente explica, e declara o uso delas. (COMPENDIO, 1772, 342)

Ou ainda, com a opinião do Dr. Manoel Chaves, que afirma: "a anatomia daqueles tempos [1750], em Coimbra, era dada em casa do lente Francisco Gomes Teixeira, que aos alunos mostrava um carneiro esfolado, numa bacia de prata, e dizia-lhes: este é o fígado, este é o baço, estas as tripas..." (EDMUNDO, 2000, 427). Chegou-se a assegurar que dentro dos muros da Escola de Medicina "não se encontrava coisa alguma que se possa aproveitar para objeto de reforma [...] pois se contém neles um sistema de ignorância artificial".[22] Sua estrutura como um todo seria, para além de ineficiente, nas palavras de Ribeiro Sanches, deficitária:

> Na Universidade de Coimbra se ensina a Teologia, o Direito Canónico, a Jurisprudência e a Medicina, que compõem as *quatro Faculdades*; e na verdade que este ensino ainda que com *vinte e quatro Lentes*, e muitos Conductários, não é suficiente para se educarem os Súbditos, de que tem necessidade o Reino; porque nestas quatro Faculdades não entra a Ciência Natural, que indicamos acima na primeira Escola. Porque

---

21   Cf. PEDROSA, 1951.
22   Transcrição de (SANTOS, 1990, 15-20).

a Faculdade de Medicina que existe em Coimbra é insuficiente para aprender o que necessitao Naturalista, o Físico, o Químico, o Médico e o Anatomista. (SANCHES, 17--)

Nesse entremeio, à revelia de Coimbra, com seu ensino "livresco e teórico" (COSTA, 1986, 501), outras faculdades despontam e adquirem grande prestígio entre os aspirantes a doutos de origem luso-portuguesa: a francesa Montpellier e a britânica Edimburgo. A primeira não era criação recente, contava com a cátedra de Medicina desde 1180 e com um jardim botânico especialmente projetado para servir como uma enciclopédia viva de plantas medicinais, para a produção de remédios e, também, para pesquisas farmacêuticas (FELIPPE e ZAIDAN, 2008, 75). A princípio preterida pelos lusos e pelos colonos, dado o alto custo de seus serviços, a faculdade francesa tornou-se pólo atrativo desse público, inclusive para cristãos-novos – que podiam contar com a tolerância religiosa da instituição (HERSON, 2003, 223-260) –, e para os herdeiros dos abastados senhores das Gerais (PEDROSA, 1959, 35-71). Fundada em 1726, Edimburgo recebeu, além do renomado físico José Pinto de Azeredo, outros tantos estudantes brasileiros no Setecentos e mais outros estrangeiros, dando um traço cosmopolita à Universidade (GRANT, 1884). Ao contrário das restrições observadas em Coimbra, o curso britânico englobava Anatomia e Cirurgia, Química, Botânica, Matéria médica e Farmácia, sendo a Teoria e prática da medicina e a Clínica médica ensinadas em hospital (PINTO, 2005). Influenciada diretamente pelo modelo proposto pelo renomado doutor Boerhaave – responsável por um significativo redirecionamento das ciências químicas e médicas –, a Universidade formará licenciados que desenvolverão não só novos métodos em ciências, mas que também propagarão as novidades lá absorvidas para outros países e universidades – a exemplo de seu papel no posterior reflorescimento das artes médicas em Coimbra.

O que podemos chamar de renascimento ou restauração dos estudos em Portugal virá com as reformas empreendidas por Pombal, que, além de expulsar os jesuítas do Império [1759], lutou para a laicização completa do ensino. O supracitado Ribeiro

Sanches, ex-aluno de Edimburgo e braço direito do Marquês em seu empreendimento, elenca suas impressões sobre Coimbra e as propostas para revitalizar o centro:

> Também não escrevo para os Mestres que forem educados em Leyde, e em Edimburgo, onde se ensinam ainda hoje estes Aforismos: O meu intento é indicar àqueles, que não foram educados nesta doutrina, o artifício com que estão compostos. [...] E que dou a entender que o método dos Estudos existentes até agora na Universidade de Coimbra foi erróneo, e precário: Que quero desterrar dos nossos estudos aquela regra universal para convencermo-nos, a autoridade dos Doutores, ainda nas matérias da pura Natureza: Que quero destruir o costume de convencer, e de persuadir nas consultas dos Médicos, e nos Tribunais de Judicatura, de se decidirem as matérias mais importantes pela autoridade dos Doutores; porque raríssimas vezes se decidem pela intima razão provada com experiências observadas sem erro. (SANCHES, 1763, 29)

E Sanches acrescenta, ainda, suas observações sobre outras disciplinas que seriam misteres para o efetivo aprendizado da Medicina, e para aproximá-las das ciências e repelindo suas similitudes com crendices:

> Não somente os Médicos necessitam possuir a Ciência da Física geral, mas também todos aqueles que se aplicam às Ciências e às Artes. A Náutica, a Arquitetura, Arte Militar, a Jurisprudência Civil e Política tem os seus principais fundamentos nesta Ciência: além disso necessitamos dela em quase todas as ocorrências da vida. Todos os antigos aconselharam este estudo; e dizia Cícero, que se soubéssemos as operações da natureza, que não seríamos supersticiosos, que não temeríamos a morte, que nos não perturbaríamos. (SANCHES, 1763, 12)

O polemista e pedagogo do século XVIII, (ANDRADE, 1965, XVII) Luís Antônio Verney, também se posicionou acerca do ensino na Universidade de Coimbra e, por conseguinte, sobre a matéria médica lá professada. De autoria inicialmente sigilosa, seu *Verdadeiro método de estudar* colocava-se, além de contrário à presença da Companhia de Jesus na Universidade, avesso aos processos inquisitoriais. Sua proposta apresenta uma ruptura com o que se vira até então dentro dos muros de Coimbra: defende a simplificação da ortografia, a utilização da gramática latina e da língua portuguesa, o ensino da História, da Cronologia, da Geografia, da língua grega, do Hebraico, da Retórica, da Filosofia, da Filosofia e da Metafísica, a Ética, a Teologia, o Direito Canónico e Civil e, o que mais nos interessa, da Medicina. Apresentava um programa enciclopédico de reforma pedagógica (ABREU, 2007, 81) a partir de veementes críticas ao isolamento cultural de Portugal e da defesa do racionalismo de raiz newtoniana, em oposição ao aristotelismo.[23]

Guiado pelo método de Sanches, as impressões de Verney e as observações do já citado *Compêndio Histórico [...]*, o Marquês finaliza suas reformas em 1772 e, como é sabido, seus efeitos atingem os domínios do ultramar. As "faculdades, estabelecimentos de trabalhos práticos, programas e métodos de estudo, disciplina e sanções da atividade acadêmica, edifícios, livros de ensino – tudo foi, senão criado ou estabelecido então, pelo menos profundamente remodelado e renovado." No fim, viu-se "a destruição da velha Universidade, com os seus colégios conventuais e seu ensino imobilizado e imobilizante, e a criação da *Universidade Moderna*, muito mais aberta a toda a luz que vinha dos países de Newton, Descartes, Boerhaave" (CIDADE, 1976). Os desdobramentos dessas reformas são variados e complexos,[24] cumpre notar somente, no que tange aos aspectos que aqui nos interessam, que, além da introdução de outras cadeiras na faculdade lusa – vale destacar a criação, enfim, de uma especialidade em anatomia (SILVA, 1858, 482) e a valorização dos estudos práticos, investindo-se, também, na criação de um Dispensatório Farmacêutico e de um Teatro Anatômico, que colocava um fim nas demonstrações com carneiros e porcos esfolados (CUNHA, 2004, 102-103) – são normatizados os serviços de saúde, através da já citada Junta do Protomedicato, e criadas obras oficiais para a aplicação de récipes, como a *Farmacopeia Geral para o Reino, e Domínios de Portugal*. A partir dessas modificações, urgentes "para o socorro das províncias, onde não havia senão barbeiros que sangravam e meros curandeiros" (LEITÃO,

---

23 Cf. (GOUVEIA, 1992).
24 Para maiores informações sobre as reformas pombalinas, Cf. (FERRAZ, 1997); (GAUER, 1996).

1788, 365), um movimento de retorno às fileiras da escola de medicina toma corpo. Contudo, o fluxo de estudantes, especialmente no sentido colônia – metrópole, tem notável descenso quando da criação das escolas brasileiras de formação de cirurgiões, em 1808.

Aliás, é consenso que nestes centros persistia uma diferença que se fez notável na Europa moderna e que consideramos ter sido atenuada nos domínios coloniais: a rígida diferenciação entre os ofícios de médico e de cirurgião. As convenções de então não consideravam o cirurgião como um especialista dentro da área médica, mas o executor de uma arte inferior, manual. O médico seria "um letrado e um sábio" que pauta sua ciência nos livros e na observação do moribundo; o cirurgião, por sua vez, é o que pratica a prescrição dada pelo douto,[25] o que executa algo pré-estabelecido e não possui autonomia para produzir receitas, por exemplo. Dito de outro modo, a profissão do médico[26] teria ligação com as chamadas artes liberais, enquanto o cirurgião seria representante da arte mecânica e, por isso, desvalorizado. Na literatura podemos encontrar referências sobre essa diferenciação: no Auto dos Físicos [1512], de Gil Vicente, é curioso notar a indagação de Mestre Fernando – "Por quê? Sou menos que os outros?" – e a resposta que recebe – "não, é que o senhor é cirurgião". Mesmo alegando que sabe "tanto de cirurgia quanto de medicina" (VICENTE, 1993, 57-58), é rechaçado pelos companheiros.

A indicada Junta do Protomedicato procurava regular, na metrópole e nas colônias, a atuação profissional e sanitária dos diversos agentes de assistência aos enfermos, com regimentos muitas vezes inoperantes – o que não quer dizer que desconhecesse situações em que cirurgiões atuavam como médicos. As licenças para que os mecânicos atuassem nas artes liberais advinha somente "nos casos em que havia manifesta inexistência de médicos e, além disso, dando sempre às autorizações um caráter temporário, excluindo as tentativas de perpetuação de licenças" (ANTT, 1801, 8-8v *apud* CRESPO,

---

25 Cf. (LEBRUN, 1985, 299).
26 Marques (1999, 160-161) bem sublinha uma outra distinção presente no universo colonial – entre o médico e o droguista –, distinção essa pouco explorada pela historiografia sobre o tema, que ressalta, constantemente, a diferenciação com o cirurgião.

1992, 38). Em 1785, no Rio de Janeiro, os vereadores peticionaram à Rainha para obter uma autorização extraordinária que legitimasse o trabalho médico dos cirurgiões, de modo a suprir a carência daqueles profissionais; a princípio negado, o pedido foi atendido sob algumas condições: "desde que tivessem prática de alguns curativos em certas enfermidades se examinassem e aprovassem para poderem curar e usar desta medicina prática, na falta de médicos e em lugar de sua necessidade", aqueles profissionais poderiam também medicar, ficando a cargo dos camarários "o cuidado para que a população não sofresse o dano de ser medicada por pessoas absolutamente ignorantes e idiotas que mais enfermam e arruínam a saúde, a qual não interessa, nem ao bem público" (ARQUIVO, 61 apud CAVALCANTI, 2004, 107-108).

O cumprimento dessa hierarquia seria garantido não só pelos órgãos de fiscalização, mas especialmente pelos médicos, defensores de sua supremacia no exercício das artes de curar. Embora sejam recorrentes assertivas como "segundo todos os doutos", "somente os médicos podem curar", "médicos como mestres na arte da cura" e tantas outras neste sentido, a contenda entre os saberes é bastante manifesta, como ilustra, na segunda metade do século XVIII, o debate entre um reinol e um atuante no ultramar, respectivamente, o cirurgião mor do reino, Dr. Francisco Teixeira Torres e o cirurgião João Cardoso de Miranda. Quando da (tentativa de) publicação da sua *Relação cirúrgica e medica, na qual se trata, e declara especialmente hum novo methodo para curar a infecção escorbútica, ou mal de Loanda*, o Dr. Torres censura a obra, considerando um atrevimento que um cirurgião adentrasse nas artes liberais, embora não estranhasse a ousadia: "...assim como raro é o barbeiro que não cure Cirurgia, é raríssimo o Cirurgião, que deixe de curar medicina, porque todos querem adiantar-se" (CARVALHO, introdução *apud* MIRANDA, 1749, XXII). Depois de reunir cartas de recomendação de diversos colegas doutores e tecer uma grande defesa de seu argumento, Miranda faz questão de enviar um documento ao Cirurgião mor, mas em razão dos anos que despendeu para reunir provas de suas habilidades, havia seu inquisidor já falecido e, assim, pôde trazer suas observações à tona em forma de livro. A fama de seus escritos, todavia, não foi das melhores, tanto da sua *Relação,* quanto com da já indicada *Prodigiosa Lagoa,* pois, embora bom observador e convicto de seus métodos e receitas – atestadas, inclusive, por pacientes curados através de listas e pela "admiração de Médicos em sua profissão dos mais singulares" (MIRANDA, 1749, 9) – muitos foram os casos em que sua assistência de nada valeu ao doente.

O moralista baiano Nuno Marques Pereira, no *Compêndio narrativo do peregrino da América,* de 1728, ao mesmo tempo em que associava a medicina a um ofício nobre, pois não podia ser médico "quem não fosse da geração real", condenava os cirurgiões, porque "não satisfeitos de usarem de suas artes, se querem intrometer a darem razões de físicos, por talvez terem lido alguns livros romancistas, que ensinam algumas regras de medicina". Em razão de seu repúdio por aqueles que lidavam com o sangue e trabalhavam com as mãos, dizia desprezar o trabalho dos "anatômicos indoutos", comparando-os à carniceiros com um "verdugo" na mão (PEREIRA, 1939, 80-88).

Uma autocensura, ou autocrítica, porém, já era anunciada pelos próprios cirurgiões em seus tratados, como podemos encontrar no texto de Mendes – "já conheço que me responderão que a administração de remédios internos pertence aos professores de Medicina, e que estes como heróis de tanta ciência terão por inúteis as minhas advertências" (MENDES, 1770, XIV) – que, nitidamente contrariado, admite que sua formação não o habilitaria a escritura de uma obra de medicina, mas, como observador e experiente, se via apto a "eleger, receitar, limitar, compor os remédios, que a experiência me inculca para curar as enfermidades" (MENDES, 1770, XIX). Uma tendência ao autolouvor, contudo, também pode ser identificada. Em um escrito de 1735, de um outro cirurgião, Gomes Ferreira, o autor procura engrandecer suas habilidades práticas, tão eficientes, para ele, quanto a dos médicos:

> E pelo que cada dia estamos vendo, é a experiência a base fundamental da Medicina e Cirurgia, e se houver (o que não duvido) quem contradiga ou não creia o que digo neste volume, e fizer o contrário, sucedendo-lhe mal, dará conta a Deus das vidas de que for homicida, porque o que digo que fiz é verdade e se lhe deve dar inteiro crédito, porque sou católico

e cristão velho, pela graça de Deus, e não havia de enganar a alguém em matéria de tanta consequência. (FERREIRA, 2002, 325)

Ainda assim, embora ocorressem disputas entre esses dois grandes grupos de mestres das artes de curar pelo campo de atuação que lhes seria destinado por lei e formação, a falta de esculápios, no Brasil, parece ter aberto precedentes para que as duas facetas da medicina agissem em conjunto. As determinações para escritura de obras sobre as enfermidades coloniais advinham do Reino, como revela João Ferreira da Rosa: "fui eu dos primeiros Médicos a quem se intimou a ordem de Vossa Majestade, e procurei ser o quanto pude não ser dos últimos a obedecer o seu mandado [...] fiz este Tratado, em que relato o que minha experiência alcançou e minha limitada ciência tem obrado" (ROSA, 1694, 14). Igualmente provinham da Corte a avaliação, censura e impressão das obras. Portanto, ter entre os autores de escritos sobre medicina colonial não apenas bacharéis, mas também mestres na cirurgia aprovados para tratar dessa matéria revela, malgrado a legislação, o respaldo da Coroa para a atuação dos cirurgiões.[27] Já no limiar do século XIX, as propostas de reforma no ensino médico contemplam a cessação dessa diferença hierárquica, como sugerem as palavras do doutor Ribeiro Sanches: "quantas contradições, quanta indignação, e de quanta temeridade será notado e acusado o parecer que proponho, e que insisto se execute, que todos os médicos deviam aprender a cirurgia prática na Universidade; e sabê-la tão bem que a praticassem; de tal modo, que se extinguisse esta classe de homens com nome de Cirurgiões" (SANCHES, 1763, 29). Essa unificação dos saberes teria como mote formar um profissional mais completo e assegurar a assistência correta ao enfermo, pois, como o mesmo Sanches expõe, imagine se

> [...] adoece um homem ou na cidade, ou numa aldeia; o que vem no princípio a esta doença é um Cirurgião: conheça ou não conheça a sua natureza, sangra, purga, e ordena o que

---
27 Por isso, contemplamos neste trabalho as impressões de mecânicos e liberais com certo grau de paridade, já que a formação universitária destes, somada às avaliações que eram submetidos para medicar, configura uma especialidade de conhecimento para além do empirismo.

> lhe parece: piora o enfermo, então no quinto ou nono dia chama o Médico: chega este, e como não viu desde o princípio a doença, não pode julgar se os sintomas que vê no enfermo procedem dos remédios que ordenou o Cirurgião, ou da natureza do mal. Ordinariamente ou o enfermo ou o Cirurgião ocultam ao Médico chamado o que se fez com ele. (SANCHES, 1763, 19-20)

Embora seja difícil congregar todos esses licenciados em alguma escola, não seria exagero afirmar que partiam, quase que em sua totalidade, dos mesmos princípios ou de um arcabouço "teórico" comum para medicar: os fundamentos hipocráticos, ou melhor, hipocrático-galênicos. Não há, nas obras abordadas neste estudo, nenhuma que não se refira ao menos uma vez ao grego, seja para louvar seus aforismos, seja para dar a eles nova roupagem. Até finais do século XVIII, quando nota-se o termo das doutrinas hipocrático-galênicas "mais ou menos por toda a Europa culta, tanto na medicina como na farmácia" (PITA, 1996, 14) e as teorias consideradas "modernas" passam a ser sistematicamente utilizadas, os fundamentos enunciados pelos supracitados doutores da Antiguidade são aproveitados. De uma etiologia bastante simples,[28] mas extremamente inovadora para seu tempo, Hipócrates – "o primeiro que deu os preceitos da Medicina, a reduziu a forma e método e com as curas que fez adquiriu tão grande nome principalmente no contágio [...] que os gregos lhe tributaram as mesmas honras e venerações que a Hércules"[29] – partia do pressuposto que o equilíbrio dos humores corporais garantiria (ou alimentava a esperança) da saúde perfeita. Em linhas gerais, sua teoria baseava-se na composição do corpo por quatro grandes elementos naturais, os chamados *humores*: "o sangue, a maior porção de todos, a fleima menor que este, a cólera menor porção que a fleima, e a melancolia menor de todos os outros", além de outros quatro "preternaturais ou excrementícios como lhe quiserem chamar, que são o soro, a cólera ou bílis, a fleima e a melancolia, para

---

[28] Simples por atribuir às doenças uma etiologia pautada no desequilíbrio de dois grandes agentes: um externo, causado pelo clima, e outro interno, onde cabe qualquer ação que mude o estado *natural* do organismo, como errônea alimentação ou introdução de drogas.

[29] Verbete Medicina. In: (BLUTEAU, 1789, 388-389.)

que livres os quatro naturais e limpos destes possam nutrir melhor e manter ao nosso corpo humano" (MORÃO, 1965, 24).

A falta, excesso ou corrupção desses elementos gerava os males, e ao médico caberia não só identificar qual seria o humor afetado, mas, sobretudo, realizar um prognóstico dos achaques, por meio da observação acurada dos sintomas. Aliás, a grande diferença entre as práticas mágicas dos contemporâneos de Hipócrates e a medicina dita racional que propunha estava no seguinte procedimento: "desvendar as causas dos fenômenos, compreender o funcionamento do mundo e, a partir daí, prever sua evolução" (MOSSÉ, 1995, 40). Como uma operação de soma e resto, dever-se-ia, assim, expurgar o que estava em excesso ou adicionar o que faltava para que o organismo se recompusesse. A ação dos médicos deveria ser, portanto, direcionada a indicar aos que gozam de saúde a forma de manter o equilíbrio de seus humores e, quando essa lhes faltar, tentar restabelecê-la. Em suma, "deve quem cura ter bom discurso para ponderar as coisas, e saber regular as queixas, as naturezas, os temperamentos, as idades, e ainda mesmo o clima, em que está, pois são tudo isto coisas necessárias para o bem se acertar" (MENDES, 1770, 38).

Essa medicina poderia ser classificada como uma escola "clínica", de observação imediata, instantânea, do paciente, dos sintomas por ele apresentados (SANTOS FILHO, 1977, 189); e, visto que a doença se manifestava nos doentes de diversas formas, era necessário que o médico observasse caso a caso. Nesse sentido, o trabalho do doutor deveria conjugar tanto a procura pelas leis gerais que regiam as doenças, como por suas especificidades, encontradas no exame cuidadoso dos pacientes. Por esta razão, não surpreende que os doutores dissertem sobre os casos particulares atendidos, as observações que empreenderam nomeando os pacientes e, ainda, as diferentes prescrições para males com sintomas semelhantes. Das impressões que fizeram sobre os indivíduos atendidos, o que fica patente é o valor do olhar do especialista diante dos achaques, em oposição ao olhar dos não bacharéis.

Além do chamado "pai da medicina", há reiteradas citações de Galeno,[30] Rivério, Avicena, Celso, Paracelso[31] e, nos escritos pós 1750, de Murray, Cullen, Zimmerman e Pringle, Le Camus, Boerhaave,[32] Harvey,[33] Jacob Sarmento e Curvo Semmedo. Além desses ícones da medicina antiga e moderna,[34] os autores luso-brasileiros ativeram-se, também, a dois lentes que merecem destaque: Piso[35] e Marcgrave. Ambos compunham a "corte" de Mauricio de Nassau montada durante a ocupação holandesa de Pernambuco, o que não impediu que suas observações botânico-médicas fossem consultadas por seus colegas lusos. A *Historia Naturalis Brasilae* [1648], obra que inaugura a escrita da história natural do Brasil, não só catalogava e reproduzia em pranchas as plantas nativas, como elencava aquelas que poderiam ter uso terapêutico. Dos apontamentos que deixaram, foram, durante muito tempo, alvo de concordâncias – "abuso que há muitos anos reprovou neste Pernambuco o Doutor Guilherme Pisão" (MORÃO, 1965, 62) – e contestações – "Pisão diz que esta casca[...]chega a curar o cancro[...] mas toda a autoridade de Pisão não é bastante para me persuadir" (GOMES, 1972, 39).

---

30 Para mais informações, seguem alguns estudos: (NUTTON, 1973, 158-171); (BRIAN, 1979, 936-938); (DE LACY, 1972, 27-39); (COSANS, 1997, 35-54); (COSANS, 1998, 63-80).

31 Paracelso, considerado um dos grandes nomes da história da medicina, é conhecido tanto pela ruptura com as balizas doutrinárias de sua época – a teoria humoral –, quanto pela ambiguidade de suas propostas, influenciadas pelo oculto e o mágico. Ver (LULL, 1657).

32 Embora inicialmente alinhado às teorias hipocráticas, Herman Boerhaave desenvolveu uma doutrina que, além de valorizar os aspectos químicos das patologias, contemplava procedimentos analíticos que envolviam dissecações e observações de fluídos.Cf. (LINDEBOOM, 1968); (BURTON, 1743).

33 Responsável, ainda, pela identificação do regime de circulação sanguínea, tornou-se ícone da medicina moderna. Cf. (POWER, 1996); (HARVEY, 2006).

34 Não pretendemos fazer uma análise pormenorizada ou mesmo comparativa entre os escritos dos médicos lidos por aqueles vislumbrados nessa pesquisa. Restringimo-nos, assim, a analisar aquilo que os médicos lusos e brasileiros escreveram sobre esses antigos e modernos, que a eles servirão como "teoria". Deste modo, sugerimos a leitura dos textos citados nas notas acima para maiores informações sobre elas, ressaltando, ainda, a obra de Roger French, a título de informação sobre as alterações das teorias médicas. (FRENCH, 2003).

35 Grafado como Piso, Pisão, Pison.

Guardadas as diferenças, ou, talvez, "evoluções" pelas quais a ciência médico-cirúrgica atravessou nos cento e trinta e um anos aqui abordados, é inegável que as observações através da lente da teoria dos humores mantiveram-se vivas. Obras que estimularam ou são resultado das supra indicadas reformas pombalinas, ou seja, aquelas que vêm justamente forjar uma nova identidade para o ensino médico e a percepção do corpo e das doenças, direcionam duras críticas ao sistema hipocrático de análise das patologias. É o caso de Verney, que assevera: "[somente aquele que considera] ...o corpo humano como uma máquina, e que reconhece que a enfermidade por suceder no sólido, nos fluídos, e que por meio da Anatomia chega a compreender em que parte está a doença, este homem forma muito diferente conceito de cura" (VERNEY, 1745, 106). Mesmo após reformulados e superados, os escritos do "pai da medicina" continuaram a guardar sob juramento as impressões de seu criador, pois

> Hipócrates, aquele grande oráculo da Medicina Científica, certifica, e com muita razão, que a arte médica é tão vasta e dilatada que não tem termo em que caiba e nem baliza que a compreenda; porquanto, ainda que ele nos deixou os aforismos e regras universais por onde nos governamos, contudo, a experiência nos mostra que não há no mundo coisa alguma tão certa e infalível que não tenha suas exceções e deixe de faltar algumas vezes. (FERREIRA, 2002, 230)

"Conservar em saúde o estado da natureza através da razão e da experiência".

> "Se o homem pois pudesse conservar-se no estado da Natureza, não teria que sentir tantas, e tantas enfermidades, que são o resultado da sua civilização: e aqueles povos, que mais chegados estão ao primitivo estado, são robustos; não conhecem doenças; e se alguém adoece, a Natureza ainda não transtornada o cura. Quando porém mais se afasta dele, mais frágil é a sua organização. Que tropel de moléstias não tiraniza o homem nas grandes sociedades? Com ela apareceram todas as exantemáticas, bexigas, sarampo, febre escarlatina, erupções miliares, pethechiaes, etc. que variedade de febres

só endêmicas nas cidades populosas? Que multiplicidade de doenças crônicas se não observam nestas, já pelo abuso, que se faz das riquezas, e já pela miséria da maior parte de seus habitantes"? (FRANCO, 1794, IX-X)

A ciência médica que eu peço não se aprende nos livros. Esses sim ensinam as regras da medicina prática depois da teórica, mas isto não basta para fazer médicos. A natureza é que deve ser o código dos senhores confessores; só ela lhes fará conhecer as enfermidades que devem curar, porque só ela se descobre pelos pecados de que se acusam os penitentes. (FRANCO, 1994, 28)

Das regras universais pontuadas por Hipócrates, as que afirmam que "tudo acontece conforme a natureza" e que "o médico é servidor da natureza" (CAIRUS e RIBEIRO, 2005) parecem ter sido as mais reverenciadas, na medida em que as doenças eram compreendidas como um desequilíbrio ou desarmonia dos humores, do estado *natural* do corpo. O grande papel do médico era observar como a natureza agia pela melhora do paciente e, quando os esforços da mesma mostravam-se vãos, atuar de forma a colaborar com sua recuperação. Natureza, como aponta Bluteau, "é, segundo os médicos, uma virtude que rege o corpo do animal mediante o calor e o espírito natural, e esta mesma virtude governa e conserva o corpo em todas as suas obras e funções (na cura das enfermidades a natureza é a que principalmente obra)" (BLUTEAU, 1789, 686). Assim, o limite da ação do médico, das terapêuticas que empregava e de sua Medicina, que "tem por objeto a conservação e reestabelecimento da saúde perdida do homem" (LEITÃO, 1788, 1), estava em não contrariar o curso dessa natureza, pois ela era considerada

> [...] a principal opugnadora da doença, dando saída às superfluidades, obrando tudo o que é necessário para conservação do vivente; nem as medicinas poderão aproveitar, se não recebessem benefício da natureza: e ela é a que cura, e o principal agente, o Médico o ministro, e os remédios instrumento do ministro; concorrendo em primeiro lugar na natureza, em segundo a arte como ministra da natureza, e o Médico por benefício da arte, aplicados com devida qualidade, medida e tempo. (ROSA, 1694, 40)

A bem da verdade, os próprios médicos afirmam que suas dissertações e compêndios seriam desnecessários, especialmente os que foram pensados para sanar os abusos e erros (dos práticos, sobretudo), "se os homens se deixassem ir à descrição da natureza" (FRANCO, 1790, Prefação).

De finais do século XVI – quando Rosa enuncia o papel do médico como ministro e da natureza como o real agente de cura – ao limiar do século XVIII, a percepção de um estado natural e de equilíbrio que conferia ao corpo sua saúde não se alterou. O título do presente tópico vem dos escritos de Melo Franco, onde se lê: "a bondade do médico corporal se estende a conservar em saúde o estado da natureza" (FRANCO, 1994, 23). Tomada num sentido estrito, a sentença desse douto Setecentista sugere a ação do especialista como secundária, ou mesmo irrelevante, dado que toda a cura já estaria pré-determinada pelo próprio organismo, ou melhor, por esse princípio essencial que rege todos os seres humanos e possibilita a harmonia entre seu corpo e sua alma – eis o objetivo supremo das obras da natureza. Contudo, como vemos na assertiva de Rosa, o diferencial do verdadeiro e bom médico estaria em conhecer os métodos corretos para 'socorrer' a natureza caso essa se mostrasse incapaz de se compensar sozinha, em saber a ocasião correta para atuar – nem antes, interrompendo o trabalho espontâneo do corpo, nem demasiado tarde, quando os tratamentos já não responderiam a contento e colocariam a vida do paciente em risco – e, sobretudo, em conhecer os caminhos que essa natureza poderia tomar ao longo do estado mórbido. Prognosticar o enfermo seria, então, não só a peculiaridade do médico frente ao equilíbrio próprio do corpo, mas, principalmente, traço distintivo em relação àqueles que também agiam em prol da cura: os empíricos.

A *prognose*, ou previsão da marcha das moléstias, nos modelos hipocráticos e correntes nas Universidades onde estes doutos graduavam-se, pode ser definida "pela clara compreensão das circunstâncias presentes, adivinhar, por assim dizer, as circunstâncias antecedentes, prever as conjunturas a vir, conceber o tratamento e formar, assim, uma visão de conjunto acerca da doença, de suas origens, suas fases e de seu fim possível". Por meio dela, que deveria estar pautada estritamente no conhecimento do funcionamento do corpo humano e nas causas que poderiam desestabiliza-lo, "salvou[-se] a medicina hipocrática dos riscos do empirismo".[36] Já pontuamos as críticas dos licenciados aos empíricos, mas uma questão se mantém: as balizas universitárias mostravam-se ineficientes para legar ao estudante um sólido conhecimento anatômico; como vimos, aprendia-se em grande medida pela prática. Como, então, criar uma separação rígida entre aqueles considerados charlatães, por pautarem-se exclusivamente no conhecimento adquirido com observação e prática – do ver e ouvir –, daqueles que aliavam uma similar prática com instruções livrescas e acadêmicas anteriores – do ler, ouvir e ver?

Esta que parece ser uma lacuna na formação universitária não é apontada como um empecilho aos médicos e cirurgiões, pois, como tinham contato com muitas outras disciplinas na Academia, consideradas tão fundamentais quanto a anatomia ou a física, julgavam sua formação completa. O que coroava seus estudos era a experiência, mas não uma experiência solta, sem balizas ou preceitos: para extrair dos tratamentos dos enfermos algo válido para outros casos, era preciso um direcionamento. Destarte, os licenciados, e apenas eles, poderiam usar da experiência em benefício dos moribundos, selecionar e aproximar os sintomas vistos, e conjugar na observação outros conhecimentos inerentes à sua formação. "As ciências sem regras, ou preceitos, são como armas nas mãos dos meninos" (MENDES, 1770, XII), indicou Mendes num tratado voltado para a orientação dos empíricos, assim como Morão, em sua obra de correção dos erros proferidos pelos que não agregavam em seu olhar a bagagem da Universidade:

> E por considerarmos ser tão necessário este conhecimento [o acadêmico, ou aprendido nas escolas especializadas] aos empíricos, nos pareceu fazer-lhes este breve tratado como manual e mais fácil para inteligência dos livros lhe será menos dificultoso alcançar o nome próprio do acidente, as diferenças, e as causas donde procedem. (MORÃO, 1965, 108)

---

36 Verbete MÉDICINE, pelo Dr. Lietárd. In: (LA GRANDE ENCYCLOPEDIE, 1886), (tradução nossa)

Estas obras, direcionadas aos práticos, tinham por objetivo minimizar aqueles danos por eles empreendidos devido a sua falta de estudos específicos, embora uma das referências para gerações de médicos, Paracelso, tenha indicado que a habilidade na arte da medicina não pode ser herdada, nem pode ser copiada dos livros. Esta delicada "fórmula" para um bom médico, sempre no limite entre o valor ou repúdio da experiência, melhor, valorizando apenas uma de suas possíveis formas, pode ser questionada a partir do próprio exame realizado pelos Físicos ou Cirurgiões mores, que, ao fim e ao cabo, vinha legitimar um saber acumulado pela experiência prática. (MACHADO, 1978, 26)

Para Antônio de Moraes Silva, ser "experimentado" tem a seguinte definição: "provado e conhecido para quanto é por meio da experiência; homem que tem o saber que resulta do longo uso, prática e experiências; médico experimentado, que é, feitos, formados e que deram provas de sua suficiência" (DICCIONARIO, 1813, 799). Ser experimentado, envolvia, pois, não apenas reunir experiências, mas também a prova dentro de parâmetros considerados científicos, de que aquele conhecimento era válido. A definição vem ao encontro do que diz José Rodrigues de Abreu, quando assevera ser necessário "usar dos verdadeiros meios com que adquiriram um sólido e fundamental conhecimento da Medicina, e desta sorte, conseguirão [os médicos] ser bons Teóricos, e depois melhores Práticos, e não haverá nenhuma necessidade de buscarem para as suas introduções a aura popular com artifícios e lisonjas" (ABREU, 1733, 199). Parece, deste modo, que para os doutos, a peculiaridade de sua atividade estava em não cair em possíveis armadilhas preparadas pelas doenças, visto que sintomas semelhantes careceriam de acurado olhar e conhecimento para distinguir quando e o que poderia ser útil ao enfermo. Os "verdadeiros princípios que formam um médico", indica Abreu, "são a aplicação e diligência que fazem para adquirir um perfeito conhecimento desta Arte e ter depois na *praxe* prudência e juízo na aplicação dos remédios" (ABREU, 1733, 2). O citado Morão acrescenta:

> […]se os médicos mais doutos muitas vezes nessa primeira vista não sabem fazer diferença de uns a outros [achaques], pela semelhança que entre si têm, como poderão os empí-

ricos, que não professam a medicina racional e metódica, atinar em lhe darem o seu nome próprio, nem conhecerem as causas donde procedem para lhe aplicarem antes de recorrerem aos livros os seus remédios? (MORÃO, 1965, 108)

"Os dois braços da boa Medicina são a razão e a experiência" (FRANCO, 1994, 23), "a experiência tem mostrado o que é útil e eficaz" (GOMES, 1972, 39), "se pelas causas se conhecem os efeitos, quando evidentemente se mostra o que tem descoberto a experiência, como podem ser questionadas suas prodigiosas operações?" (MIRANDA, 1749, 29), "a observação laboriosa e constante é a única que nos ensina a buscar os meios mais adequados para atacar as enfermidades" (AZEREDO, 1799, 4), "nestas Minas se verificam estas verdades [acerca de questionamentos que o cirurgião empreende contra métodos já cristalizados de cura], pois o mais próprio que nela se deve usar é da razão e da experiência, como mostro e vou mostrar" (FERREIRA, 2002, 233), "seria na verdade mais decoroso para os Médicos, e mui útil para os Povos, que a Medicina, como também a Cirurgia, se aprendesse à imitação da arte Náutica: nesta a teoria se aprende no mesmo tempo que se adquire a prática" (SANCHES, 1756, 2). Tais assertivas são recorrentes nos tratados oriundos das penas dos doutores do período colonial e que, se resumidas numa única linha, indicariam que suas obras estariam fundadas no respeito à natureza individual, na observação, na experiência e na razão.[37] Esta fórmula para a eficácia da cura não garantia, porém, que todos os doutores firmassem compromisso com a qualidade de seus receituários ou com a satisfação de seus pacientes. Muitos dos esculápios que escolheram o ultramar para exercer a sua profissão tinham pouca habilidade, imigrando apenas em razão do insucesso que obtiveram em curar na metrópole; alguns, fugitivos da Inquisição,[38] com cartas de licença e outra identidade, puderam aqui estabelecer raízes, e houve ainda aqueles que, vendo na colônia apenas um lugar de passagem, pouco se esforçaram para cumprir seus juramentos universitários. De todo modo, ainda que privilegiemos as obras

---

37 Universidade de Coimbra – Programmas – 1853-1854. In: (O INSTITUTO, 1834, 81).

38 Cf. (HERSON, 2003).

daqueles que deram alguma contribuição para as curas e registraram suas experiências nessas terras, não podemos deixar de mencionar que diversos indivíduos com parcos conhecimentos, que se diziam médicos, foram tidos na colônia como ignorantes.

Sangrar demais, sangrar de menos, não sangrar, opções pautadas novamente no caso a caso, fizeram com que muitos dos enfermos fizessem as vezes de "cobaias" para que os clínicos adquirissem a experiência necessária para se tornarem autoridades nas curas. Todas essas incursões e tentativas de equilibrar o organismo acometido por algum achaque advinham, antes de fixar um tratamento, da observação do corpo doente. Assim, para compreendermos como esses médicos e cirurgiões decidiam de que maneira iriam interferir na dinâmica corporal do moribundo, respaldados por seus conhecimentos teóricos, suas habilidades práticas e as impressões que tinham dos demais agentes de cura, é necessário também que conheçamos um pouco desse corpo, das doenças que o afligiam e das causas que os doutores da época apontavam para seu adoecimento. São desses assuntos, portanto, que trataremos a seguir.

Capítulo 2
O doente, as doenças

> "Já alguém disse, com grande sagacidade, que não há doenças, mas doentes"
>
> (ASSIS, 1893).

A sentença de Machado de Assis, escrita no o caso do Oitocentos, vem de encontro, em larga medida, a assertiva hipocrática segundo a qual apenas a partir da observação do doente e das alterações evidenciadas no desenrolar dos sintomas é que se poderia extrair uma fórmula de cura. Contudo, como mencionamos, a experiência e o olhar sobre o caso a caso das manifestações, se não dotada de um conhecimento *lido,* ou melhor, oriundo das letras universitárias, poderia cair num empirismo repudiado pelos médicos e cirurgiões diplomados: "somente os Magistrados, os Capitães Generais nos seus exércitos, e os Capitães de mar e guerra, serão aqueles que pelo vigor das leis decretadas poderão remediar em semelhantes ocorrências a destruição daqueles que estiverem a seu cargo" (SANCHES, 1756, 2), diz-nos mais uma vez o doutor Ribeiro Sanches.

Os escritos aqui abordados trazem uma longa lista de perturbações no estado de saúde dos colonos, de seus escravos e também dos reinóis, lista que elenca as doenças mais comuns no país e, também, as descrições dos doentes compartilhadas[1] pelos doutos da época. Cabe, pois, delinearmos esse quadro nosológico traçado no Brasil de outrora. Por meio dele será possível não apenas mapear quais eram os achaques mais vulgares no período, mas também, e sobretudo, delinear quais eram os vetores responsáveis por tirar da natureza do corpo o seu equilíbrio, o que nos permitirá, ao fim e ao cabo, compreender o que era considerado saudável ou doente naquele período, por aqueles médicos.

Sobre do quê e por que se adoece.

Talvez por não se configurar como problema para os primeiros colonizadores, pouco se escreveu sobre as manifestações de doenças nos anos iniciais de presença estrangeira no Brasil, o que impede de se estabelecer um quadro nosográfico mais preciso do que foi encontrado entre os naturais da terra. "O bacharel mestre João, físico e cirurgião" (A CARTA, s.d.) presente na expedição cabralina e responsável por atuar como cirurgião embarcadiço, julgou importante narrar ao rei apenas suas observações astronômicas, "porque, de tudo o cá passado, largamente escreveram a Vossa Alteza" (A CARTA, s.d.). Dado que somente com as crônicas e cartas da Companhia de Jesus se terá notícia da primeira epidemia nessas terras, não seria exagero considerar que aqui havia um ambiente saudável, por assim dizer, até o ano de 1549 (FREITAS, 1935, 22). Embora conste nos registros dos religiosos a alta mortalidade de gentis recém-batizados, atingidos por um "tal fogo de doença que parece peste" (VASCONCELOS, 1865, p. 6), não há descriçãode qual enfermidade os acometera; com uma narração pouco precisa de sua sintomática, os religiosos interpretam o mal como castigo divino. De todo modo, não é difícil supor que as causas fossem estranhas ao mundo dos índios, já que apenas os batizados tinham faceado a morte prematura: para os jesuítas,

---

[1] Um conjunto de práticas discursivas "supõem, então, um jogo de prescrições que determinam exclusões e escolhas". Nesse sentido, consideramos os relatos médicos como documentos produtores de enunciados comuns e seleções feitas não somente por seus autores, mas, sobretudo, pelas condições propiciadas pelo grupo do qual pertencem. Cf. (FOUCAULT, 1997, 12).

um rechaço do inferno frente à conversão dos nativos; para nós, o evidente contato de pessoas não imunes às enfermidades contra as quais o europeu já tinha adquirido resistência. Um exemplo desta suscetibilidade indígena é narrado pelo cronista Simão de Vasconcellos, que, em 1552, ainda na Bahia, indica a incidência entre os batizados de uma "peste terrível de tosse e catarro mortal" (VASCONCELOS, 1865, p. 25), assemelhada a uma patologia conhecida do europeu – a gripe.

Da pena dos médicos lusos ou brasileiros, porém, a primeira notícia epidêmica no Brasil data dos últimos anos do século XVII, em Pernambuco. Sua descrição, tratamento e mesmo prevenção são pormenorizadas num dos primeiros escritos sobre as enfermidades coloniais: a obra do médico formado pela Universidade de Coimbra e de estipendio real[2] na dita Universidade, João Ferreira da Rosa, intitulada *Tratado Único da Constituição Pestilencial de Pernambuco*. É sobre a febre amarela,[3] vômito negro (STUDART, 1997, 71), males da bicha (ANDRADE, 1969, 39), Mal de Sião[4] ou simplesmente *bicha*, que o autor irá se dedicar, a pedido, como ele mesmo indica, do Marquês de Montebelo. O então governador da citada província, "porque ainda continuam as doenças contagiosas e pestilenciais nessa povoação", solicita que se desenvolva "o remédio preservativo delas, assim para as pessoas que ainda não padeceram o mal como para as casas em que atualmente adoeceram [...] e para tudo o mais que vossa mercê julgar ser conveniente para a prevenção e remédio futuro, porque estou pronto para o mandar executar" (STUDART, 1997, 80).

Atendendo ao chamado do Marquês e de El-Rei, que

> [...] mostrando-se piedoso, foi servido mandar que os médicos deste Pernambuco informassem das qualidades, princípios e causas desde contágio, e juntamente dos remédios preservati-

---

2 O citado doutor não obteve apenas sua formação para medicar na citada Universidade, como usufruía de "estipendio Real", uma espécie de "bolsa" ou ajuda financeira da própria coroa para manter-se em estudos. Mesmo sua vinda ao Brasil obteve fomento real para acontecer. Cf. folha de rosto da obra.

3 A virose viria a ser denominada apenas na segunda metade do século XVIII como febre amarela. ANDRADE, 1969, 2).

4 Embora essa febre fosse desconhecida no Sião. Cf. (A FEBRE, 1971, 75).

vos e curativos de que cada um até o presente momento tem usado, para que examinada sua informação e prática pelos médicos mais doutos desta Corte, resolvessem se tantas mortes eram efeitos da malignidade do achaque ou se eram abortivos partos do erro em os médicos, e sendo o erro, o mandasse atalhar com lhes mostrando o caminho para o acerto;

Rosa ressalta que seu tratado fora à estampa relatando "o que [sua] experiência alcançou [...] e poderia ser de alguma utilidade para os que quiserem saber os princípios, aumento e declinação de tão grande contágio, principalmente os que se intrometem a curar na falta de médicos nestas povoações" (ROSA, 1694, DEDICATÓRIA). Esta demanda por notícias detalhadas do *mal da bicha*, "que tem feito deserto de muitas cidades" (ROSA, 1694, 3), justifica-se especialmente por "não haver muitos [tratados] de semelhante matéria em nosso idioma" (ROSA, 1694, AO LEITOR) e por sua disseminação extremamente breve. Só no primeiro mês de identificação da epidemia, para se ter ideia de quão devastadora foi a "peste", o coetâneo Miguel Dias Pimenta narra que "no Arrecife e em Santo Antônio, perto de seiscentas pessoas, todos homens brancos, uma dezena de mulatos, mui poucas mulheres, poucos negros e menos meninos" (PIMENTA, 1956, 510) tiveram termo em seus dias.

O relato de Pimenta não nos soa animador: "o que muito se sangrou, morreu, o que pouco, morreu, o que se antecipou a purgar e sangrar, em poucos dias dando-lhe o achaque, morreu" (PIMENTA, 1956, 511). Tamanha era a calamidade em Pernambuco que médicos "morreram três e outros tantos cirurgiões, todos insignes nas suas faculdades, mostrando que se não acertavam a cura dos enfermos, também erravam a sua" (PITTA, 1730, 325). Assim, os próprios doutos, temendo por sua saúde, postulavam que se o enfermo apresentasse determinados sintomas, não chegava nem a ser atendido. Se, por exemplo, o doente botasse ferrugem pela boca, a recomendação do cirurgião era clara: que se preparassem o enterro do infeliz, pois para ele já não haveria esperança de vida – e, muito menos, contato com o médico (A FEBRE, 1971, 77).

Seguindo a premissa de Galeno, de que "tirada a causa, se tira o efeito" (ROSA, 1694, 8), foi de primeira necessidade para

Ferreira da Rosa, incumbido de sanar o mal, investigar o que teria desencadeado a peste, e é daí que suas observações partem. Dada a configuração epidêmica do achaque, algo externo aos habitantes de Pernambuco teria estimulado o desequilíbrio dos humores de seus corpos, não tardando Rosa a encontrar não só o que o causou, mas seu vetor de transmissão. Para ele, não restavam dúvidas: o eclipse lunar observado em 1685, aliado ao desembarque de barricas de carne podre oriundas da navegação negreira de São Tomé, teriam viciado os ares – tornando-os igualmente podres –, vitimando tantas almas naquela região.

Ele e tantos outros de seu tempo estavam persuadidos da influência das qualidades celestes (ROSA, 1694, 36) em diversas esferas do cotidiano dos homens. Prova disso é a recorrência de citações ao *Lunário e prognóstico perpétuo, geral e particular*, de Jerônimo Cortés, dado à prensa em 1703 e reeditado uma dezena de vezes até meados do Oitocentos.[5] Diretamente atrelado à ideia anunciada no *Lunário* de que "não se pode negar que as estrelas e corpos celestes causam nos corpos humanos muitos e vários efeitos" (CORTÉS, 1820, 149), o citado João Ferreira da Rosa insiste na influência direta "do eclipse, do Sol ou da Lua, ou de quaisquer outros aspectos de estrelas ou planetas" para a própria constituição pestilencial. Dito de outro modo, para ele, a *bicha* não só se manifestou como mesmo foi ocasionada pela posição lunar, oposta à "cabeça do dragão no signo de Gêmeos, e o Sol na cauda do dragão do signo de Sagitário, e conjunção com Mercúrio" (ROSA, 1694, 11). É desta íntima relação entre o movimento dos astros e a propagação de elementos "podres" no ar que se fez a epidemia em

---

5 Segundo Inocêncio, "esta obra na parte astronômica é fundada no sistema de Ptolomeu, único que no tempo do autor, e ainda muitos anos depois, andava em voga em nossas escolas. De mistura vem as doutrinas e regras da astrologia judiciária, como o próprio título acusa. [*Lunário e prognóstico perpétuo, geral e particular, composto por Gerónimo Cortéz. Contém uma cronologia de várias notícias de coisas sucedidas desde a morte de Cristo até o presente, com uma breve e sucinta relação dos principais sucessos da revolução espanhola, e sua gloriosa defesa contra seus inimigos invasores*] Nem por isso deixa contudo de ser ainda hoje procurada pela nossa gente do campo: a ponto de que, apesar das suas dez edições, poucas vezes se encontra no mercado algum exemplar, e os que aparecem são reputados por bom preço. Ainda há pouco vi comprar um por 2:400 réis!" Cf. (SILVA, 1858, 125).

Pernambuco – e na Bahia, somente algum tempo depois, "porque lá não havia as carnes" (ROSA, 1694, 14) e, portanto, faltava algum ingrediente para a formação plena do mal. Não foi a epidemia baiana, entretanto, mais branda que a pernambucana: "continuou com alguma pausa, mas com tal intensidade e força que era o mesmo adoecer que em breves dias acabar, lançando pela boca copioso sangue" (PITTA, 1730, 89). Diz-se ainda que as casas ficaram cheias de moribundos, as igrejas de cadáveres, as ruas de tumbas, sendo inúteis para os doentes, pela causa quase que mística e onipresente da doença – o ar –, os remédios que lhes aplicavam os médicos (FRANCO, 1969, 21).

Do ar como veículo de formação e transmissão de doenças trataremos um pouco mais adiante, visto que ele não foi relacionado apenas com o Mal de Sião. Por ora, voltemo-nos para a sintomática que identificava a ocorrência da febre amarela, mesmo que não fosse certo o prognóstico para doenças agudas (FRANCO, 1969, 31). Para Rosa, "não há nesta doença sinais numéricos certos" (FRANCO, 1969, 25), o que não somente dificultava seu tratamento, como a própria identificação da doença como a tal *bicha*. Marcada pelo desenvolvimento deveras veloz e por uma possibilidade de cura que diminuía a cada minuto sem a correta medicação, o início da epidemia grassou quase que sem impeditivos. Se "hoje [1691] quase todos se livram" (FRANCO, 1969, 30), aponta ele, era efeito do uso da Ciência para o diagnóstico dessa febre específica, pois os doentes "muitas vezes perigaram e perigam, por serem assistidos por quem não entende, sangrando e purgando, e cometendo tantos erros" (FRANCO, 1969, 32). Como manifestava em "uns o calor tépido, e o pulso sossegado, noutros inquieto, e de grande febre; uns tinham ânsias, e delírios, outros ânimo quieto, e discurso desembaraçado; uns com dores de cabeça, outros sem elas," e mesmo a evolução dos sintomas era variável, "porque acabavam do terceiro ao quinto, ao sexto, ao sétimo e ao nono dia; alguns poucos do primeiro e segundo" (PITTA *apud* GURGEL, 2008, 160), nos parece árdua tarefa saber que o amontoado de indícios sinalizava para a *bicha* e não para outro achaque. O médico prudente e vigilante – e somente ele – veria no "calor e resolução de forças, adustão e negrura da língua, extenuação do corpo e outros sintomas muito maiores que nas outras febres mais intensas e ardentes" (PITTA apud GURGEL, 2008, 18), os sinais necessários para concluir que era esse o achaque em questão. Uma doença que causava "mais estrago que a lepra ou o gálico" (ROSA, 1694, 3) era preocupante e foi responsável por estimular uma verdadeira campanha profilática, que deveria dar conta de desinfeccionar os ares e os corpos dos moradores de Pernambuco, considerados pecaminosos. Findada sua forma epidêmica, fora relegada a um plano secundário nos tratados por mais de um século.

Mas não eram apenas as febres ocasionadas pelo posteriormente identificado *Aedes aegypti*[6] presentes no cotidiano colonial. Hoje consideradas apenas como sintoma de alguma infecção, as febres recebiam adjetivos como *palustres, intermitentes, contínuas, remetentes, perniciosas, pútridas, malignas, lentas, ardentes, contínuas e héticas, agudas, pestilentas e crônicas,* fazendo com que a associação entre o sintoma e a doença não fosse fácil, nem para os doutores em medicina (FIGUEIREDO, 2004, 258). Não se trata de uma inferência contemporânea, pois mesmo renomados doutores de então, como Francisco de Melo Franco, admitem esta querela:

> A parte da medicina prática mais implicada, mais confusa e mais cheia de contradições é a que tem por objeto as febres, e nisto tem concordado os mais eminentes médicos antigos e modernos. Se assim não fosse, não teria havido entre eles tanta discordância de opiniões não só no modo de as dividir e considerar, mas também (o que é da maior importância) no método de as curar, aconselhando uns com entusiasmo remédios opostos aos que outros da mesma sorte inculcam (FRANCO, 1809, Prefação).

As febres eram consideradas como tipos de doença em si mesmas, e receberam especial atenção de um grande número de lentes, naturais da terra e estrangeiros. O doutor Sigaud (SIGAUD, 1844), mais tarde, em 1844, relacionou vinte doutos, franceses e ingleses na sua maioria, que entre 1740 e 1830 versaram sobre as pirexias americanas. Tais males poderiam ser causados por miasma, por cozimento ou crueza dos humores, por exposição demais

---

[6] Identificação do Aedes como vetor ocorreu em 1903. In: (STUDART, 1997, Introdução).

ao sol,[7] pela umidade, pela ingestão de alimentos crus, associadas a depressões d'alma e também ao sexo feminino. Um punhado delas causava brotoejas pelo corpo. Outro tanto resultava em delírios, supressão de urinas, desfalecimento. Com um amontoado de possibilidades e sintomas, a febre, que tinha como sinal o aumento da temperatura corpórea – medida com a palma das mãos, dada a dificuldade de acesso dos tapuias e dos doutos ao termômetro – ceifou, nessas terras, diversas vidas antes mesmo do batismo.

Também os caminhos para a *terra brasilis* mostraram-se frutíferos para as manifestações mórbidas, pois os meses confinados nos navios eram profícuos para a disseminação dos males. A febre do tipo tifoide, outrora chamada *typho*, é assunto do tratado do doutor Bernardino Antônio Gomes (GOMES, 1806), que inventariando os tratamentos desde Hipócrates, Musa, Celso, Galeno até Semedo e Fonseca Henriques, buscou dar conta de seus sintomas e dar à luz um novo método de trata-las, método extensivo a outros tipos de febre. Nas caravelas e naus de outrora, em especial, manifestava-se com constância outra – e grandemente temida – enfermidade: o escorbuto, ou mal de Loanda. Ceifou ela vidas não somente na praça que lhe deu nome, mas em todas mais partes banhadas pelo Atlântico e por outros mares. Por sua ação morreram tanto pretos quanto brancos, e em tão grande número que a ideia corrente era de que se tratava de uma "doença contagiosa que corrompe a massa do sangue" (SILVA, 1813, 674). Somente no último quartel do Setecentos, com o trabalho do doutor James Lind,[8] da marinha inglesa (LOBBAN, 1990, 47), o uso assíduo de cítricos foi legitimado como remédio universal para o mal e a carência de vitamina C^9, como sua grande causa.

A incidência do escorbuto não era, contudo, novidade. Durante as Cruzadas, ainda em 1250, há alusão a ele nos acampa-

---

7   John Russell-Wood pontua a maior ocorrência de febres com tremores nos escravos que ao constante sol estavam expostos. Cf. (RUSSELL-WOOD, 2005, 174).

8   Cf. (LIND, 1771).

9   Diferente da maioria dos animais, o homem não é capaz de sintetizar – e armazenar – o ácido ascórbico (vitamina C), dependendo de consumo diário para atender aos níveis necessários ao organismo. (KAUFFMAN e HELITO, 2007, XXXVI).

mentos das tropas de São Luís, "precipitando a derrota e prisão do soberano, bem assim como o malogro completo da Terceira Cruzada" (*apud* HOLANDA, 2010, 376). O cronista João de Barros descreve a manifestação de uma grave enfermidade nos navios de Vasco da Gama que rumavam à Mombaça, não deixando dúvidas que se tratava do escorbuto, pois o que se via eram "erisipelas e de lhes crescer tanto a carne das gengivas, que quase não cabia na boca dos homens, e assim como crescia apodrecia, e cortavam nela como em carne morta, cousa mui piedosa de ver" (*apud* HOLANDA, 2010, 376). Richard Hawkins informa, em 1593, que em seus vinte anos de experiência com navegação, dez mil marujos teriam sido achacados pelo mal dos mares (*apud* HOLANDA, 2010, 380). Houve espaço também na poesia para os estragos causados por este mal, como em Camões, por exemplo.[10] Isso apenas para citarmos uns poucos relatos sobre a enorme violência do escorbuto, que vitimou tantos homens ao longo dos quase seis séculos compreendidos entre aquela notícia dos cruzados e a descoberta de um tratamento capaz de erradica-lo – ou, ao menos, de criar os meios para tanto.

No Brasil não se observa situação diferente. Maculado pelo tráfico negreiro, o território não ficou imune à presença do escorbuto. A transmissão, contágio e endemia apresentados pela doença são ameaçadores, por exemplo, para as mulheres, que tinham a enorme "possibilidade de pegarem escorbuto, sarna, tinha e outras erupções cutâneas" (SILVA, 1984, 172) de seus maridos. Os marinheiros, por sua vez, recebiam algumas prescrições higiênicas e deveriam tratar suas doenças da boca (DOMINGUES, 2008) com o consumo de laranjas.[11] Os escravos traficados estavam a mercê

---

10 "E foi que, de doença crua e feia,/A mais que eu nunca vi, desempararam/ Muitos a vida, e em terra estranha e alheia/ Os ossos pera sempre sepultaram./ Quem haverá que, sem o ver, o creia,/Que tão disformemente ali lhe incharam/ As gengivas na boca, que crescia/ A carne e juntamente apodrecia?/Apodrecia cum fétido e bruto/ Cheiro, que o ar vizinho inficionava./ Não tínhamos ali médico astuto,/ Cirurgião sutil menos se achava;/ Mas qualquer, neste ofício pouco instruto,/Pela carne já podre assi cortava/Como se fora morta, e bem convinha,/Pois que morto ficava quem a tinha." (CAMÕES, 1921).

11 Curioso notar que as laranjas como remédio antecederam sua comprovação, tratamento experimentado e difuso pela prática. Ver (HOLANDA, 2010, 379); (RODRIGUES, 2005, 261).

de sua sorte: "a América devora os pretos", disse Carlos Alberto Taunay (TAUNAY, 2001, 76), já em 1819 – e essa prerrogativa que lhe parecia inerente ao território austral estava presente mesmo nos caminhos que a ele levavam: "De nove mil negros chegados ao Rio de Janeiro, em 1790, a maioria estava doente de varíola e de escorbuto" (CARVALHO, 1937, 30), situação observada não apenas nos portos cariocas, mas também nas Minas e na Bahia.

A doença, nas palavras daquele que a sua cura dedicou um tratado, "não só tinha adquirido o nome de maligna, mas também o de contagiosa pelo grande estrago que fazia, principalmente nas pessoas que navegam" e, nas Minas, o problema se alargava, especialmente pelo "grande comércio que tem com os Reinos de Angola e Costa da Mina, donde vinham doentes sem número, morrendo uns pelo mar, outros em terra sem nenhum remédio" (MIRANDA, 1754, Dedicatória). Cirurgião coetâneo a Miranda, Luís Gomes Ferreira, também moveu sua pena para tratar dessa matéria. Em carta endereçada ao físico-mor, dá conta da necessidade de aprovação de um novo medicamento que combatesse o mal e relata alguns dados sobre a doença:

> Nem o que tenho dito pareça encarecimento, pois só assim o poderá entender quem não tiver notícia do grande estrago que faz este contágio, porque, só nesta cidade,[12] morriam, em cada ano, para cima de dois mil escravos e muitos homens brancos, pelo grande comércio que há para os Reinos de Angola e Costa da Minha, donde vem mais comumente esta infecção; porque o ano passado de mil e setecentos e trinta e um, em um navio que veio dessa Corte por Benguela para esta cidade, o qual, depois de chegar a terra, lhe morreram mais de duzentos enfermos, além dos que no mar lhe faleceram [...] e todas mais vem com maior ou menor prejuízo, por causa do dito contágio, para o qual se não achava remédio e só se julgava por espécie de peste[...] (FERREIRA, 2002, 691).

Aos olhos desses doutos, era necessário elaborar estratégias para restaurar a saúde dos escravos, pois empreender esforços – e altos montantes – no transporte dos negros para que chegassem "a

---

12 Embora tenha medicado nas Minas, Miranda relata sua experiência com o escorbuto na Bahia. Cf. (FERREIRA, 2002, 689).

maior parte deles feitos uns esqueletos" (FERREIRA, 2002, 689), com minas e campos carecendo de seus braços, consistia num grande problema.

O pontapé inicial para pensar na cura estava em identificar corretamente suas causas, o que, neste caso, era tarefa difícil. Como nos diz o citado Miranda, "com maior razão," os mais doutos esculápios acabavam por errar o diagnóstico,

> [...] porque ignorávamos [ignoravam] a existência dessa enfermidade; pois em uns achávamos [achavam] pleurises, e como tais as tratávamos, era em outros reumatismos, febres agudas, tosses, e outras semelhantes enfermidades, e conforme a sua aparência lhes apropriávamos [apropriavam] o remédio: em outros víamos [viam] caquexias, hidropisias, varias coagulações, convulsões, e outras muitas desta classe. (MIRANDA, 1754, Prólogo)

Consoante a ele, Ferreira, um dos grandes defensores dos conhecimentos adquiridos empiricamente, assevera que, "enquanto não tiver larga experiência dos efeitos deste contágio", todos os tratamentos seriam em vão. E completa, com um quê de desdém aos formados, que mesmo abundando professores de Medicina e Cirurgia naquelas regiões "nunca puderam fazer juízo acertado sobre esta enfermidade, pois só tinham por afetos do escorbuto ou mal de Luanda aos que viam com as gengivas ulceradas e podres, sendo que os que trazem este sinal são os menos e os que livram melhor" (FERREIRA, 2002, 692). Dito de outro modo, a manifestação "com inchação de gengivas e herpes e convulsões",[13] retirada do influente dicionário de Antonio Moraes Silva, parece não esgotar as manifestações do mal, dado que o sinal escorbútico por excelência, outrora citado por João de Barros e tantos que o seguiram, não estava sempre presente.

O local da manifestação da doença – o corpo doente – é, pois, aquele que merece destaque. De acordo com o já tão citado modelo hipocrático de cura, existem doenças num estado *puro*, mas é especialmente sobre o doente, ou seja, nas manifestações singulares que a doença produz em cada indivíduo, que o médico deve

---

13 Verbete "escorbuto". In: (SILVA, *1813*).

debruçar-se. Seria mais essencial conhecer aquele que sofre do mal que propriamente sua etiologia, visto que a doença individualiza,[14] particulariza. É o que se pode tirar deste afinado dueto entre Miranda e Ferreira – dois cirurgiões, vale a ressalva, taxados por alguns médicos como empiristas. Mas até que ponto esse sentido de doença como manifestação singular e individual esteve presente na colônia? Observemos outros dos achaques cotidianos no Brasil de outrora para que, por fim, possamos responder tal indagação.

Doença já conhecida na Europa, o Papo da América ou bronchocele parece ter feito grandes estragos também no Brasil, tanto que Hipólito da Costa, na primeira década do Oitocentos, decide traduzir e aumentar um estudo do doutor Benjamin Smith Barton sobre esta matéria. Observando que ela tinha grande incidência "em algumas capitanias do Brasil, e principalmente na de São Paulo" (MENDONÇA, 1801, Oferecimento), e, mais ainda, entre os índios, o autor propunha pontuar suas causas e propor um método curativo para aquela "moléstia tão cruel" (MENDONÇA, 1801, Oferecimento). Talvez o estudo do doutor Barton não fosse o mais completo, já que ele mesmo admite, os fatos coletados não davam segurança para tecer comentários muito convictos (MENDONÇA, 1801, 49). Era, contudo, com quem se podia contar para o momento: mesmo incompleto, o americano afirma ter prestado "atenção às teoria de vários escritores sobre esta matéria", porém ter rejeitado "sim a maior parte delas, em consequência de estar persuadido que as causas a que a moléstia se atribui não existam sempre naqueles lugares (MENDONÇA, 1801, X).

Respaldando-se, porém, em estudos como os de François Sauvages, Barton confere credibilidade ao que apresenta, amparado, especialmente, na afirmação de que os médicos "certamente estão mais qualificados para julgar de objetos de medicina que as outras pessoas" (SAUVAGES, 1770-1771, VIII). Este olhar diferenciado, que o médico julgava ter, fazia com que colhesse, nas palavras de Hipólito,

a descrição exata do lugar onde a moléstia se observa, o hábito do corpo dos doentes, os mantimentos de que usam, o

---

14 Cf. (CANGUILHEM, 2000a).

> gênero de vida, a díade em que a moléstia se principia, os sintomas que a acompanham, as outras moléstias que são endêmicas no país, e, finalmente, o clima e a temperatura do lugar [...] pois é unicamente da reunião de todas estas circunstâncias bem observadas que se poderá vir no perfeito conhecimento da causa do papo, e por consequência, do seu método curativo. (MENDONÇA, 1801, 6)

Ao longo dessa acurada observação, o posterior fundador do *Correio Braziliense* pode constatar que os mais, ou melhor, os únicos afetados pelo Papo eram "pessoas de inferior condição, isto é: que se empregavam em trabalhos rudes e laboriosos" (MENDONÇA, 1801, 6). Ao encontro do que afirmaria o texto por ele traduzido – a estreita ligação entre o clima[15] e as doenças, da qual nos ocuparemos com mais demora adiante –, Hipólito relaciona o ambiente como vetor e como causador do mal, apontando sua principal causa como miasmática, "da mesma espécie daquele que produz as febres intermitentes e remitentes, disenterias e outras moléstias semelhantes" (MENDONÇA, 1801, 2). Valer-nos-emos das palavras de Moraes Silva para defini-lo: o miasma era "partícula ou aroma, que sai dos corpos podres ou venenosos e, entrando no corpo do animal, causam doença",[16] e a presença de doenças miasmáticas, considerando a atmosfera pestilenta que muitos doutos descreveram como corrente no Brasil, parece não ter sido novidade.

Recorrentes eram, também, os casos de envenenamento. Nas mais diferentes posologias, das mais curiosas formas. Desde alimentos até mordedura de animais, do sangue mênstruo ao leite materno e à picada de cobra. Para identifica-las e socorre-las dedicou o já citado cirurgião Luís Gomes Ferreira um capítulo de sua obra, embora saliente que "não faltam autores que escreveram dos venenos e seus remédios" (FERREIRA, 2002, 667). De quem ele fala não sabemos, pois são das receitas por ele mesmo criadas que se vale para propor as curas, mas, de todo modo, é possível mapear outras referências coloniais sobre os venenos. Diante de um ambiente natural diverso daquele já conhecido, com fauna e flora que

---

15   O Brasil como local ideal para a disseminação de doenças é desdobrado em diversos estudos. Ver, sobretudo, RIBEIRO, 1997, 22.

16   Verbete "miasma". In: (SILVA, *1813*).

oscilavam entre o maravilhoso e o insólito, o toque ou a ingestão de plantas ou animais deveria ser observado com cuidado: tanto nas obras dos doutos quanto nas dos naturalistas ou mesmo na dos religiosos, a observação daquilo que poderia, ao contrário de curar, envenenar, era atentamente descrito. Dois fatores deveriam ser observados: a qualidade e a quantidade do veneno – "porque há alguns menos venenosos que outros, e ainda os mais venenosos e corrosivos não poderão matar se a sua quantidade for menos valorosa que a natureza" (FERREIRA, 2002, 667).

Era, portanto, de extrema necessidade identificar qual o grau de mortandade de cada elemento, que poderia ser mineral, animal ou vegetal, para poder acudir o pobre que com ele teve contato. Note-se que, segundo o doutor Manoel Joaquim Henriques de Paiva, os venenos do reino animal seriam muito mais compostos que os do reino vegetal, e os deste que os do mineral, "e por conseguinte os seus principies constitutivos são mais complicados e sublimes, em razão da sutileza e da elaboração, a que chegaram com o trabalho contínuo da Natureza" (PAIVA, 1787a, 6). Portanto, caso houvesse errôneo diagnóstico acerca de qual peçonha atingia o moribundo, malograda estaria a possibilidade de tratamento. Do mapeamento detalhado e da classificação dos elementos naturais se ocuparam diversos médicos, botânicos e naturalistas, confeccionando listas de sinais da intoxicação e quais as contra-ervas mais indicadas para o uso. Trataremos delas com mais vagar no capítulo seguinte, quando nos debruçaremos com cuidado sobre os tratamentos correntes na colônia. Atentemo-nos ao que poderia indicar que o problema do doente era veneno e não outra coisa, visto que o conhecimento sobre esse tipo de mal não seria menos útil (PAIVA, 1787a, 1) que outras que de início aparentam maior gravidade.

Alguns elementos, como o rosalgar, o solimão, o sêneca, o verdete e o chumbo eram classificados como venenos corrosivos. Os sinais de sua ação eram plurais e funestos: dor, inchação, vermelhidão erisipelatosa muito grande – "que sendo no rosto, chega a fechar de todo os olhos" (PAIVA, 1787c, 375) –, febre, dor de cabeça, vigílias, náuseas, desmaios, convulsões. Todos esses sintomas, comuns a tantas outras enfermidades, eram de outros males, como já se pode prever, diferenciados apenas pelos médicos. Conta-nos o citado Henriques de Paiva um caso de envenenamento que tratou, e que "assim que vi [viu] estes [pacientes] conheci [conheceu] que estavam envenenados" (PAIVA, 1787a, 44-45), e, a partir de seu olhar especializado e das corretas indagações e observações, pôde concluir que fora a colher de estanho armazenada junto com as ervilhas amanteigadas que todos ingeriram a causa de todo o desconforto. Foi este um caso de envenenamento acidental.

Os escravos guardavam em segredo a manipulação de algumas ervas fatais, como o *amansa-senhor*, cujo nome de batismo é autoexplicativo. Parecia simples: adicionar a preparação da erva no leite, vinho ou água e dar-se-ia cabo à vida do desafeto. Entra esta técnica nos casos de envenenamentos propositais, tal qual ocorria com o caldo extraído de alguns tipos de mandioca e os "filtros do amor", empregados com fins mágicos para conquistar amorosamente algum caboclo – em geral, casado –, e feitos em muitos casos por pretas mezinheiras. Mas eles também eram dos mais atingidos pelas peçonhas, especialmente as citadas mordeduras, por estar mais diretamente a ela expostos e "por se acharem neste país com abundância as víboras e alacrãos[17] cujas picadas são frequentes e algumas funestas, além das picadas de aranhas e outros animais" (PAIVA, 1787c, 375).

Outra chaga que atingia maiormente os pretos era a bouba. Apontada como "flagelo da escravatura" (GOMES, 1805, 1), esta enfermidade fora considerada como venérea por doutores como Piso, o que indica sua manifestação já nos primeiros séculos de presença ibérica no Brasil,[18] e do citado François Sauvages, sinal de um interesse na moléstia para além dos colonizadores. Embora pioneiras, essas descrições não atenderam inteiramente às expectativas das gerações seguintes de médicos e, sem a minúcia esperada pelos novos parâmetros oitocentistas, caíram em certo descrédito por seus pares, como, por exemplo, Bernardino Antônio Gomes. O doutor Gomes, ao passo que reivindica o "posto" de ser o primeiro a tratar desse mal com mais afinco, acusa o tratamento indicado por seus antecessores de "empírico e muito imperfeito"

---

17 Ou lacraias.
18 Vale ressaltar que cronistas como Gabriel Soares de Sousa, ou viajantes, como Jean de Lery, também pontuaram a manifestação das *boubas* no Quinhentos.

(GOMES, 1805, 2). Nessa constante reciclagem, por assim dizer, que se faz entre os textos, o douto afirma que sua opinião "dá verossimilhança à opinião de Piso" (GOMES, 1805, 12). Pautado nas investigações que fazia, diz-nos ele, há quatorze anos, tinha por intuito "comunicar ao público novas e mais luminosas observações sobre aquela e sobre outras enfermidades endêmicas do Brasil", e embora "brancos e pretos" estivessem sujeitos a padecer dela, nos primeiros, "observa-se tão frequentemente que parece--lhes ser particular" (GOMES, 1805, 2-3). Por essa maior incidência nos escravos e pelo prejuízo econômico que seu acometimento gerava – em um lugar "onde há tanta necessidade de braços" –, suas prescrições são em grande medida a eles direcionadas.

Das causas desta doença cutânea e com erupções semelhantes à framboesas, que poderia vir ou não com febres e dor, duas saltam aos olhos: a falta de qualidade na alimentação dos escravos e a sua pouca higiene. A relação entre hábitos alimentares e o adoecimento é direta: se a comida fosse de determinada qualidade, era quase certo que determinado sintoma eclodisse. O uso, por exemplo, de carne seca, farinha de mandioca, pimenta, gengibre, dendê, cachaça "que nutre aquela miserável porção da espécie humana" (GOMES, 1805, 9), era o primeiro suspeito de Bernardino Gomes para a enorme ocorrência dela nos escravos. Ainda segundo ele, "nada favorece mais a geração e contágio de doenças cutâneas que a imundice, e nada é mais imundo que o modo de viver, os hábitos e as senzalas ou albergues dos Pretos" (GOMES, 1805, 13). Num ambiente abarrotado e sujo, com pouca possibilidade de asseio, alimentação pautada em pouca qualidade de gêneros, o contágio era certo e poderia se dar por quatro vias, a saber: "a herança, amamentação, coito e inoculação" (GOMES, 1805, 13) – sobre a primeira, tão comum, Piso nos diz que "os filhos dos boubentos se faziam tantos e raquíticos e morriam comumente antes da puberdade" (PISO, 1946, 241).

A incidência desse mal, contudo, não parece ter sido identificada com clareza pelos contemporâneos. Isso porque sua aproximação com outras enfermidades que tinham como sintoma o aparecimento de chagas na pele é indicada por todos que se ocuparam de sua aparição: oriundas do continente africano, mais particulares aos pretos, manifestação em geral na tenra idade, ocorrência única na vida, presença de carnes fungosas, extremamente contagiosas. Assim, analogias ao Pian, ao Yaws e ao Mal Gálico foram recorrentes. A aproximação com o Mal Gálico, a propósito, não é, como adiante veremos, novidade: assim como ocorrera por tempos com o Maculo, muitas das doenças com qualquer tipo de erupção cutânea eram a ele vinculadas. A nomenclatura *bouba* contribuiu em grande medida para a imprecisão na identificação do achaque, pois, como relatam cirurgiões como Fernão Mendes Pinto, pelo menos até 1654 "o povo rústico de Portugal designava por este nome as doenças venéreas" (*apud* FREITAS, 1935, 50). O citado doutor Bernardino Gomes, apesar disso, preocupou-se em desfazer o que, para ele, eram más interpretações dos médicos e cirurgiões de outrora, esclarecendo que "a mesma enfermidade toma a forma de Boubas no Brasil, Pian em São Domingos e Yaws na Jamaica". Quanto ao Gálico, é enfático: ao contrário de Piso e Sauvages que, como expusemos, acreditavam tratar-se de mal venéreo, para Gomes não se poderia cometer "crasso engano" pelo simples fato de que um mal dessa natureza pode se repetir inúmeras vezes, enquanto a bouba tinha aparição única na vida do indivíduo (GOMES, 1805, 9-15).

Tal qual as Boubas, o Sarampo e as Bexigas tinham como característica alvejar os sujeitos apenas uma vez. Em sua ação "precisam, para isentar o indivíduo de nova infecção, que façam nele uma modificação na constituição física, de sorte que lhe tirem toda a suscetibilidade que havia de as padecer" (GOMES, 1805, 17), como se adquirissem imunidade. Mas de aproximações entre elas podemos pontuar apenas as manifestações cutâneas, o acometimento singular e a predileção por infantes, pois, nesses dois últimos, os demais sintomas e especialmente as causas merecem um olhar mais cuidadoso.

É possível afirmar, grosso modo, que Sarampos e Bexigas eram consideradas distúrbios que putrefaziam os humores. Simão Pinheiro Mourão, doutor-autor das já citadas *Queixas repetidas*, dedicou a esses dois achaques um tratado, ainda em 1683, "mesmo estando de cama e assaltado da mais rebelde enfermidade que na medicina há" (MORÃO, 1956, 77), novamente ressaltando a ausência de mais informações médicas até a presente data. Isso, que aparece quase como um padrão nos prefácios, apresentações, notas do Santo Ofício e cartas ao leitor dos escritos médicos não nos soa apenas *pro forme*, mas indica de fato a escassez de notícias e o pioneirismo daqueles que se propuseram a dissertar sobre as doenças e curar na colônia. Parece-nos, assim, que a grande propulsora desses escritos foi a necessidade imediata em tratar esta ou aquela enfermidade que irrompia em determinado período. Mas voltemos às chagas de pústulas.

Passamos a ter notícia desse tipo de doença por intermédio dos considerados "modernos" – Hipócrates, o "pai da medicina" não legara uma linha sequer acerca dela, embora Morão afirme veementemente que seria falsa a informação de que Galeno e Hipócrates não as conheciam (MORÃO, 1956, 89). Todavia, se não tinha sido descrita, normatizada e enquadrada nos parâmetros correntes, não existia.[19] Respaldando-se em João Honst e Luís Rodrigues Pedrosa, Simão Morão procura diferenciar o Sarampo das Bexigas, ponderando que, na aparência, o primeiro caracterizava-se por "uns tumorzinhos muito pequenos e vermelhos, que rebentam no couro ou na pele do nosso corpo, com febre contínua, nascidos da ebulição ou fervor particular do sangue", enquanto que a segunda manifestava-se como "pústulas ou bostelas, que nascem na pele do nosso corpo, nascidas da particular efervescência do sangue mais grosso, que por modo de crises, a natureza deita para fora, com febre contínua e muitos sintomas perniciosos" (MORÃO, 1956, 80). Ambas apresentavam como principais sinais a presença de dores de cabeça, peso nos olhos, sono profundo, bocejos, vontade constante de espreguiçar-se, lacrimação, dores nas costas e cadeiras, palpitação, tosse, dificuldade em respirar e tremores. Quanto mais perniciosa, mais fortes eram os outros sintomas: delírios, frenesis, espasmos, urinas turvas, diarreia com sangue, disenteria e manifestação de gota-coral. Todas essas manifestações eram "sinal de que a natureza desviou ou humores do melhor caminho" – que era irromper na pele – "e os arrojou para o ventre e para as tripas, e como são tão malignas, ficando mais vizinhos ao coração, matavam os enfermos mais depressa" (MORÃO, 1956, 83).

---

19 Cf. (FOUCAULT, 2001).

A grande dificuldade em se "preservar as pessoas" (MORÃO, 1956, 91) – novamente, aqui, um indicativo da existência de medidas profiláticas ainda no Seiscentos – dos achaques estava, para o citado médico residente em Pernambuco, em uma causa maior, e que vale a inteira transcrição:

> A causa geral, ou universal, donde nascem e não acharam os Doutores outras mais, que serem nascidas do sangue mênstruo, de que no ventre de nossas mães nos sustentamos, que como é alimento tão perverso e de tão más qualidades, as comunica à nossa massa sanguinária toda e nela o conserva a natureza até certo tempo: no qual irritada delas, no decurso da vida, sai a desafio para lançar fora do corpo, como faz no tempo destinado, como agora vemos. (MORÃO, 1956, 79)

Ter a condição *a priori* de adoecer dessas enfermidades, que para esse doutor eram das mais cruéis, não soa animador. E eram tantas e tão gerais que "de cem pessoas, só quatro ou cinco se livram delas" (PAIVA, 1787c, 263). Embora todos estivessem predispostos a tê-las, alguns fatores externos poderiam contribuir – ou, talvez, determinar – que se irrompesse a chaga ou não. Se a *bicha* teve naquele citado eclipse o que faltava para eclodir, o cometa de 1664 "fez mais os seus efeitos nesta América como estes fervores, produzindo Bexigas e Sarampos, e nos outros reinos produziu guerras e outros efeitos semelhantes" (MORÃO, 1956, 88).

E o grau de malignidade que o Sarampo tinha era diferenciado, mais brando. O doutor de Pernambuco testemunhava que ele era "menos arriscado" e que "o vence muitas vezes a natureza sem a arte" (MORÃO, 1956, 81), merecendo então as Bexigas maior atenção por serem mais perigosas. Seria da mesma espécie, mas menos mortal, de acordo com o já citado doutor Manoel Joaquim Henriques de Paiva, pouco mais de meio século depois. Podiam se dividir, em ordem crescente de gravidade, em 'loucas, ou brancas', as 'negrais', as 'pintas', as 'de pele de lixa' e as 'de olho de polvo'. Essa diferença advinha de qual dos humores tinha sido atingido: as vermelhas, do sangue; as brancas, da fleima; as amarelas, da cólera, e as verdes ou negrais, da melancolia (MORÃO, 1956, 84). A quantidade de humor achacado também interferia no tipo de Bexiga derivada, de acordo com outro douto, Daniel Senerto. Na cidade de São Paulo e nas vilas de Guaratinguetá, Taubaté, Pindamonhangaba, Itu, Sorocaba, Parnaíba, Jundiaí e tantas outras do "país dos paulistas", já no século XVIII, era, segundo as observações do doutor José Rodrigues de Abreu, "rara a pessoa a quem cometem que não matam e são tão medrosos os seus habitantes desta queixa que até desconfiam de ouvir falar nela" (ABREU, 1733, 598).

Não concorda, contudo, com esse abrandamento, o doutor Manuel Ferreira Leonardo, que elenca em sua breve *Notícia* uma epidemia de Sarampo em Belém, pouco tempo depois da publicação do tratado de seu colega, em 1748: um mal "pouco conhecido dos cirurgiões mais experimentados" (LEONARDO, 1749, 2). Com vômitos de sangue e diarreias, o número de almas tolhidas pela doença passou, segundo ele, facilmente das quinze mil. E dessas, a dos gentis e escravos eram, de longe, maioria: se não havia comida para o trato de todos os enfermos (LEONARDO, 1749, 3), tampouco medicina que bloqueasse sua disseminação. Mas pouco importa, na verdade, qual era a mais vigorosa, já que ambas alastraram, a seu modo, e parafraseando o doutor Leonardo, um "terrível contágio" até a primeira metade do Setecentos. Ressalte-se, igualmente, que não se tratava de uma *peste*, como seria a da *bicha* – que tinha como característica "passar", como explanou Rosa, de uma pessoa a outra –, mas de um *contágio* que dependia do contato com o ambiente,[20] e não com o moribundo. Afinal, não caberia na concepção de um hipocrático que o desequilíbrio humoral de um pudesse atingir o outro. Para se ter ideia do alcance desse contágio, os senhores de escravos passaram a dispensar a mão de obra dos pretos por medo de contrair o mal: deixavam-lhes em cidades vizinhas, no mato, em igrejas (LEONARDO, 1749, 3). Eles poderiam infeccionar o ar dos saudáveis. Atentemo-nos: embora todos estivessem suscetíveis a adquiri-la pela herança danosa do ventre das mães, incluindo-se aí, certamente, os brancos, "como os escravos sejam mais mal *compleicionados*, nascidos da má vida, pior trato e maus alimentos que comem, acham os astros neles e o ar corrupto mais disposição para neles imprimirem com mais força os seus efeitos das Bexigas" (MORÃO, 1956, 88).

---
20 Cf. (SANTOS, 1749).

No rol de doenças que atingiam especialmente os escravos, cabe mais uma, de mortandade e agressividade tamanhas que recebeu o nada honroso título de "preocupação clínica do século" (DUARTE apud MORÃO, ROSA & PIMENTA, 1956, 381). Voltemo-nos, agora, para o *bicho,* não ao *bicho da Costa* – a vulgarmente conhecida lombriga – ou ao *bicho de pé,* mas ao *achaque do bicho,* também denominado maculo, ou *mal del culo,* ou ainda mal do sesso, que embora cause grande asco quando descrito, parecia apresentar sucesso nas curas se cedo fosse diagnosticado. Embora alguns dos nomes que recebera remetam à presença de bichos na chaga – como acreditava, por exemplo, o cirurgião e mestre do Hospital de Todos os Santos Antônio Cruz, no início do século XVII –, tal constatação fora refutada por aqueles que se debruçaram sobre a doença no Brasil. Trata-se senão "de uma largueza e relaxação do intestino reto e seus músculos, ou, por outro nome de chama sesso, mais ou menos largo; e, segundo a maior ou menor largueza, assim será maior ou menor corrupção" (FERREIRA, 2002, 635). A descrição pode se assemelhar à das hemorroidas, ou como se usava dizer na colônia, às *almorreimas,* que se apresentavam com câmaras de sangue cuja origem seria identificada pelo cuidadoso médico (LEONARDO, 1749, 403). Foram por muitos estrangeiros confundidas, (DUARTE apud MORÃO, ROSA & PIMENTA, 1956, 424) mas Piso e Morão estão entre aqueles que diferenciaram um achaque do outro.

Esta matéria teve espaço já nas primeiras obras médicas produzidas em vernáculo. Miguel Dias Pimenta, por exemplo, não escreveu propriamente um tratado, mas um amontoado de informações que davam conta de sua experiência – saber este, como já pontuado, essencial para o douto, mas criticado veementemente pelos esculápios quando utilizado por meros empíricos. Pela imprecisão de dados acerca de sua formação e os indícios de ser apenas um "experimentado", não espantaria que fosse ele um dos alvos das críticas de Simão Pinheiro Mourão e João Ferreira da Rosa, seus coetâneos.[21] Há quem diga que Pimenta, simples mascate, adquiria escravos achacados pelo bicho, tratava-os segundo seu inovador método

---

21 É curioso – e porque não irônico – o fato de sua obra ter sido catalogada no século XX como um dos três primeiros livros médicos em vernáculo sobre o Brasil.

e depois de sãos os revendia, fazendo um bom dinheiro (MORAES, 2005, 23). A crítica aqui, certamente, não incide sobre a maneira como ganhava dinheiro, pois a restrição moral quanto a venda de pretos era nula, mas por aventurar-se num campo que não lhe era próprio. Mesmo assim, suas observações merecem atenção, principalmente pelo pioneirismo na proposição de um tratamento eficaz; sua declarada intenção também torna o leitor mais complacente, visto que, segundo assevera, só se lançou nesta empreita "por zelo da caridade proximal, para que todos possam se curar a si, sabendo o que fazem, e não vir a cair por descuido em dano tão irremediável, na coisa mais fácil de se atalhar, tanto nos seus princípios, como no seu aumento somente" (PIMENTA, 1956, 379).

O testemunho da marginalidade e incidência do maculo também encontrou lugar nas memórias de religiosos, como os conhecidos Fernão Cardim e Frei Vicente do Salvador. Aleixo de Abreu, doutor, estaria entre os primeiros práticos a tratar do maculo, em seu *Tratado de las siete enfermidades,* de 1623. Mesmo o renomado Guilherme Piso teria contraído o bicho, julgando que este tipo de revés era exclusivo das terras americanas, muito embora Celso e Plínio já utilizassem a forma latina *corruptio* no sentido de gangrena ou putrefação, bem como Galeno, que o definia como os humores doentios que a natureza procurava expulsar. Também sofreu por cinco meses desse mal o cirurgião Luís Gomes Ferreira, e no seu *Erário Mineral* não deixa de dar uma palavra sobre sua experiência, seu método e sua cura.

É, aliás, o acometimento corrente, também dos magistrados, que impulsiona a escritura de Pimenta. O juiz de fora de Pernambuco se encontrava, segundo ele, já com o reto gangrenado e sem muitos sinais de cura, urgindo por qualquer tipo de tratamento. O prejuízo com o alto índice de manifestação nos escravos, mais ainda, demandava um remédio eficaz; sobretudo porque o bicho podia tanto ser a consequência primeira, como gerar achaques secundários. Propõe Pimenta, assim, que em alguns casos se cure primeiro o maculo, sem o haver de fato, para que outras doenças sejam sanadas, isto é, "achaques que não geram o Bicho, nem dele procedem, (mas que) com a sua cura se remediam" (PIMENTA, 1956, 380). Tudo, como já sabemos, visto como desequilíbrio dos humores. Jamais se deveriam realizar intervenções cirúrgicas nas chagas das constituições pestilenciais.[22] Reequilibrando as naturezas é que se extirpariam os sintomas que tanto incomodavam: febres ardentes, muito sono, dores de cabeça e nas costas, delírios e, o maior dos sinais, larguidão do ânus. Esse último sintoma – o reto dilatado – tão característico do bicho, causava tamanho incômodo que o próprio Ferreira descreve com espanto as condições de um escravo atendido: "fiquei mais que admirado por ver a via tão larga que, muito a vontade, lhe cabia por ela uma mão fechada, que a todos fez pasmar o grande buraco que tinha, vendo-se por ele os intestinos" (FERREIRA, 2002, 647).

Pimenta revela que eram mais propensos ao *mal del culo*

> todo o sujeito que for de corpo afeminado, cor alvarinha, de fraca compleição, e de estômago fraco, o que destes for sanguinho com mais repetição, o melancólico mais que o fleumático, em os das praças, e recolhidos; e mui pouco nos do campo, e trabalhados, os que são de condição robusta, fortes, e sobre o trigueiro, negros, mulatos, e mulheres, mui poucas vezes lhes dá este achaque, e quando nestes dá é mui rijamente, e tal é às vezes a robustez do sujeito, que dando-lhe o achaque, como nele não faz apreensão, (como também o fará mui poucas vezes nas regiões frias, salvo de verão) por si se vai embora, como já vi sem lhe fazer cura alguma, por se não saber o que era, em cujo caso ninguém se fie. (PIMENTA, 1956, 489)

Não concorda inteiramente Gomes Ferreira, que alerta para a necessidade de se preservar desta doença "principalmente os escravos" (FERREIRA, 2002, 638), embora admita que o seu perigo fosse "tão certo que ela tem metido na sepultura tanto pretos como brancos, principalmente no Sertão chamado do rio São Francisco" (FERREIRA, 2002, 642). Sobre essa tópica, pondera bem Bernardino Antônio Gomes, já no início do XIX:

> os privilégios, que na ordem social provem da diferença da cor, não são reconhecidos igualmente pela Natureza na distribuição das enfermidades: também, os Brancos a padecem, se se expõem a contraí-la, e não é raridade encontra-la nestes,

---

22 Cf. (LEONARDO, 1749).

ou sejam indígenas, ou naturalizados. Eu também a observei nas tripulações dos navios de guerra poucos meses depois que aportou ao Brasil a Esquadra Portuguesa, que em 1797 demandou aquele país. (GOMES, 1805, 2)

Nesse sentido, é possível não só pensar em doenças que acometiam especialmente um "tipo" de pessoa, mas, sobretudo, se esse "tipo" não era em si o causador do mal. Somente era apreensível aos médicos, então, os sintomas apresentados pelo doente: dito de outro modo, tudo que o doutor poderia conhecer da doença se restringia ao que o moribundo apresentava, não sendo possível um estudo da febre amarela, por exemplo, mas somente da manifestação dessa febre no indivíduo. "Não há doenças, há doentes", diria mais tarde Machado de Assis. O doente constitui um espaço privilegiado de observação das manifestações mórbidas, isto é, embora seja possível mapear as doenças e seus principais sintomas – como intendemos fazer acima –, para aqueles doutores, esse inventário só fazia sentido se analisado no corpo doente. Em outras palavras, não cabia no período estudos sobre *o bicho*, por exemplo, mas, sim, sobre a incidência dele na população e de que maneira poderia ser combatido. É uma diferença tênue ao passo que decisiva para o que veremos com a emergência da clínica: passar-se-á, então, de uma preocupação com o indivíduo para o estudo do mal em si, e de que forma um conjunto de indivíduos poderia ser massivamente tratado contra este ou aquele sintoma/doença. Para o período, "o que constitui o verdadeiro médico, o que vem alcançar depois de muitos anos de estudo, é conhecer por certos sinais os males do corpo humano, o grau de sua malignidade, a sua força, e a sua duração; e ao mesmo tempo saber aquele remédio que lhe convém para curá-la" (SANCHES, 2003b, 24). Assim, era preciso conhecer os sinais, relacioná-los aos achaques e examinar com acuidade o doente para ministrar-lhe o melhor remédio. Era preciso conhecer quem adoecia e, sobretudo, se sua condição pestilenta não seria já predisposta, se a pessoa não carregava o porquê de estar – ou ser – doente.

Quem enferma (n)a colônia.

A presença do escravo estava intimamente ligada à ocorrência de alguns males. Nas enfermidades que indicamos acima – o escorbuto, a bouba, o sarampo e o maculo – e outras mais – a varíola, a febre tifoide, a peste bubônica, o bicho de pé, a sífilis –, são eles elencados como seus principais transmissores e, muitas vezes, como a própria causa do achaque. É importante ficar claro que não pretendemos, como diversos médicos-historiadores e historiadores da medicina já fizeram, falar de "origem biológico--geográfica das doenças", ou atestar se era de fato o africano responsável pela disseminação dos males que aqui grassaram. Embora seja possível, à luz de estudos como a paleopatologia (PÔRTO, 2006), identificar qual seria o berço de determinados vírus, bactérias ou fungos, os doutores de outrora – e que aqui são aludidos – não obtinham esse tipo de conhecimento e, portanto, era completamente plausível para eles que o escravo trouxesse consigo o jugo da doença. Que fosse dela raiz, tronco e semente. Que, ao fim, se constituísse como responsável por sua origem e disseminação. E mais: que, muitas vezes, sua presença fosse sinonímia de adoentar a cidade. Deste modo, entendemos que olhar para seus escritos procurando, de algum modo, "corrigir" com as notícias contemporâneas, aquilo que eles legaram, talvez mais que anacrônico, seja extremamente censurável. Diversos doutores – donde destacamos Azeredo, Vieira da Silva e Oliveira Mendes – viam na mudança do clima (da África para o Brasil) uma possibilidade de causas para adoecer, enquanto que os estudos posteriores acerca da nosologia américo-africana, à luz de outros parâmetros, convergem para a adaptação dos vírus e bactérias nessas terras pela "semelhança dos climas" (FREITAS, 1935, 20). Como cobrá--los, nesse sentido, do conhecimento de uma ciência que não seria verossímil em sua época?

Em suas *Notícias Soteropolitanas,* Luís dos Santos Vilhena atribui as condições insalubres da cidade de Salvador no século XVIII e a disseminação ininterrupta de doenças à chegada dos navios negreiros, os conhecidos "tumbeiros". Tal perspectiva é mantida no início do século seguinte: o doutor Manoel Vieira da Silva, observando o ambiente carioca, relata que "entram neste porto navios carregados de pretos, donde nos podem provir os germes de moléstias epidêmicas" (SILVA, 1808, 17), e recomenda a construção de lazaretos onde esses ficassem em quarentena antes de adentrar nos lares sãos dos brancos, a fim de se saber se portavam alguma moléstia. Mesmo que isso causasse o aumento do preço daqueles braços para o trabalho e a diminuição desse tipo de comércio, Vieira da Silva completa: "que o Príncipe Regente Nosso Senhor se interessa mais pelo aumento dos brancos, sejam brasileiros ou europeus, do que pela propagação dos pretos; que a perda nos direitos, resultante da diminuição do comércio, é menor do que aquela que pode trazer consigo a omissão dessas providências" (SILVA, 1808, 19).

O tráfico enferma a colônia com os pútridos objetos que transporta – assim podemos abreviar o que nos dizem os doutos. Abundava-se em tamanha escala os escravos que um dito foi criado por Ambrósio Brandão: "neste Brasil se há criado um novo Guiné com a grande multidão de escravos vindos dela que nele se acham: em tanto que em algumas capitanias, há mais deles que dos naturais da terra, e todos os homens que nele vivem tem medito quase toda sua fazenda em semelhante mercadoria". Tanto escravos quanto doenças, tantas doenças quanto doentes.

O médico baiano graduado em Coimbra, Luiz Antonio de Oliveira Mendes, em texto de 1793, é dos primeiros a abordar as condições dos navios negreiros e as doenças dos escravos africanos, pelo menos em português; segundo anuncia, é objetivo do seu trabalho

> [...] determinar com todos os seus sintomas as doenças agudas, e crônicas, que mais frequentemente acometam os pretos recém-tirados da África: examinando as causas da mortandade depois da sua chegada ao Brasil: se talvez a mudança do clima, se a vida mais laboriosa, ou se alguns outros motivos concorrem para tanto estrago; e finalmente indicar os métodos mais apropriados para evita-lo, prevenindo-o, e curando-o. Tudo isso deduzido da experiência mais sisuda, e fiel. (MENDES, 1793, 21)

Desta grandiosa empresa, voltar-nos-emos, neste momento, para o que ele atribui como "doenças crônicas": o banzo, as sarnas, as lombrigas, os cancros, as hidropisias, o ressecamento dos bofes[23] e os já citados escorbuto, bichos (de pé e *del culo*) e boubas (MENDES, 1770, 61-64). Note-se que enquanto em África, aqueles homens apresentavam, embora com traços de "barbaridade, gentilismo" e extremismo nos ódios e exacerbação dos prazeres, corpos "sadios, fortes, robustos e de uma boa compleição" (MENDES, 1770, 28). A transladação de africanos para o Brasil foi identificada, pelo menos por Oliveira Mendes, como momento de irrupção das doenças – quer dizer, eram as condições insalubres do transporte, e não os escravizados os causadores dos males. Concorda com ele João Cardoso de Miranda, ao declarar que aquelas podridões dos pretos "se transportam para os Brasis, adquirida das povoações de que saíram ou nos navios em que vão embarcados" (MIRANDA, 1754, 48). O já referido doutor José Pinto de Azeredo, que pode ser elencado como o segundo escritor em vernáculo a tratar do tráfico e suas implicações nosológicas, indica que as febres da Costa d'África assaltam especialmente os não aclimatados e, deste modo, estão imunes os naturais da terra – mais um indicativo, assim, de que o tráfico era responsável pelo transporte dos gérmens dos males. As condições destes navios são narradas como tão perniciosas que de "estilicídios, tosses, catarros e de ordinário câmaras", comumente "morriam muitos antes de chegar o tempo de viagem" (PIMENTA, 1956, 455).

Algumas práticas viciosas dos pretos causavam seu calvário, como o consumo excessivo de aguardente, a vulgar "cachaça". Aliás, quando se queria falar que alguma coisa não prestava, revela Luís Gomes Ferreira, exclamava-se que aquilo era uma cachaça. Ele revela que além de perderem o juízo de tanto beber, matando os que a eles um dia ofenderam no calor da embriaguez, "adquirem doenças gravíssimas, como são as obstruções nas veias e canais de todo o corpo" (FERREIRA, 2002, 661), que poderiam facilmente levar-lhes ao túmulo. Diversos assuntos que concerniam à ação dos escravos, segundo ainda Ferreira, por serem coisas "impraticáveis" por pessoas de bem, "passavam em silêncio"

---

23 Ou pulmões.

(FERREIRA, 2002, 665). Aqui podem ser listadas as práticas sexuais dos pretos, dadas como imorais, sobretudo o concubinato, aos quais eram submetidas muitas das mucamas, e a numerosa ocorrência de prostituição por pretas forras ou mulatas que, com a pluralidade de parceiros, facilmente propagavam doenças como o gálico. Adoeciam por conta de seus pecados, e adoentavam os que deles tinham parte. Deste modo, indica o autor do *Erário Mineral*, que nem tudo sobre os males e ações do escravo pôde ser descrito, tão acres eram suas qualidades e tão soberbas suas ações.

Não importava, porém, se eles eram causa e vetor da enfermidade. Fazia-se urgente tratar do escravo e ter para suas demandas mais comezinhas aqueles ingredientes necessários para prepará-lhes triaga. É bastante didática e convincente a assertiva do cirurgião José Antônio Mendes: "supondo que, pelos não terem prontos, vos morre um escravo, ainda que não suceda senão de dez em dez anos, perdeis mais do que vos custam esses símplices e compostos que vos digo; e desencarregareis vossa consciência em acudires vosso escravo, e neste caso vosso próximo" (MENDES, 1770, 53). Destarte, cumpria-se a tarefa cristã da caridade e resguardavam-se os interesses financeiros – não necessariamente nesta ordem.

Talvez demande, ainda, algum esforço pensar em questões de gênero para esses doutos, pelo menos se considerarmos uma historiografia que procura trazer a mulher como eixo central de análise. Isso porque, avesso aos estudos que terão vida no século XX, o corpo feminino parece ter sido colocado em segundo plano durante o período que aqui vislumbramos. Embora seja possível identificar a saúde feminina como tópica em diversos escritos, ela está entremeada entre os tantos outros assuntos que preocupavam os doutores. Não há, para se ter uma ideia, tratados entre os médicos portugueses ou naturais da terra[24] que versem exclusivamente sobre cuidados específicos com a mulher, ao contrário de obras especialmente cunhadas para dar conta da manutenção da saúde dos escravos, como citamos acima, ou das crianças, a exemplo do *Tratado de educação física e moral dos meninos* (1790), de Francisco de

---

24 Em outras partes da Europa, contudo, é possível destacar o desenvolvimento de obras, como os dos holandeses.

Melo Franco. Para Aristóteles e toda uma escola por ele fomentada, a mulher não abrigaria sequer a matéria seminal que poderia dar luz à vida: tinha uma anatomia diferenciada para "receber o sêmen, e dele que se engendra a criatura para conservação do gênero humano" (LEONARDO, 1749, 25), era o "homem quem insuflava alma, vida e movimento à matéria inerte produzida no útero pela mulher" (PRIORE, 2006, 82). Excetuam-se desta afirmação os cuidados com o parto,[25] pois foi sobretudo na condição de mãe que as mulheres apareceram nos tratados.

Outra menção às donas advém dos vícios morais por elas suscitados ou que delas eram inerentes, como a imaginação. Num período anterior à observação e escritura de textos sobre a medicina pelos doutos (PEIXOTO, 1931, 207-208), já era advertido que as mulheres estavam propensas a se aproximarem da morte e das doenças por conta daquilo que imaginavam. Um curioso caso de feto da espécie de gato, nascido supostamente de uma mulher, em 1755, ilustra bem essa característica atribuída ao feminino. Narrou-se que a escrava de Mariana Teresa, de 58 anos, encontrou no leito de morte de sua Senhora um "bicho", dado como fruto de "parto monstruoso da defunta" (DISSERTAÇÃO, 2005, 88). A notícia desse "monstro" se espalhou e

> [...] como eram mulheres, fácil foi a crença nessa monstruosidade: e já uma dizia, que havia tantos anos, que se queixava a vizinha de sentir no ventre uma coisa que se movia. Outra afirmava, que ela antes de espirar, sentia as dores do parto. Outra, que a defunta dizia em vida que, quando morresse, a abrissem, porque lhe haviam de achar uma coisa extraordinária. Enfim, cada uma fingia, como a sua imaginação lhe pintava, com aquelas cores, que sabe dar a credulidade e o fingimento de pessoas deste sexo (DISSERTAÇÃO, 2005, 88).

O doutor M. A. F., que analisa o causo de dona Mariana, é enfático: "basta a sua variedade, para se convencer de falso, o que se refere pintado mais pela imaginação, que o desfigura com as feições de monstro, que pela verdade, que, examinando-o, acha ser gato" (DISSERTAÇÃO, 2005, 87). Às mulheres são direcionadas, ainda,

---

25 Como, por exemplo, o *Novo método de partejar, recopilado dos mais famigerados sábios e doutores*, de Manuel José Afonso e José Francisco Melo, publicado em 1752.

diversas críticas, entre as quais, valerem-se de conhecimentos empíricos, como a manipulação de ervas e de sanguessugas, no lugar de licenciados, como nos fala, por exemplo, o cirurgião João Cardoso de Miranda (MIRANDA, 1754, 82). Voltaremos à tais práticas quando abordarmos as formas de tratamento – por ora, observemos as descrições do corpo feminino feitas pelos doutores.

Como largamente abordado por diversos estudos historiográficos,[26] maior atenção fora dada à *madre*, nomenclatura médica do período para o útero. Acreditava-se que todo o funcionamento do corpo da mulher estava a ela atrelado, pois

> [...]esta, como animal errabundo, segundo lhe chama Galeno, tem simpatia e comunicação com todas as partes do corpo, não há alguma que não seja livre de seus insultos, especialmente se o sangue mensal não depura bem todos os meses ou se infecciona com humores cachochérricos ou putredinosos, de que abunda o útero; ou se suprime a evacuação ou se retarda, donde nascem contínuos acidentes. (PEREIRA, 1752 *apud* PRIORE, 2006, 84)

Toda sorte de distúrbios do feminino, nesse sentido, seriam causados pelas alterações de sua *madre*, "a qual, desde a época da puberdade até que a menstruação cessa, se pode ter pelo arbítrio de tudo quanto em geral se passa na sua organização" (FRANCO, 1794, 12). Ela era desenhada como a entranha de substância membranosa, figurada como uma pêra com algumas cavidades em seu centro, de forma que o seu fundo fica superior e o orifício inferior corresponde à vagina, cuja parte interna abrigava "dois testículos mais pequenos do que os dos homens" (LEONARDO, 1749, 26) – as teorias ovaristas são posteriores.[27] Tais descrições e estudos corporais procuravam entender melhor aquela parte "em que se concebe e alimenta o fruto".[28]

---

26 Cf. (PRIORE, 2006); (PRIORE, 2009).

27 Segundo António Gomes Ferreira, "Bernardo Santucci foi um dos que manifestando-se convicto desta ideia, demonstrou ter dúvidas quanto ao modo como acontecia a fecundação, porque se "dos varoens" procedia a fecundidade dos ovos das mulheres, e disso não tinha qualquer dúvida, menos certo lhe parecia o modo como isso se processava". (SANTUCCI, 1739.); (FERREIRA, 2005, 17-38).

28 Ver verbete "madre". In: (BLUTEAU, 1789).

A virtude de alimentar o feto a partir do sangue menstrual, porém, poderia ser convertida em vício. Gomes Ferreira afirma que esse sangue, "estando no atual fluxo dele, é tão perverso e maligno" que "os panos das suas camisas onde ele chegou, ainda que se lavem quinhentas vezes, se usarem deles nas feridas ou chagas, as fará infeccionar e alterar, de sorte que serão muito trabalhosas de curar por causa do mesmo veneno". E continua:

> Se alguma mulher, andando com a conjunção, entrar na adega dos vinhos, os fará referver, azedar e turbar, e o mesmo se sucederá no lagar ou cuba dos azeites, porque ficarão como o leite [...] Todas as plantas por onde a mulher passar ou lhe pegar com sua mão se secarão, de modo que nunca mais tornarão a nascer; os cães que comerem o sangue menstrual se farão danados [...] As criaturas humanas, se por malícia ou erro, comerem sangue mensal, ficarão loucos e sem juízo, como eu vi um homem como uma torre e bem disposto que ficou sem juízo [...] (FERREIRA, 2002, 688)

Saudável estaria, nesse sentido, a mulher cujas regras estivessem sendo empregadas para alimentar seu rebento. Vê-se que as doenças que mais atingiam as mulheres e que pelos doutos foram escritas estavam vinculadas especialmente às complicações no decorrer da prenhez. A mulher e seu corpo tinham a função única de procriar e, para aquelas impossibilitadas de experimentarem a maternidade, as estéreis, pouco restava além da rejeição. De que valia o casamento se dele não saíssem filhos? – a união matrimonial tinha dois objetivos, "um o da propagação, outro o do subsídio da concupiscência" (PEREIRA, 1752 *apud* PRIORE, 2006, 233) Tentando reverter esse castigo da natureza, muitas recorriam ao uso de excrementos, como o de raposa (PEREIRA, 1752 *apud* PRIORE, 2006, 231), de vaca (DEL PRIORE, 2001) em suas partes baixas; a banhos na lagoa santa do Sabará – como "Josefa crioula, escrava de Bernarda Antonia de Mello, da Lapa, [que] com dez dias de banho fez provida a natureza na falta que padecia da evacuação menstrual" (MIRANDA, 1749, 18) – ou ainda a rezas, como para Santo Hilário, cujo grande feito era ser "remédio para os casados terem filhos e afugentar o demônio" (SEQUEIRA, 1754, 263). Não pensemos que a possibilidade de cura dessas mulheres fugia, assim, do domínio dos médicos: o uso de substâncias que hoje nos parecem apenas frutos de crendice, como o supracitado esterco, ou pós de testículo de porco, cavalo ou galo, de corações, de *madre* de lebre torrada, ervas olorosas, e especiarias como a pimenta, a canela, o gengibre, a erva-doce, a noz moscada e o cravo (PEREIRA, 1752 *apud* PRIORE, 2006; SEMEDO, 1720), encaixavam-se plenamente num estatuto dito "científico".

A falta da gravidez e os distúrbios da *madre* explicavam a condição de doente de diversas mulheres. Isso porque, como destaca o doutor José Rodrigues de Abreu,

> a mesma fortaleza [que na Etiópia] se encontra nas Índias do Brasil, [pois as mulheres] que ao outro dia logo depois do parto vão para o trabalho sem algum incômodo mais que sentirem-se um pouco fracas [...] logo assim que parem vão lavar aos rios, em que se metem, e também aos recém-nascidos sem algum perigo na saúde, (ABREU, 1733, 597)

o que sublinha, mais uma vez, a condição salubre da gestante. Mas a condição de mulher também poderia elucidar determinadas doenças, como a melancolia e a histeria que lhes eram particulares, e que terão no século XIX grande destaque.[29] Os hábitos das moças e matronas na colônia colaboravam para a condição de doente, visto que "depois que o luxo escoltado de todos os vícios corrompeu a nossa gente, também as mulheres perderam o seu antigo vigor, se tornando de ativas, sãs e industriosas uns indivíduos débeis, e valetudinários". E continua: "E se o exercício e o trabalho fortificam os nervos e dão tom aos sólidos, que se pode esperar das nossas damas, amolecidas com o ócio, oprimidas com espartilhos, cansadas de vigílias e contaminadas de contágios herdados de seus maiores" (FRANCO, 1790, 2). Também Buchan falava do sedentarismo das mulheres como causa de seu excessivo adoecimento (BUCHAN, 1788-1803, 157-158 e 263). "Mais fracas que os homens" (FRANCO, 1794, 12), com "nervos de delicado sexo" (FRANCO, 1790, 3), imaginativas e viciosas, seu acerto moral e a saúde só teriam plenitude – ou melhor, existência – na maternidade.

---

29 Especialmente nas teses médicas defendidas nas faculdades da Bahia e Rio de Janeiro. Ressalto alguns estudos sobre a temática: (VIEIRA, 2002); (ENGEL, 2000); (AMARAL, 2008); (BIRMAN, 1978).

Fazia-se primordial observar a saúde do fruto gerado por essas mulheres, dessas mães, desde o que hoje conhecemos como fase embrionária, desde seu comportamento no seio materno. Daí justifica-se, mais uma vez, a importância dada à saúde da genitora, pois qualquer percalço por ela enfrentado durante a gravidez poderia afetar toda a vida da criança. Se a mulher fosse desposada antes de seu corpo estar preparado para a maternidade, releva-nos o doutor Almeida que a má-formação da criança era certeira (ALMEIDA, 1791, 3). "Toda mulher que, andando prenhe e lhe vier o mênstruo", por exemplo, originaria, para o doutor Francisco de Melo Franco, uma criança que "nunca será forte" (FRANCO, 1790, 117); "só de mães vigorosas nascem crianças sadias e fortes" (FRANCO, 1790, 3), continuava ele. Faz coro outro doutor, Henriques de Paiva, ao pontuar que "da saúde dos pais e das mães resulta a dos filhos; logo, nos casamentos deve-se consultar tanto a saúde dos esposos como as suas inclinações" (PAIVA, 1787b, 13-14). Num bom matrimônio, o que equivalia a uma união que gerasse bons frutos, se "deve perguntar se seus pais são sãos e vigorosos", e, observando o tal fruto concebido, a fim de garantir sua saúde, "se o geram no verão com Vênus moderada e bem regulada. Se a mãe no tempo da prenhez era exercitada, de gênio sossegado, e se foi único no ventre. Se o parto foi feliz no mês de janeiro ou fevereiro, se cresceu com igualdade de corpo" e se sua mãe o pariu "até os 25 anos, pouco mais ou pouco menos" (MONTE, 1760, 81).

Era seguro, para os médicos e leigos, que as moléstias passavam em herança de pais a filhos; e seria já no imediato pós-parto que traços fundamentais da vida da criança poderiam ser constatados. Prova disso é a observação do cordão umbilical – maior dos laços entre a mãe e o filho, melhor canal, assim, para legar características ao fruto gerado – "a melhor cor é a vermelha", dizia Fonseca Henriques, "porque denota valentia, e declina brevemente em uma graciosa brancura. E sendo a cor logo no natal branca, além de inculcar um temperamento pouco vigoroso, frio, e efeminado, a poucos dias fica em uma brancura extremosamente desmaiada" (HENRIQUEZ, 1710, 115). O mesmo doutor prescreve um xarope que deveria ser consumido de imediato pela criança se seus pais fossem portadores de gota-coral (HENRIQUEZ, 1710, 128), posteriormente nomeada como epilepsia. Outras fórmulas preventivas contra esses males hereditários podem ser encontradas.

Os traços físicos da criança também estiveram, por bastante tempo, relacionados à imaginação de sua mãe enquanto o gerava. O famoso doutor Curvo Semedo assevera, no segundo decênio do Setecentos, que estaria estampado em seu filho aquilo que ela, com veemência, pensasse durante o ato sexual e a gestação.[30] No final deste mesmo século, mesmo com os esforços dos médicos em respaldar suas afirmações nas observações estritamente anatômicas, eximindo de sua arte aqueles traços mágicos outrora encontrados, tal perspectiva não foi completamente alterada. Ainda que se desse como certo não ser possível "formar de novo partes orgânicas, que não existiam antes, ou abolir as mesmas já formadas", conta Henriques de Paiva, "ainda se não decidiu, se uma violenta imaginação é capaz de produzir sinais no corpo dos fetos". E, portanto, não conseguiria "refutar toda a força da imaginação sobre o feto" (PAIVA, 1786, 194).

Estar na infância, ou melhor, ser infante, não carregava, assim, uma condição pestilenta a priori. Os insucessos vividos pelas crianças sobrevinham ou de sua gestação, ou da hereditariedade, como indicado, ou de sua criação. Conservar a saúde estava mais ligado a um projeto religioso e pedagógico que propriamente clínico, projeto este que os médicos, respaldados por sua ciência e normas sobre o corpo e sua nutrição, trataram de corroborar. Alimentar os pequenos com papinhas feitas de farinha, à revelia de saciá-los apenas com leite materno, embutiria em seu corpo "lombrigas, obstruções do mesentério, opilação do estômago, opressões do peito, cólicas contínuas, câmaras viscosas, pardas, amarelas, verdes, negras, inchações do ventre inferior, ventosidades, numa palavra, todos os sintomas convulsivos" (FRANCO, 1790, 58). E usar-se de amas para o aleitamento, achando a parturiente que mais rapidamente voltaria a ser esbelta,[31] era desaconselhado tanto por religiosos, como o jesuíta Alexandre de Gusmão – pois elas poderiam sufocar a criança

---

30 Cf. (SEMEDO, 1727).
31 Critica veementemente o doutor Ribeiro Sanches a prática de não aleitar seu filho e adiantar-se a nova gravidez em suas *Cartas sobre a Educação da Mocidade*. (SANCHES, 17--)

com suas tetas se essa mamasse enquanto dormia (GUSMÃO, 2000, 147), além de saírem com os piores costumes[32] –, quanto pelos lentes maiores, como Galeno e Avicena – "porque o leite da mãe é mais saudável ao filho que qualquer outro leite [...] porque como o leite da mulher não seja outra coisa senão aquele mesmo sangue com que no ventre se alimentou a criança, é força que aquele leite lhe seja mais saudável que outro qualquer" (GUSMÃO, 2000, 146). Das tetas das escravas provinha um alimento que, para médicos como o já indicado Manuel Vieira da Silva, "dificultosamente será puro: passado mais ou menos tempo, aparecem as chamadas sarninhas [...] e fazem tais mudanças nas forças da vida" (SILVA, 1808 *apud* A SAÚDE, 2008, 77) que só malograriam toda a existência do infante.

Tudo deveria ser feito para que o recém-nascido se apegasse à mama da mãe, e caso demonstrasse a esse tão natural ato alguma resistência, o bico do seio da mãe deveria ser untado com mel, e, se ela tivesse desejado algum tipo de alimento durante a gestação careceria então de se passar tal produto no seio, e dele ingerir a mãe até passar ao leite (HENRIQUEZ, 1710, 128). O desapego do aleitamento pelas mães, o uso frequente de amas – doentes de sífilis e boubas, como grande parte das pretas –, as comidas fortes que substituíam o leite, entre outros fatores, podem ser listados como as principais causas da altíssima taxa de mortalidade infantil e o crescimento de crianças débeis.

Todas essas prescrições e preocupações, cumpre notar, eram voltadas essencialmente para o trato dos bebês de sexo masculino. O citado Fonseca Henriques só aborda cuidados com "os meninos", Melo Franco também. Gusmão dedica um capítulo de sua obra – obras de costumes, não médica – apenas para ressaltar a necessidade de vigília sobre as moças, para que casassem donzelas. Deveriam ser criadas "no recolhimento" (GUSMÃO, 2000, 292). Dito de outro modo, os grandes nomes do estudo da idade puerícia voltam seus olhares para os pequenos varões. Não é difícil inferir o porquê. "A felicidade da sociedade, a riqueza, força e segurança dos Estados dependem do concurso das disposições da alma, e do corpo"

---

32 "E se as amas não são as próprias mães, senão as escravas, e talvez de bem péssimos costumes, quais hão de sair os meninos que criam?" (GUSMÃO, 2000, 145)

(PAIVA, 1787a, 13-14), e a criança, que passou a ser vista como uma espécie de "tábua de salvação" da humanidade (FLANDRIN, 1985, 124-156), precisava ser observada de perto. A menina já estava com a vida determinada: para ser virtuosa, deveria se manter virgem até ser esposa e, consequentemente, mãe. O menino, ao contrário, teria de ocupar espaços de sociabilidade múltiplos, e tinha que estar saudável de alma e corpo para exercer essas plurais funções: senhor, trabalhador ou braço forte da lavoura, pai, chefe da família e das terras. Daí ser essencial tratar dos corpos dos infantes, pois, como salienta o doutor Melo Franco, era "preciso estarmos persuadidos de que a educação física caminha passo a passo com a educação moral. Reformem os costumes, e logo haverão numerosas, fortes e bem educadas famílias" (FRANCO, 1790).

A educação – e controle – moral não eram preocupações que recaíam apenas sobre os infantes. Era preciso dar conta de todo um povo "mole, doente e frouxo" (MACHADO, 1978, 106), cujos pecados não só refletiam na salvação de suas almas, mas também, e de imediato, na saúde de seus corpos. Acreditava-se que as doenças também tinham como origem a "lascívia e frouxidão moral" dos habitadores do Brasil, já observada por Manuel da Nóbrega no início da colonização (SCHWARTZ, 2002, 230). O viajante suíço Jean de Lery, em finais do Quinhentos, atribuiu à luxúria dos índios a ocorrência de uma incurável enfermidade, a *Mamã Pian*, "não sendo poupadas as crianças que também dela se apresentam cobertas como se fosse a varíola[...] aqueles que são acometidos ficam com cicatrizes toda a vida, como sucede com os sifilíticos e portadores do cancro" (LERY *apud* FREITAS, 1935, 55). Não eram os silvícolas, entretanto, os únicos achacados por conta de seu comportamento.

Da primeira epidemia narrada por um douto, a citada *bicha*, por João Ferreira da Rosa, foram causas a conjuntura celeste, as barricas de carne, os ares pestilentes e, sobretudo, os vícios da população. Entre as recomendações do médico para se reestabelecer a saúde dos pernambucanos figurava a expulsão das prostitutas daquelas terras, pois sua presença poderia despertar a ira divina. E Rosa não era o único. Doutor Studart, versando sobre a mesma peste, indicava que não só as prostitutas, mas também os escravos (STUDART, 1997, 90) e seus hábitos perversos ofendiam a Deus e, de certo modo, justificava a ocorrência de males como castigo naquela população imoral. As boubas, igualmente, nos casos descritos por Gomes, apareciam especialmente entre os mancebos.[33] Entre as causas ordinárias do maculo, também, podemos encontrar a presença das paixões d'alma, como trata Pimenta: "uma lima surda, que mais debilita a natureza, enfraquece o corpo mais robusto, é a causa mais ativa, e malignante, que corre para o movimento dos humores" (PIMENTA, 1956, 383).

O mal gálico, segundo José Pereira do Rego, era fruto exclusivo dos "pecados dos moradores destas províncias, corruptos de vícios e culpas graves, a que os provocava a liberdade e riqueza do Brasil" (REGO, 18--, 12). Todas as doenças venéreas, aliás, seriam obra do demônio[34] – já dizia o moralista Nuno Marques Pereira (SANTOS FILHO, 1991, 197-198). Não seria exagero afirmar que, para doutos como Pimenta, Duarte Madeira, Fonseca Henriques e Rodrigues de Abreu, o gálico ou sífilis – preocupação médica e religiosa-moral de grande vulto nas cidades brasileiras Oitocentistas, mas já conhecida pelos doutores do período colonial –, ligado ao pecado da lascívia por excelência, poderia não ser o único achaque presente na colônia, mas "se ajunta com todos e complica, ainda que seja mui leves" (PIMENTA, 1956, 493).

Exagero (HERSON, 2003, 198), talvez, mas parte inseparável de uma percepção que atrelava diretamente a atividade sexual excessiva e externa ao casamento com condenação por Deus em forma de chagas. A união dos sexos pela carne era possível e inclusive recomendada, desde que entre casais abençoados e legitimados pela Madre Igreja: o sexo deveria ser uma prática regular e comedida, de forma que sua prática não fosse excessiva e nem ausente a ponto de conduzir à procura de relações extraconjugais (SEMMEDO, 1707, 407-410 e 565-569). O matrimônio não garantia, contudo, segundo a crença corrente, o livramento de doenças en-

---

33 Embora haja duas definições para *mancebo,* segundo Blueteau – menino/jovem ou amasiado – a leitura de Gomes indica a ocorrência das boubas no segundo caso. (GOMES, 1805, 2-3)

34 "A principal causa por que os ministros diabólicos se enfurecem contra os corpos humanos vem a ser porque o demônio é o osso capital inimigo e, para que a Deus façam maiores injúrias, faz que contra aqueles [os homens] se maquinem as maiores insolências". (ABREU, 1726, 34)

raizadas naquilo que se imaginava ou se sentia. Em 1739, diz-nos o cirurgião Miranda, ocorreu "[n]uma senhora casada com Antonio de Cerqueira Torres, morador na rua do Paço, um movito[35] originado por uma grande paixão, ao qual se seguiu logo febre" (MIRANDA, 1754, 91).

Tratar das nomeadas "paixões da alma" não era neste período, nem de longe, cargo apenas de religiosos. Embora se pudesse pensar, como consta na *Botica Preciosa e Tesouro Precioso da Lapa*, que a cura das enfermidades do corpo e da alma, causadas pelos pecados, foi dada por Deus por meio do envio de seu filho unigênito (SEQUEIRA, 1754, 2), o Doutor Ribeiro Sanches elucida aos que pudessem duvidar, inclusive a El-Rei, da pertinência em abordar essa tópica, em suas especialmente cunhadas *Dissertações sobre as paixões da alma*:

> Pode ser que VM me acusará que larguei o que necessitava tratar para discorrer de uma matéria que parece alheia da Medicina, mas espero que VM achará acertado o referido depois que vir a história dos efeitos das paixões da alma e quanto pertence o seu conhecimento tanto moral como físico ao médico prático. (SANCHES, 2003a, 7)

A "felicidade" só seria plenamente possível, relata o médico luso João Pedro Xavier do Monte, se o homem observasse igualmente a saúde do "corpo e alma" (MONTE, 1760, 18). Os estudos anatômicos procuraram também abordar essa forma particular de achaque. Ouçamos o que diz o citado Xavier do Monte:

> [...] achou no cadáver de uma mulher a veia espermática esquerda extremamente dilatada com a veia cava naquele lugar entre as ilícitas mui estreita. Não se refere o autor da observação se esta mulher fora na vida tão luxuriosa como mostrava esta conformação. Acusamos temerariamente de viciosos aqueles que não podem corrigir-se da frequência dos atos luxuriosos, da bebedice, de jogar as cartas e furtar. São estes vícios enfermidades, na verdade, do ânimo e que têm a sua origem na conformação e nos humores do corpo. Nestes casos pertence ao teólogo decretar a consciência e instruir como se pode alcançar a graça divina para curar aquele

---

35 Parto intempestivo, ou aborto.

ânimo e aos legisladores retê-lo pelo medo, e pelo terror dos castigos públicos, mas ao médico pertence ou curar o corpo ou induzir outra enfermidade que produza paixões diferentes (MONTE, 1760, 21).

Fica latente a relação entre a cura do corpo por meio da identificação de um mal que vem da alma. Estes dois podem ser entendidos como duas partes interdependentes, onde os efeitos de uma interferem diretamente no funcionamento da outra, do imortal para o corruptível, num mútuo comércio de sortes e reveses. Da perfeita união entre elas emana "prudência e facilidade em moderar as paixões, num espírito livre" (MONTE, 1760, 18). O espírito é fluído, móvel, perene às influências do mundo e, por conseguinte, passível de desenvolver toda sorte de paixões. Houve médico que questionasse, inclusive, a ação da Inquisição sobre essas almas para a ciência do período. "A maior parte dos pecados de que no tribunal da penitência se acusam os homens", entende Melo Franco, "são verdadeiras enfermidades também de suas carnes [...] os pecados da lascívia, cólera e bebedice mostram que o penitente tem uma disposição em sua carne e espírito, que originalmente os inclina aos vícios e facilita a se firmarem nos maus hábitos" (FRANCO, 1994, 26-28).

Tratava-se, pois, de uma questão de predisposição para os maus hábitos. Pecados da alma refletiriam na carne, que, por sua vez, adoeceria e fomentaria mais vícios. Um ciclo, cujo nome "vicioso" tem duplo sentido. É possível fazer, grosso modo, uma diferenciação da percepção dessa ligação entre corpo e alma para teólogos e médicos: enquanto os primeiros vêm no sobrenatural ou no divino as únicas possibilidades de curar os achaques carnais, especialmente através de orações e penitências, que purificam o espírito; os segundos relacionam os males do espírito com os incidentes corpóreos e, sendo no corpo sua manifestação, seria possível tratar. Inibir essa disposição ao "pecado", criando prescrições que guiassem os costumes, de modo a impedir o aparecimento de hábitos viciosos, tal seria uma das funções últimas dos doutos. Esses aspectos foram abordados pelo doutor Antônio Joaquim de Medeiros, no Rio de Janeiro, no alvorecer do século XIX:

As causas morais e dietéticas infligem assaz para as moléstias de país. Os Antigos afirmam que as tísicas, hoje tão frequentes no Rio de Janeiro, raríssimas vezes se observavam, assim como as doenças de pele. Ora, se nós cavarmos mais no fundo a origem destas enfermidades, acharemos, que quase todas são complicadas com o vicio venéreo. A opulência desta respeitável Cidade fez introduzir o luxo, e o luxo a depravação dos costumes, de maneira que dentro da Cidade não faltam casas públicas, onde a mocidade vai estragar a sua saúde, e corromper os costume de uma boa educação, contraindo novas enfermidades, e dando causas para outras tantas. (MEDEIROS, 1816, 10)

Não seria o meio, entretanto, o único a fomentar os maus hábitos e os desejos perversos. O já citado doutor Ribeiro Sanches, ainda tratando das paixões da alma, crê que "todos aqueles vícios dominantes que temos que não dependem só da má criação nem do costume, dependem, na verdade, da boa ou má conformação do corpo e do estado dos nossos humores (SANCHES, 2003a, 22).[36] Esta formação tortuosa, para os crentes, era ligada ao não-humano. Uma tradição antiga, na verdade, é identificada quando o assunto é o corpo monstruoso:[37] em linhas gerais, pode-se falar, de saída, *Da geração dos animais*, de Aristóteles, numa abordagem que exime de significação moral a irrupção de aberrações; depois, encontramos Cícero, em seu *De divinatione*, onde a deformidade é tomada como sinal de uma transgressão moral e indica um castigo divino; por fim, há a perspectiva legada pela*História Natural* de Plínio, o Jovem, e pela *Cidade de Deus*, de Santo Agostinho, nas quais os corpos disformes são exemplos, para o primeiro, da exuberância da natureza, para o segundo, da diversidade e maravilha da criação divina. Embora de fundamentos diversos, essas percepções coexistiram por séculos – inclusive nos tratados que aludimos.

Fato é que as deformidades do corpo atraíam olhares que, embora curiosos e com um quê de espanto, punham-se dispostos também a julgar. Por que esses membros menores que o comum,

---

36   Grifo nosso.

37   A palavra latina *Monstrum* tem como tronco o termo *monere*, que significa "avisar", "chamar a atenção para".

ou maiores, ou inexistentes, ou duplicados, ou quantas mais variações do então humano normal acometiam e davam forma apenas a alguns – os então denominados monstros? Algumas descrições foram legadas com a justificativa de terem "alguma coisa de raro e extraordinário, que em outra parte não se encontra" (ORTA, 1799, 187-189), como o caso de Ana Maria, moça de quatorze anos, abandonada por pais incógnitos na cidade de São Paulo. Era ela demasiado habilidosa com os pés, o que supria a carência dos braços que lhe faltavam. Bento da Orta, responsável por trazer a público a descrição de Ana, dá contornos positivos à figura monstruosa: "o que a Natureza negou a esta criatura, não lhe dando braços, lhe avantajou em inteligência e habilidade para usar os pés" (ORTA, 1799, 110).

Para os monstros já nascidos, alguns acreditavam que pouco poderia ser feito. Entre os teólogos, por exemplo, havia a indicação de que se um homem matasse algum ser nascido com membros humanos, mas cara de animal, não estaria cometendo nem pecado, nem homicídio.[38] Os médicos, por sua vez, acreditavam que era válido e necessário observar o corpo dessas figuras, por meio, especialmente, de estudos universitários e guarda dos seres já mortos em museus e gabinetes de pesquisa. O doutor português Antonio Gomes Lourenço, em sua *Cirurgia Clássica, Lusitana, Anatômica, Farmacêutica e Médica*, de 1771, dedica uma parte de sua obra para tratar "das más conformações com que nascem muitas crianças e suas operações", em que procura dar conta de intervenções cirúrgicas para sanar "imperfuração, união de vagina, da uretra, do ânus, orelhas e ouvidos, das pálpebras dos olhos, dos lábios, união dos dedos uns com os outros; dedos a mais, união deforme do freio da língua, do prepúcio genital, e várias excrescências carnosas" (LOURENÇO, 1771, 226-231). Nesse sentido, os médicos setecentistas demonstram não só a valorização de estudos e procedimentos anatômicos – para além da famigerada bacia de prata com o cordeiro esfolado –, como a proposta de uma intervenção mais profunda no corpo doente. Na tentativa de medicalizar a ocorrência de figuras monstruosas e para elas propor curas naqueles parâmetros ditos "científicos", os doutores imputavam

---

38 Cf. verbete "monstro". In: (BLUTEAU, 1789).

novas maneiras de se conceber a doença e traziam para si a tarefa exclusiva de observá-las de modo conclusivo.

Também nos demais vícios, aqueles que não originavam corpos fora do padrão de normalidade, se fazia de extrema necessidade que os médicos intervissem e os curassem "ou pela dieta e diferente modo de viver ou fazendo mudar de clima, [...] ou introduzindo diferentes enfermidades as quais tenham a propriedade de incitar o ânimo a certas paixões contrárias àquelas que são criminosas" e não deixasse tal empreendimento "[n]as mãos dos teólogos e dos jurisconsultos ou dos pais pouco avisados que todos os vícios dos filhos querem curar e emendar a pancadas. Esta parte da Medicina era necessário ressuscitá-la e fazer renascer a doutrina filosófica" (SANCHES, 2003a, 22). Para diagnosticá-los, dever-se-ia contemplar "o corpo, a saúde, as maneiras de se alimentar e de morar, as condições de vida, todo o espaço da existência" (FOUCAULT, 2009, 135), e não somente a inclinação de seu espírito para as paixões da alma e da carne. Se a teologia salva alguns, a medicina salvaria a todos (FRANCO, 1994, 107) – e era nesse sentido que os médicos deveriam pensar suas atitudes.

Se for possível haver uma assertiva que condense de forma satisfatória todo o entendimento acerca das doenças no período, esta não é senão a de que "as doenças (exceto as feridas) são cousas ocultas e muito dificultosas de conhecer-se" (MONTE, 1760, 77). E se com ela intentemos delinear um perfil – ou padrão, como queiram – de doente ou adoecimento na colônia, este é indissociável do ambiente em que viviam: tanto em relação ao que podiam controlar, a sua própria higiene, quanto ao que não podiam, o clima e natureza dos trópicos. Como manter-se saudável em meio a ares pútridos e "infectos de manifestas qualidades"? (MORÃO, 1956, 89)

De uma terra de muito bons ares à insalubre

A expressão "terra de muito bons ares", que nomeia este tópico, está presente na famosa *Carta a el-Rei d. Manuel sobre o achamento do Brasil*, mais conhecida como carta de Caminha. Nesta tão conhecida e pioneira descrição sobre o território recém-descoberto, embora não pudessem dar notícias da presença de ouro e prata, era possível aos portugueses assegurar a qualidade do clima, a abundância das águas e a benignidade das gentes, firmando aquilo que seria repetido por séculos sobre o Brasil: uma terra onde "tudo que se planta, dá". Quase um século depois dessa correspondência [1594], o padre Manoel da Nóbrega reitera a afirmação dos bons ares atestando que a "a terra é sã" (NÓBREGA, 1955, 195); com ele faz coro, ainda, outro religioso do século dezesseis, Fernão Cardim, dizendo que a "terra é sadia, sem calmas grandes, nem frios, e donde os homens vivem em muito poucas doenças" (CARDIM, 1997, 157). Essas assertivas em muito diferirão das impressões legadas pelos doutos.

Simão Pinheiro Mourão, na primeira obra médica sobre o Brasil em vernáculo, afirma ter aportado em Pernambuco como um peregrino ansioso para aproveitar o sossego com que o clima da terra o convidava, supostamente pelas notícias animadoras enviadas pelos jesuítas e viajantes ao Velho Mundo. Ao saltar em terra, entretanto, ouviu dos arrecifes uma série de queixas, dentre elas, "que os ares e o seu clima eram desconhecidos de seus habitadores, clamando de que as aves lhe tiravam natureza e qualidades que possuíam, doendo-se de que a terra a não cultivavam das plantas que podia produzir" (MORÃO, 1965, 5). Para ele, os residentes no Brasil, especialmente por sua demasiada crença nos falsos médicos, não somente subutilizavam o clima e a terra, mas os deterioravam e contaminavam com seus vícios. Em sua outra obra, onde fala das bexigas e sarampos, reitera que o "ar infecto de manifestas qualidades, ou de qualidade maligna oculta, que por influência dos astros se movem, [...] e as grandes mudanças de tempo" influíam diretamente na disseminação e amplitude dos males.

Pouco tempo depois, João Ferreira da Rosa retoma a necessidade de ares salubres, pois, como já postularam Hipócrates e Galeno, era "o ar o veículo, mediante o qual se comunica e gera toda a peste; porque nos é o ar tão necessário, que em o recebermos está a nossa vida". Para este segundo doutor, a sua corrupção decorria da "qualidade contagiosa dos astros, de eclipse do sol ou da lua, ou de diversos quaisquer outros aspectos de estrelas ou planetas" (ROSA, 1694, 243). Não foram o cometa e as barricas de carne os responsáveis por empestear os ares Pernambucanos na epidemia de *bicha*?

Abre-se aqui uma fissura: era o ar veículo ou causa das doenças? A teoria humoral, partilhada pela maior parte dos lentes que aqui medicaram até finais do século XVIII, não permitia inferir que as doenças se espalhavam de forma epidêmica de um indivíduo para o outro, pelo contato, ou que ela poderia ser, ao fim e ao cabo, algo além de uma manifestação do desequilíbrio dos humores. Esse desequilíbrio dos humores – que é como podemos definir, grosso modo, a percepção de doença para a maioria desses médicos – ocorria quando uma causa externa agia sobre o indivíduo. Os ares contaminados operariam, portanto, no estímulo à mutação das qualidades humorais, disseminando podridões externas ao corpo, mas que, em contato com a ordem interna do organismo, tirava-lhe a estabilidade e, por conseguinte, a saúde. Esse é o fundamento da crença setecentista "que o ar tinha uma influência direta sobre o organismo, por veicular miasmas ou porque as qualidades do ar frio, quente, seco ou úmido em demasia se comunicavam ao organismo ou, finalmente, porque se pensava que o ar agia diretamente por ação mecânica, por pressão direta sobre o corpo" (FOUCAULT, 1984, s/p).

Para os adeptos da teoria miasmática, um ar corrompido, como o identificado pelos magistrados no Brasil, era terreno profícuo para abrigar aspectos hostis à vida do homem: ar corrupto, clima insalubre etc. Vale destacar que "saúde" e "salubridade" não são sinônimos: a segunda pode ser definida como o estado das coisas, do meio e de seus elementos constitutivos, estado que permite a melhor saúde possível; a base material e social capaz de assegurar a melhor saúde possível dos indivíduos (FOUCAULT, 1984). É sobre a falta ou presença dos elementos essenciais para este estado que olharemos com mais vagar.

Embora a natureza, tomada aqui como o conjunto de elementos que constituem o ambiente – como fauna, flora, ar e água, e não como "virtude que rege o corpo"[39], como exposto no capítulo anterior –, tenha sido estudada e descrita com acuidade no período por letrados, como Bernardino Antônio Gomes, que viram nela propriedades diversas daquelas encontradas na

---

39 Verbete "Natureza". In: (BLUTEAU, 1789)

natureza europeia, a forma como é referendada oscilou entre o inóspito e o exótico. Por um lado, exaltava-se as suas potencialidades, pois era possível extrair de suas plantas e animais triagas jamais vistas, como fizeram, por exemplo, os jesuítas em sua *Coleção de receitas*, por outro, a qualidade quente e úmida dos ares e águas suscitava inúmeras ponderações, na medida em queera vista como comprometedorada saúde dos habitantes. É da pena de religiosos, moralistas, médicos, membros da administraçãoetc., ou seja, de lugares diferentes da sociedade colonial, que convergem testemunhos atestando a condição insalubre da colônia. Não bastassem os vícios morais dos habitadores, as pestes trazidas com a escravidão: o território em si era considerado propício para propagação de doenças.

O médico português Francisco José de Almeida assegura que "na atmosfera bebemos a saúde e a doença; as epidemias aqui se fomentam, e se propagam" (ALMEIDA, 1791, 19-21). José Pinto de Azeredo estava, também, "bem persuadido que as enfermidades endêmicas dependem de uma só causa comum, que existe na atmosfera, e que nos é sempre oculta" (AZEREDO, 1799, 36). João Mendes Sachetti Barbosa, em suas *Considerações Médicas*, escrevendo em 1758 a respeito da epidemia que sucedera ao terremoto de Lisboa, salienta que "as doenças nascem parte da Dietas parte do Ar que respiramos". Nas minas, o cirurgião Gomes Ferreira afirma ter presenciado, curado e visto morrer multidões "por ser aquele clima calidíssimo e as águas sempre quentes, encharcadas e corruptas, que, para se beber delas, se mandam tomar muito de madrugada; e algumas vezes os viandantes lhe põem lenços para beber em cima deles, das quais bebem também e se esponjam quantos bichos imundos e venenosos há" (FERREIRA, 2002, 642). Também D. Luís de Almeida Portugal Soares de Alarcão d'Eça e Melo Silva Mascarenhas, o marquês do Lavradio[40] – responsável por implementar diversas das reformas pombalinas no Brasil –, narra, em correspondência ao lisboeta Conde de Vila Verde, suas impressões e experiência sobre a capital dessas terras. Ouçamo-lo:

---

40 Sobre a política de fomento adotada por Lavradio e a suma necessidade das Academias para sustenta-la, ver especialmente WEHLING, 1977.

[...] agora darei conta do que a terra me parece, e como eu tenho me achado nela, é situada esta Capital em um baixa toda cheia de pântano rodeada de inacessíveis montes, é raro o sítio onde cavando-se 4 palmos de profundidade se não encontre logo infinita água. Conservem-se todo o ano infinitas lagoas as quais com o extraordinário calor do sol se lhes corrompem as águas, onde nasce estamos respirando um ar sumamente impuro, é raro o dia em que não sejamos visitados de duas três e mais trovoadas o calor é tão extensivo que ainda quando se está em casa sem se fazer nenhum excesso se está continuamente metido em um suor, de forma que eu ao princípio entendi que todos estávamos sincopados; o comércio é muito pouco, a preguiça desses habitantes sumamente extraordinária, e esta os tem reduzido à decadência e miséria em que se acham estes povos. Eu logo ao terceiro dia da minha chegada fui atacado de uma das moléstias da Terra que me causou bastante cuidado, porém com a continuação dos banhos e de várias outras impertinências tenho conseguido alguma melhoria; acho-me já coberto desde o pescoço até a cintura de uma espécie de brotoeja que não me deixa sossegar nem de dia, nem de noite, fazendo-me parecer que estou cheio de pontas agudas de alfinetes que continuamente me estão penetrando, finalmente depois que cheguei ainda não passou um só dia em que pudesse dizer que me achava bom, e o pior é ter que passar por este tormento três anos que receio me faltem as forças para resistir. (CARTAS, 1978, carta 176)

Observando suas nada animadoras notícias, evidencia-se o incomodo causada pela umidade e pelo calor da terra, os traços desdenhosos imputados aos colonos e, sobretudo, a relação desses dois aspectos com as doenças e indisposições que grassavam entre os habitantes.

O aumento no número de edificações citadinas e dos acúmulos populacionais potencializaram os problemas de insalubridade. Aquilo que na Europa levou o nome de "medo urbano"[41] começa a se fazer sentir na colônia portuguesa da América, entre os quais

---

41 "Medo das oficinas e fábricas que estão se construindo, do amontoamento da população, das casas altas demais, da população numerosa demais; medo, também, das epidemias urbanas, dos cemitérios que se tornam cada vez mais numerosos e invadem pouco a pouco a cidade; medo dos esgotos, das caves sobre as quais são construídas as casas que estão sempre correndo o perigo de desmoronar". Cf. (FOUCAULT, 1984).

o medo decorrente da propagação de doenças. Não se trata, seguramente, dos efeitos de um processo de urbanização semelhante àquele do século XIX. Falamos aqui do paulatino crescimento dos habitantes em núcleos, que, diferentemente do meio estritamente rural, dos engenhos, passam a compartilhar espaços públicos de modo mais intenso – como a conversa na botica, a compra na feira, a busca da água no mesmo local, a acumulação de dejetos nas vias e rios de uso comum. É nesse ambiente que os vapores pútridos surgem e se disseminam. Para tornar o ar mais salubre, o doutor Ribeiro Sanches ressalta a

> [...] necessidade que tem cada Estado de leis, e de regramentos para preservar-se de muitas doenças, e conservar a Saúde dos súbditos; se estas faltarem toda a Ciência da Medicina será de pouca utilidade: porque será impossível aos Médicos, e aos Cirurgiões, ainda doutos, e experimentados, curar uma Epidemia, ou outra qualquer doença, numa cidade, onde o Ar for corrupto, e o seu terreno alagado. Nem a boa dieta, nem os mais acertados conhecimentos nestas artes produzirão os efeitos desejados; sem primeiro emendar-se a malignidade da atmosfera, e impedir os seus estragos. (SANCHES, 1756, 2)

É clara sua crítica à falta de iniciativa da Coroa em sanar os problemas de insalubridade. Ainda em suas palavras, os governos "prendem com perfeição como deve ser edificada uma cidade, uma praça, um templo, ou outro qualquer edifício público com toda a majestade, distribuição, e ornato, mas não vemos praticadas as regras, que contribuem à Conservação da Saúde" (SANCHES, 1756, 2).

Pensando em medidas que melhorassem as condições sanitárias da cidade, o Senado da Câmara do Rio de Janeiro realiza, em 1798, uma consulta aos doutores que ali medicavam. Embora publicadas somente nos primeiros números do famoso jornal *O Patriota*, em 1813, suas conclusões dizem respeito ao primeiro decênio do Oitocentos e, portanto, ao cenário sobre o qual os relatos aqui estudados versam. Foram inquiridos o já citado Bernardino Antônio Gomes, além dos esculápios Manoel Joaquim Marreiros e Antônio Joaquim de Medeiros. Este último, a partida, justifica sua breve fala: "se eu não me visse obrigado a limitar o meu discurso às perguntas que o Senado pede, era boa ocasião para eu traçar uma larga memória sobre as diversas enfermidades, e o seu método curativo, que durante o meu exercício Médico tenho observado nesta Capitania" (MEDEIROS, 1816, 6). A má construção e distribuição dos edifícios foi apontada como impedimento para a "criação de habitantes mais sadios, robustos e mais vivedouros" (MEDEIROS, 1816, 3). Para ele era uma pena que "uma das mais belas cidades da América", como dizia ser o Rio de Janeiro, se tornasse inabitável a longo prazo por conta das suas características pestilentas. Não restavam dúvidas: a baixeza do pavimento, a pouca evaporação da água das chuvas, os pântanos, a pouca circulação de ar pelos edifícios e as ruas estreitas e imundas, através da ação do clima e de um ar não renovado sobre os corpos (MEDEIROS, 1816, 7), criavam a conjuntura perfeita para as moléstias endêmicas e epidêmicas. Bastava que a atmosfera ficasse "encerrada por algum tempo para perder a sua elasticidade, ensopando-se talvez em vapores estranhos" (ALMEIDA, 1791, 11); coisa vulgar para um ar tido como parado, que não se renovava.

    As cidades do interior – e aqui ele cita São Paulo e Mariana – eram mais saudáveis para se viver, ao contrário daquela que viria a ser capital do território: tratava-se de uma "cidade sepultada entre montes" (MEDEIROS, 1816, 9) e, do mesmo modo, levava sua população à sepultura quase que por asfixia. A falta de um ar "puro" era, no fim das contas, o que enterrava os cariocas. Essa malignidade dos morros também foi indicada pelo supracitado Vieira da Silva: ele postulava que o morro do Castelo era tão prejudicial que a Polícia deveria levar sua demolição em conta (SILVA, 1808, 8). Dever-se-ia, para este douto, privilegiar as planícies – que davam os alimentos e garantiam a livre circulação do ar – ao invés dos morros e, em consonância com Medeiros, acreditava na urgência de se acabar com as águas paradas dos pântanos, aterrando-os. De modo que "não se contenta o médico ilustrado com o curativo das enfermidades que agravam a triste humanidade, esforça-se em preveni-las, descortinando as causas que costumam produzi-las, e lembrando os remédios que cumpre remove-las" (SILVA, 1858, 783), estes médicos intentaram responder de que forma era possível eximir a cidade da peste.

O Rio de Janeiro, submerso pela imundice das ruas e repleto de "vapores que emanavam" e tornavam seu "ar pestilento", não era, no entanto, o único centro urbano com esse tipo de problema: relatou-se que a saúde dos baianos também seria arruinada "pelo ar corrupto que se respira, evaporando das muitas imundices que por dentro da cidade se lançam por diversas paragens, além das que há em quase todos os quintais" (VILHENA, 1802). Dessa sujidade, eram os pretos quem copiosamente sofriam. Não é necessário muito esforço para inferir que eram eles os responsáveis por retirar das casas e ruas todos os excrementos produzidos por seus senhores e também por seus compadres – a casa que possuía um sistema de fossa era extremamente luxuosa para o período, aos mais desfavorecidos restava o mato ou os urinóis entre o lixo dos quintais. É famosa a história sobre os "tigres" (FREYRE, 2002, Cap. V), negros que carregavam barris repletos de fezes e urina à cabeça por longos canais até as praias ou córregos – onde despejavam aquelas porcarias –, e que por vezes tinham seu corpo embostado, um vetor claro de enfermidades. A baixíssima higiene reinante nas senzalas, bem como a dieta que praticavam – ainda pior do que a do pobre livre –, pioravam ainda mais a situação.

A limpeza do corpo seria imprescindível para a saúde: a ocorrência de casos como o dos "tigres" causava asco. "Se em Portugal os banhos, ou lavar-se amiúde, seria útil para conservar a Saúde", está dito no *Tratado de Conservação da Saúde dos Povos*, "nas Colônias Portuguesas tanto da América como da África acho que são extremamente necessárias: aqueles que habitam nas minas e junto daqueles rios caudalosos do Amazonas, Tocantins, S. Francisco e Paraná experimentam calores excessivos e, ao mesmo tempo, com excessiva humidade". Para completar este cenário, "a maior parte daqueles habitantes são escravos destituídos dos socorros de que usam os senhores para conservarem a Saúde pela limpeza" (SANCHES, 1756, 66). Até a aparência dos habitantes do Brasil era considerada indício de sua natural falta de saúde. O doutor Manoel Vieira da Silva, por exemplo, relata que todos, mas em especial os cariocas, apresentavam "fisionomia morbosa" (SILVA, 1808, 6).

Houve, contudo, quem repudiasse tais assertivas. Já no século XIX, José Pereira do Rego, também "do Lavradio", mas barão, considera "injusta arguição de insalubridade contra o nosso clima [...] espalhada para afugentar os emigrantes, incutindo-lhes o ânimo que o Brasil é insalubre, e que a mortalidade é espantosa entre os estrangeiros em virtude das moléstias pestilenciais que nele reinam" (CHALHOUB, 1996, 92). Exceção entre os doutores, Abreu, autor da *Historiologia médica,* via nesta mesma aparência dos moradores rostos que aparentavam ser bem saudáveis e livres de doenças (ABREU, 1733, 651). Em linhas gerais, no entanto, a "muito comum mudança dos tempos, de sol para chuva, e de chuva para sol" (PIMENTA, 1956, 530), a falta de exercícios físicos, a sujeira da morada e das ruas, a vida próxima à montanhas, a dieta irregular e todo esse amontoado de fatores que ao longo desse capítulo procuramos organizar, davam ao nascido e vivente no Brasil traços viciosos e doentes.

Aos médicos "não somente pertencem conservarem a salubridade dos quatro Elementos, mas ainda por todos os meios velarem na Conservação da Saúde dos Povos" (SANCHES, 1756), dizia Antônio Ribeiro Sanchez, em 1755. Mas de que maneira deveriam proceder? O que seria o "mais acertado" prescrever aos doentes? As receitas deveriam agir somente sobre o corpo dos indivíduos ou, também, sobre o ambiente que os rodeava? Acompanhemos, por fim, mais de perto como os doutores citados, diante de tantos corpos enfermados, agiam para restituir a saúde.

Capítulo 3
Os remédios, os tratamentos

"A doença não é uma variação da dimensão da saúde; ela é uma nova dimensão da vida". (CANGUILHEM, 2000b, 149)

Pelas indicações hipocráticas, aquelas mesmas que pautaram as observações daqueles médicos que temos acompanhado, deve-se considerar, no diagnóstico do corpo doente, "[...] primeiro, o efeito das estações do ano, e as diferenças entre elas. Segundo, os ventos, quentes ou frios, característicos do país ou lugar em particular. O efeito da água sobre a saúde não deve ser esquecido." É, também, absolutamente necessário deter-se no "modo de vida das pessoas: são glutões e beberrões, e consequentemente incapazes de suportar a fadiga, ou, apreciando o trabalho e o exercício, comem e bebem moderadamente" (CAIRUS, 2005, 91-129). Para trata-lo, então, era necessário, além de ter em conta todo esse universo de observação, lançar mão de ingredientes, receitas e estratégias adequadas. Se as apreciadas no Reino e nos centros europeus de formação médica não eram suficientes, adaptar o conhecido aos novos territórios e à sua população, bem como explorar outros meios de curar – na fauna, na flora, nos métodos locais – para, ao fim, delinear formas particulares de extirpar os males locais, fez-se imprescindível.

É certo que a medicina oficial, respaldada pelas Ordenações do Reino,[1] esvaziava o sentido de muitas práticas – de naturais da

---

1 Ver Ord. Filipinas para boticários, por exemplo.

terra, escravos e mezinheiros, por exemplo – e, dando a elas os contornos da erudição corrente, reaproveitavam e resignificavam a utilização de determinadas plantas ou receitas. A linha entre o "científico" e as meras "crendices" parece ter estado sempre à procura de um difícil equilíbrio: como um douto poderia recomendar excrementos, sapos ou aranhas, ou tantos outros elementos que eram usados, sobretudo, em rituais mágicos? (ou mesmo de 'magia negra', altamente condenada pelo governo e pela igreja) Ou ainda, como tirar a credibilidade de outros métodos de cura, diante de uma população que neles confiava e que por tempos só pôde nelas encontrar algum alento? De que maneira o médico se insere socialmente, como portador de um conhecimento legítimo sobre a cura, e em que espaços a sua ação era passível de sucesso? Onde, melhor, em quais sítios essas curas deveriam ser realizadas? São por esses questionamentos, atrelados às possibilidades de tratamento pela ação dos doutos, que nossa reflexão será guiada.

Ingredientes, receitas, métodos

Já não é novidade para o leitor que muitos eram os que se inseriam nas artes de curar: além dos médicos e cirurgiões licenciados, havia parteiras, mezinheiros, experimentados, religiosos, xamãs e outros homens e mulheres dispostos a identificar os males, dizer o porquê de sua incidência e prescrever alguma forma de cura. Em um espaço composto por múltiplos agentes, dos quais os médicos sempre procuraram se distinguir, de que forma suas práticas efetivamente se impunham como singulares e especializadas? Em outras palavras, em que medida os processos de racionalização empreendidos pelos europeus realmente vingaram e se destacaram da prática gentílica e empírica em terras brasileiras?

O emprego de ervas pelos práticos, por exemplo, não era validado pelos doutos – ao contrário, fora muitas vezes razão para suas críticas –, mas o mesmo não ocorria quando eram eles que da flora tiravam proveito. A normatização do uso de plantas pela pena dos doutores, cirurgiões, botânicos e naturalistas vêm dar novos sentidos a diversos dos símplices correntes na colônia, muito embora inexista uma fronteira rígida entre o que se entendia por natural e sobrenatural (THOMAS, 2002, 165). O cronista Gabriel Soares de Sousa narrou, em seu *Roteiro ou Tratado Descritivo do Brasil* (SOUZA, 1938, Cap. LXIII, 2), o vulgar costume de extrair sumos vegetais pelos índios, sem necessidade de outra mezinha, para o tratamento do mal do sesso. Embora a doença fosse novidade para os gentis, "era tradicional entre os índios o processo de espremer o sumo de folhas do betume (tabaco) e outras plantas acres sobre feridas e chagas em que se criavam tapurus" (DUARTE *apud* MORÃO, ROSA & PIMENTA, 1956, 393). Aliás, o citado cronista revela mais adiante que foi a partir do contato com os tupis que os europeus passaram a utilizar o extrato de plantas, como a erva-santa, para o combate de parasitoses – ou bicheiras –, em si próprios e em suas criações. *"Há indícios", inclusive, "de que mais de um desses medicamentos já seriam utilizados pelo gentio antes de qualquer contato com os adventícios"* (HOLANDA, 1957, 92). Ainda assim, era em nomes como os de Antônio Ferreyra (FERREYRA, 1705), ou dos outrora indicados Francisco da Fonseca Henriquez e João Curvo Semedo, que os doutores do Setecentos irão se respaldar para aliviar o calor das partes ofendidas com plantas refrigerantes. Isso se deve, especialmente, às práticas mágicas e aos rituais agregados ao uso dos elementos da fauna e flora locais: enquanto a cura estivesse associada à combinação de plantas e espíritos, não poderia ser creditada como verdadeira pelos médicos.

Ervas com efeito afrodisíaco ou alucinógeno, tão comuns nos tratamentos empíricos, recebem, paulatinamente, restrições para comercialização, no que se chamou de "medicalização do pecado"[2] – ou, talvez, uma cristianização das drogas, pela ortodoxia escolástica dos saberes botânico e médico portugueses –, como se observa, entre outros, nos já apresentados Aleixo de Abreu, Brás Luis de Abreu, Bernardo Pereyra e, novamente, em João Curvo Semedo. Os médicos abdicam do emprego de ingredientes hoje conhecidos como narcóticos, excitantes, ou que alteravam o estado de consciência do indivíduo. O paulatino desestímulo ao uso de bebidas alcoólicas ilustra bem essa mudança.

---

2   Cf. (CARNEIRO, 1994, p. 41).

A aguardente, a conhecida bebida obtida com a fermentação da cana de açúcar e recomendada comumente como remédio ou desinfetante, passa a ser altamente condenada por esculápios como Luís Gomes Ferreira. Pelo uso indiscriminado que os habitadores das Minas faziam dela – "os escravos, uns bebem tanta que, perdendo o juízo, se matam em pendências, outros, bebendo-a em ordinário, adquirem doenças gravíssimas (...), os brancos, de tal sorte se casam com o vício que, quase todos, morrem hidrópicos" (FERREIRA, 2002, 661) –, deveria ser ingerida apenas quando e se indicada pelos doutos. E não era qualquer uma: a cachaça da terra[3] jamais serviria como medicamento; apenas a que vinha do Reino fazia as vezes de emenda: "tomada na quantidade que determinamos fortifica todas as fibras do corpo e principalmente as do estômago, já relaxado no tempo das calmarias e calores excessivos, embalsama os nossos humores" (SANCHES, 1756, 74).

O doutor Francisco de Melo Franco lamentava que o vinho, igualmente, "sendo na Medicina um excelente remédio para curar muitas enfermidades, venha ele mesmo a ser por seu abuso um grande veneno, que mata a muitos depois de os fazer gemer com mil enfermidades" (FRANCO, 1994, 121). Se por muito tempo tal licor fora coroado como responsável por deixar os homens longevos, revigorando corpo e espírito – dizia-se que a sapiência e engenhosidade dos gregos dele advinha –, no XVIII a assertiva corrente era de que "o vinho destrói a economia animal, porque esquenta muito, altera nossos fluídos, produz a bebedice ou a perda da razão e dos sentidos, eretiza as fibras, dispõe à hidropsia, à tísica nervosa, ao letargo, à apoplexia, à paralisia, à afonia e outras enfermidades tão terríveis como todos os dias está se observando" (FRANCO, 1994, 122). Poderia, também, agravar a situação do moribundo em alguns males, como na pestilência de *bicha* pernambucana do final do Seiscentos: sua "quentura faz mover e agitar os humores" (ROSA, 1964, 62). Na verdade, antes mesmo das observações médicas no Brasil, o abuso do vinho já era tópica pela pena do pai da medicina, bem como em Galeno, Zacuto Lusitano,

---

3 "[...] que chamam cachaça, que é destilada de melaço e borrado açúcar, que se faz nos engenhos, que só o cheiro faz vômitos a qualquer pessoa". Cf. (FURTADO, 2005, 101).

Boerhaave, Sêneca, Cícero e outros tantos. Não restavam dúvidas: a embriaguez era uma enfermidade e os coquetéis e demais bebidas inebriantes só deveriam ser consumidos sob prescrição dos lentes, como remédios.

As qualidades estimulantes do café, do chá, do tabaco e do chocolate também são ressaltadas (CARNEIRO, 1994, 43). Alguns elementos caem no gosto dos doutores, que cada vez mais lançam mão de purgativos, laxantes, vomitivos e catárticos, para que, limpando o organismo, reestabelecessem o equilíbrio humoral. Por meio da criação de cadeiras como Filosofia e História Natural, Química e Física Experimental na Universidade de Coimbra, nos idos de 1772, e da alocação do curso de medicina entre os de "Ciências Naturais e Filosóficas" (MAXWELL, 1996, 40), promoveu-se o estudo com mais afinco das potencialidades da fauna e flora nos domínios lusos, abrindo espaço para novas terapêuticas. Nessa mesma linha, a criação da Real Academia de Ciências de Lisboa,[4] em 1779, colaborou com a ascensão do estudo das ciências naturais, iniciada, é verdade, ainda em 1764, pelo botânico italiano Domingos Vandelli.[5] No além-mar, após as iniciativas das Academias dos Esquecidos (Bahia, 1724), dos Felizes (Rio de Janeiro, 1736), dos Selectos (RJ, 1752), dos Acadêmicos Renascidos (BA, 1759), da Sociedade Literária (RJ, 1786),[6] cria-se, em naquele mesmo 1772, a Academia Scientifica do Rio de Janeiro, primeira a empreender, além dos estudos em história natural, os de "physica, chimica, agricultura, medicina, cirurgia e pharmacia".[7] Estas modificações de ordem institucional estimularam o trabalho de catalogação e observação com minúcia da

---

4 Na Academia, onde se fomentava estudos não só de medicina, como matemática, astronomia, física, química etc., foram debatidos e publicados estudos como os de Bernardino Antônio Gomes.

5 ACL. Manuscrito azul, n. 374. Mem, 25, fl. 290v. No tomo II das Memórias econômicas e físicas que não tiveram lugar nas coleções da Academia de Ciências de Lisboa, permaneceram inéditas as observações do italiano sobre "O feliz clima do Brasil"

6 Para mais informações, ver (AZEVEDO, 1885, 265-332); (RIBEIRO, s/d, 1871-1893); (MELLO-LEITÃO, 1941).

7 *Apud* (PRESTES, 2000, 95).

botânica e zoologia coloniais,[8] e, com a organização de centros de pesquisa – o Real Jardim e o Gabinete de História Natural da Ajuda na metrópole; hortos e jardins botânicos no Brasil –, a natureza que se apresentava ora inóspita, ora excêntrica, pôde ser mais bem compreendida e aproveitada.[9] As artes, o comércio e a medicina tinham seu "progresso obstado" pelo que Bernardino Antônio Gomes chamou de pouco conhecimento das plantas do Brasil. O objetivo de suas *Observações Botânico-médicas*, apresentadas à Academia Real de Ciências de Lisboa, era informar, mesmo que sem um método de seleção claro, a versatilidade de plantas "antigas, ainda muitas destas mal conhecidas, e de outras novas, muitas completamente ignoradas" (GOMES, 1803, 1). A edição é originalmente bilíngue – em latim e português –, o que sublinha o objetivo anunciado de seu autor em atingir ao maior público possível, especializado ou aos simples "nacionais", melhor entendimento sobre as potencialidades ocultas de vegetais que poderiam estar à porta. O supracitado botânico Vandelli corrobora com esta afirmação, já que, para ele, de nada valia saber o nome das plantas e criar imensas listas – que pela falta de detalhes, não poderíamos chamar de catálogos –, como há muito se fazia. O mérito da botânica e dos que dela se serviam, diz o italiano, estava em saber "a parte mais dificultosa e interessante, que é conhecer as suas propriedades, usos econômicos e medicinais; saber a sua vegetação, modo de multiplicar as mais úteis, os terrenos mais convenientes para isso e o modo de os fertilizar" (VANDELLI, 2009, III). Vejamos: a ipecacuanha, como diversas espécimes da flora, embora já conhecidas na Europa "há perto de dois séculos", informa o mesmo Gomes, em outra obra, "tem sido desconhecida aos Botânicos a verdadeira planta, de que se colhe" (GOMES, 1801, IX), indicati-

---

8 Cf. (VANDELLI, 1770).

9 Não afirmamos, é claro, que os trabalhos de observação da natureza colonial teve início no final Setecentos: já nos referimos a Guilherme Piso e às *Collecões de Receitas*; no início do Setecentos, obras como a de João Vigier, onde aparecem pranchas e descrições das plantas americanas (Cf. VIGIER, 1718). É latente, contudo, o aumento da preocupação metropolitana com essa catalogação após as modificações empreendidas por Pombal e, a partir de um estímulo (seja ele através de autorizações ou mesmo financeiro) florescem, como ainda não visto, estudos desse gênero.

vo da diminuta pesquisa sobre os ingredientes que compunham as fórmulas pelos médicos empregadas.

Aconselhava-se, portanto, abandonar a prática corrente de coletar e usar os vegetais silvestres guiados pela experiência, como procediam os naturais da terra, os colonos metidos a doutor e os médicos menos perspicazes; ao contrário, era preciso estudar as potencialidades nativas das plantas e cuidar de seu plantio.[10] A mesma ipecacuanha fusca, também chamada "raiz-do-Brasil", por exemplo, corria sérios riscos de se tornar rara, por ser "uma planta que não se cultiva, e de que todos os anos se arrancam para se colher a raiz, e se matam milhares e milhares de pés ou indivíduos" (GOMES, 1801, 10). Uma planta com qualidades "eméticas, antipasmódicas, expectorante, diaforética e antídoto para o ópio", eficaz para "emetizar as pejadas, as pessoas débeis e móveis de nervos, os tísicos etc." (GOMES, 1801, 18), não poderia extinguir-se por falta de cultura e colheita intempestiva dos habitadores da colônia.

De igual importância era a "erva-de-bicho", empregada no temido maculo: conta-nos Luís Gomes Ferreira que, porque "ninguém pode passar sem ela, quem se muda para um sítio novo, a primeira coisa que leva para ele é alguns pés dela para plantar; porque a cada passo é necessária, principalmente para escravos" (FERREIRA, 2002). Pimenta, versando igualmente sobre os problemas com o sesso, ajuda a identificar tal erva com a seguinte descrição: a planta teria "cascas, folhas, e talos, chamada dos naturais *trapihá*, cuja cepa não é muito grossa, nem ao que parece mui alta; os seus ramos sobre o verde-fusco, salpicadinha a casca de pintinhas brancas, as folhas nascem a três juntas pela maior parte, no fim de um talo que lhes serve de pé, quase do comprimento de um palmo, com pequeno sabugo nos ramos" (PIMENTA, 1956, 546). Ele recomenda, para além do emprego da planta, que

---

10 Não só os botânicos e médicos, mas também a administração. O ministro Rodrigo de Souza Coutinho procurou fomentar a aclimatação e cultivo de diferentes espécies – por questões econômicas, sobretudo. Algumas de suas medidas podem ser consultadas, entre outras, em (COUTINHO, 1801); (COUTINHO, 1802).

(...) feita a lavagem acima dita,[11] ou sem a fazer, tomará um limão galego, ou dos outros, e lhe irá tirando as cascas às talhadas de sorte que bem lhe chegue aos gomos, e fique o sumo dele em roda descoberto por todas as partes, para que aonde tocar, comunique a virtude do seu sumo, e o fará em modo, que não fique redondo, senão comprido assim como ovo, porque desta sorte entra melhor, e será do tamanho, ou menos do que uma noz encascada. (PIMENTA, 1956, 544)

Para esse mesmo mal, encontramos, no variado receituário de Fonseca Henriques – um inventário que reúne quase todos os ingredientes aconselháveis de seu tempo – a indicação de lavagens iniciais com o "sumo da tanchagem", "supositórios de pão aboborado em leite com gema de ovo", "sebo de cabrito ou manteiga crua com pós de alcatira", fumigações "para dessecar a chaga, os quais se farão de almecega, incenso, lançando o paciente essas coisas em umas brasas e recebendo os fumos por baixo" (HENRIQUEZ, 1710, 214). Vale observar que as três preparações são essencialmente compostas, como será recorrente na grande maioria das receitas, de ingredientes da flora (a erva, o limão) daqui extraídos e experimentados pelos que aqui medicaram, porque teriam aprendido, ao contrário dos que só tinham os conhecimentos de Portugal, as formulações corretas pela força da necessidade (PIMENTA, 1956, 544).

Aos vários elementos com propriedades adstringentes e que combatiam feridas acres, como o maculo, juntavam-se os com qua-

---

[11] "Preparada uma bacia, ou alguidar de água fria, ou quente doce, ou salgada, com a quantidade suficiente se porá o doente sobre ela, abaixado sobre as pernas, e por dentro delas, ou por onde lhe achar melhor jeito, meterá a mão esquerda, e irá molhando o sêsso da banda de fora, isto feito, meterá o dedo maior do meio da mão dentro do sêsso, e devagar, porque algumas vezes o achará bem apertado, outras não tanto, e depois que o tiver dentro, o deixará estar obra de uma Ave-Maria, em razão de que de cada vez faz vontade de se querer apertar mais; bulirá logo com o dedo para uma, e outra parte, alimpando as paredes, e o tirará fora, e lavará na água, porque o tirará sujo, assim do humor, como algumas vezes de algumas viscosidades de fezes misturadas a ele: lavado o dedo, o tornará a meter da sorte dita, e tirará, e lavará outra vez, e logo às duas que isto fizer, os músculos do sêsso se abrem, e laxam, e alargam de sorte, que à sua vontade meterá o dedo, e lavará todas aquelas partes de dentro muito bem, e a seu gosto, fazendo diligência por chegar bem acima com o dedo ao intestino, e acima se puder ser, lavando tudo até o deixar mui limpo, quanto possa ser". In: (PIMENTA, 1956, 544).

lidade vermífuga, largamente utilizados e fortemente necessários à toda população, como o mastruço ou mastruz, a erva-de-Santa--Maria, a erva fedegosa, o óleo da carrapateira (ou de rícino), a romãzeira, artemísia, o feto-macho, o angelim amargoso, o alho pisado no leite, as sementes da abóbora, a jalapa (ou batata-de--purga). Para uma grande quantidade de fórmulas, a salsaparrilha, a ipecacuanha, a erva doce, o limão, a jurubeba, a canela do rio de janeiro, o maná, o cipó, o ruibarbo, a papoula. Descartando aqui a obra dos botânicos, o número de plantas "novas"[12] anunciadas em obras de inventores de receitas com produtos da terra, como Bernardino Antônio Gomes e Luís Gomes Ferreira, são dignos de nota: nas obras do primeiro, 15 vegetais ou ervas são detalhadamente inventariados; no segundo, um universo de 155 ingredientes (FURTADO, 2002, 169-170) retirados da flora colonial ganham destaque.

 Destas plantas era primordial, segundo o autor do citado *Erário Mineral*, extraírem-se os benefícios da casca, raiz, folha, fruto e semente, seja *in natura*, seja após sua fermentação, decantação, filtragem ou mistura com outros ingredientes. Dali surgiriam emplastros, pomadas, xaropes, pós, supositórios, lambedores, pílulas, colírios, clisteres, remédios líquidos, pastosos, licorosos, enfim, uma gama de fórmulas responsáveis por reestabelecer a saúde do infeliz. Para utilizar essas verdadeiras poções, os licenciados deveriam ser perspicazes, conjugando as benevolências da terra com as letras aprendidas nas universidades, "pois não só o clima é diferente [da Europa], mas a causa das enfermidades e os humores que as produzem, por razão dos mantimentos e habitação em que assistem e se exercitam, assim os pretos como os brancos" (FERREIRA, 2002, 229). Os licenciados, assim, por intermédio de terapêuticas desenvolvidas com a manipulação da fauna e flora disponíveis nestas terras, deram novo contorno às possibilidades de cura dos colonos. Por meio do inventário de possibilidades de emprego desses elementos até então desconhecidos ou não experimentados, doenças que "fariam temer ao mais perito médico falto de experiência neste clima na escolha do remédio" puderam ser tratadas. Se os doutores que aqui estiveram no Quinhentos relata-

---
12 Para mais, Cf. (SAMPAIO, 1969, 5-95, 1-91).

ram sua frustração com a falta de eficácia dos remédios conhecidos na Europa, seus congêneres dos séculos posteriores, achando "boas notícias de ervas, raízes, coisas minerais e de animais que há pelas partes do Brasil e seus sertões" (FERREIRA, 2002, 266) desenvolveram meios de sanar as enfermidades com mais sorte. Era preciso, para tanto, retirar as plantas da colônia, de tão notáveis qualidades curativas, do universo de cura estritamente empírico, indígena ou mágico. Apenas com a incorporação desses ingredientes nas mais difusas coleções de receitas, com casos comprovados de sucessos nas curas, sua ação reparadora poderia ser legitimada. Senão, aconteceria como o mil-homens, que,

> [...] na maior parte do Rio de Janeiro, apesar desta planta ser indígena e muito vulgar no país, ainda se acha venda, e o povo, principalmente os roceiros usam muito dela, e dizem maravilhas; todavia os médicos usam pouco dela, mas é, se não me engano, porque tendo aprendido a Medicina nas Escolas da Europa, vão curar no Brasil inteiramente à europeia, e, bem pelo contrário do que fez o Cel. Piso, desprezam minimamente a Medicina indígena. O gênero, porém, e as qualidades sensíveis desta planta, e ainda mesmo o uso popular fazem-na muito merecedora da atenção dos médicos. (GOMES, 1803, CLXXXIII-CLXXXIV)

Além do emprego das plantas, a inclusão e adaptação de algumas práticas correntes no Velho Mundo tiveram larga utilização. Trata-se das sangrias e purgas, presentes em inúmeros manuais médicos e confeccionadas das mais diversas formas. Como se pode presumir, a circulação das formas de sangrar e purgar, seja pela leitura desses manuais, seja pela observação e reprodução das técnicas, ou, ainda, pelo "ouvir dizer" das qualidades benéficas desses tratamentos, não ficou restrita aos lentes. Simão Pinheiro Mourão, em suas *Queixas repetidas*, de 1677, já denunciava o abuso das sangrias pelos empíricos. Ao contrário das leis e regras que a ciência médica havia estabelecido para o emprego das incisões e sanguessugas (ou ventosas), determinantes para decidir se essas deveriam ser aplicadas nos braços ou pés, os práticos de Pernambuco "fazem regra geral de sangrarem nos pés, a todos os enfermos, em todas as doenças, em todo o tempo, e em qualquer ocasião, dando por desculpa que assim o costumava o doutor fulano, sem darem outra razão, nem se governarem mais que pelos ditames da vontade" (MORÃO, 1965, 10). Igualmente João Curvo Semedo, na sua *Atalaia da vida contra as hostilidades da morte*, em 1720, mesmo reconhecendo que os doutores se utilizam da sangria e da purga para tratar a maioria das doenças, tais terapêuticas não deveriam ser sacadas ao acaso – e jamais por quem delas não teriam domínio técnico –, "como muitos fazem, sem causa, ou precisa necessidade, [...] porque vi morrer algumas pessoas, que tinham posto a natureza em costume de se sangrar e purgar todas as primaveras e outonos, sem que tivessem causa que os obrigasse a fazê-lo" (SEMEDO, 1720, 577). Na popular obra de 1735 do cirurgião das Minas, a quem tantas vezes recorremos, encontramos uma palavra sobre esse tópica; segundo Gomes, embora "alguns autores de boa nota defendem as muitas sangrias, dizendo que o sangue é o tesouro da vida, e o bálsamo da natureza", ele, a partir de sua vivência e experiência, verificou que "os muito sangrados nestas Minas não só ficam muito expostos a todas as enfermidades referidas, senão que todos, ou quase todos, ficam opilados, de tal sorte que não podem bulir-se, nem arrastar as pernas; e muitos vi, que por causa das sangrias perderam a vida" (FERREIRA, 2002, 52). Ao contrário, ainda, do que muitos empíricos julgavam correto praticar, João Cardoso de Miranda, em sua *Relação cirúrgica e médica*, pouco depois, em 1741, condenava a prática das sangrias quando da ocorrência de escorbuto, afirmando que tal prática seria "quase sempre perniciosa" (MIRANDA, 1741, 10).

A difusão dessa técnica era tamanha que mesmo em partes mais distantes do império português – como presenciou o doutor José Pinto de Azeredo na Angola de 1799 –, encontrava inúmeros adeptos. A crença dos "angolistas" na utilização incontornável de sangrias para o alívio das febres, herança das práticas médicas e empíricas daquele reino, "os fazia obstinados", dando trabalho ao então físico-mor: para apresentar outros métodos que lhe seriam preferíveis e que "salvavam infinitos", foi preciso persuadir o povo aos poucos (AZEREDO, 1799, VIII). A prática destas sangrias era tão popular e facilitada que havia uma denominação específica – de "sangrador" – para o cirurgião-barbeiro e até mesmo para o escravo que se prestasse a aplica-las. Tais indivíduos eram encontrados sem dificuldade nas cidades; as incisões poderiam ser realizadas nas ruas, às vistas dos responsáveis pela fiscalização das artes médicas – é famosa a aquarela, já no século seguinte (1826), de Jean Baptiste Debret, "*Cirurgião Negro Colocando Ventosas*" (DEBRET, 1834-1839, vol.2, 46), que ilustra esse tipo de prática na Corte –, tamanha a vulgaridade de seu emprego.

O princípio da sangria era simples: se a doença é um desequilíbrio humoral, poder-se-ia reestabelecer a harmonia entre as quatro grandes porções formadoras do corpo humano retirando-se o excesso de malignidade. Era preciso esvaziar o organismo do causador de sua desarmonia. Quando essa técnica era praticada por negros, cujas crenças ancestrais atribuíam o adoecimento aos maus espíritos, o tratamento era, também, uma forma de expulsar a malignidade estimulada pelos demônios.[13] Ambas justificativas beiravam uma linha perigosa: se o sangrador, acreditando que o sangue lançado no dia anterior, suponhamos, um copo,[14] foi insuficiente – o humor se mantinha desequilibrado, ou o espírito ainda habitava aquele corpo – faria mais incisões, fraquejando aquele que já se encontrava enfermo repetidas vezes, e, em geral, sem outro tratamento complementar. Nas Minas, lamenta Gomes Ferreira, muitos eram os que "por causa das sangrias perderam a vida" (FERREIRA, 2002, 52). E se até os dicionários – os comuns, não especializados – advertiam que "não é bom sangrar um moço estando fraco",[15] dá para se ter uma ideia da quantidade de casos em que o limite das sangrias como tratamento era ultrapassado e facilitava o óbito.

A administração de purgas, outra terapêutica vulgarmente aplicada por experimentados e que por eles era receitada para toda sorte de moléstias, recebia, nas obras especializadas, diversas ressalvas para a sua utilização. Se na passagem pelo purgatório cristão todos os pecados eram colocados para fora, as purgas faziam o mesmo com o que afligia o corpo. Suas propriedades pode-

---

13 Nossa capa. (JORNAL, 2005).
14 Cf. (BOTELHO, 1998).
15 Verbete "Sangria". In: (BLUTEAU, 1789).

riam provocar duas reações: uma, também chamada "vomitório", que lançava as imundices pelo alto; outra, que "depois de tomado começa a irritar e picar as fibras do intestino",[16] causava cólicas e eliminava os excrementos por baixo. Numa época onde a disenteria era causa corrente para as mortes, não estimular as evacuações que poderiam se descontrolar deveria ser pressuposto de ação. Nem por isso, revelam os lentes, eram usadas com mais cautela. Entre os diversos abusos que Simão Morão presenciou nas capitanias do Brasil, "além dos que no remédio das sangrias", estariam "também este [das purgas], desvelando-se muito o povo", pois

> (...) os empíricos, a que os seus doentes das Bexigas não passem muitos dias sem fazerem curso; não atendendo, nem conhecendo o emprego, e cuidado, em que nossa natureza está na batalha do Sarampo, e das Bexigas; porque se eles conhecessem, e soubessem, que todo o seu emprego, e o do Médico era ajudá-la em deitar de dentro para fora os humores malignos, que há de sair em Bexigas, não desvelariam eles tanto, em não consentirem que os seus doentes passassem sem ajuda correta. (MORÃO, 1956, 98-99)

Licenciados experientes, como João Cardoso de Miranda, meio século depois de Morão, admitiam que o tempo certo de se purgar numa cacoquimia[17], ou no advento de bexigas, por exemplo, era bastante difícil de ser percebido e que o mais sábio era "consultar os professores mais doutos e experimentados", empregando os remédios "com muita prudência, para que se possa alcançar o efeito desejado" (MIRANDA, 1754, 128).

Este conjunto de advertências leva-nos à invariável conclusão de que, como ocorria com a manipulação das plantas e fórmulas, somente os doutos julgavam-se aptos à delas se valerem: "que importa que os curiosos saibam que nas enfermidades se vomita, se sangra, se purga, se aplicam cordiais, se totalmente ignoram quando se deve sangrar, purgar, vomitar etc.?" (MENDES, 1770, XIII), insiste José Antônio Mendes. O olhar especializado e experimentado seria, para esses médicos e cirurgiões, os únicos responsá-

---

16 Verbete "Purgativo". In: (BLUTEAU, 1789)
17 Fraqueza, melancolia.

veis por conhecer com o que, quanto e como o doente deveria ser medicado, para que não houvesse qualquer dano por excesso ou falta. Ele era responsável, ainda, por saber quando qualquer operação deveria ser feita. O verdadeiro e bom douto sabia reconhecer o efeito da natureza, inerente à vontade do médico, e identificar os sinais que ela dava para acolher sua intervenção curativa, já que algumas doenças se desvaneceriam sem socorro após alguns dias, como alguns venenos,[18] enquanto outras precisavam de remediação certeira. Como bem diz Ribeiro Sanches, "os remédios servem só na boa ocasião, porém quando esta se apresenta, é mister aproveitá-la" (ALMEIDA, 1791, 7). É, contudo, tarefa quase impossível reestabelecer, a partir das recomendações dos tratados, um método para o uso dessas sangrias. Mesmo cotejando aqui e ali em que ocasiões ela era recomendada, todo nosso esforço pode ser circunscrito na narração de Morão sobre os casos de bexigas: "o médico racional a uns sangra muito, ainda depois delas saídas, a outros pouco, a outros nada".[19] Dito de outro modo, se pode afirmar que era observando caso a caso que se prescrevia uma, duas, três ou mais sangrias.

O mesmo quadro se repete no tocante às recomendações purgativas. De acordo com Gomes Ferreira, a purga de maná, por exemplo, deveria ser manipulada em botica, sob supervisãode um licenciado nas artes de feitura dos remédios (FERREIRA, 2002, 244). Mas ele não era ingênuo. Sabendo das dificuldades de acesso ao atendimento por um especialista – mote anunciado, aliás, de sua obra –, deixa a receita, "se nas redondezas não tiver botica", para preparação caseira, onde discrimina os ingredientes e a possibilidade de substituição de algum item, se assim for o caso, seu cozimento, a forma de administração ao enfermo e o que fazer se houver algum efeito colateral. Essas preparações deveriam ser frescas e "não antigas, por perder muito da sua virtude" (FERREIRA, 2002, 261), o que sugere a necessidade de consulta ao médico ou boticário com certa regularidade, para que, digamos, o remédio não "vencesse". Também não poderia ser qualquer boticário: assegura Mendes que se for necessário recorrer a algum profissional dessa alçada, nem sempre era seguro contratar alguém das

---

18   Aviso ao povo creacao das crianças (nome errado)
19   Cf: (MORÃO, 1956, 42).

Minas, "porque vos poderá ficar falsificado, só se for em botica conhecida e boticário abastado e douto" (MENDES, 1770, 93).

A herança francesa de uma espécie de purga preventiva – cujo exemplo vem das recomendações de Saint-Simon, médico do "Rei sol", dizendo que o monarca se valia mensalmente, além da retirada de um par de onças de sangue, de várias doses de clisteres[20] – repetiu-se no além-mar: as recomendações de que este ou aquele remédio deveria ser ingerido "depois de bem vomitado o enfermo, uma ou duas vezes" (MENDES, 1770, 118) são demasiado recorrentes nos tratados. Com as devidas e já apresentadas ressalvas, muitas são as receitas que continham propriedades vomitórias ou laxantes prescritas e detalhadas nas obras especializadas. Na *Historiologia médica*, por exemplo, encontramos 21 receitas diferentes de purgas, cada qual para um sintoma, e todas com a rubrica de um douto a falar. Não seria exagero, nesse sentido, coroar esse par de técnicas como os grandes meios curativos a que médicos e empíricos recorreram na tentativa de restaurar a saúde dos colonos luso-brasileiros. Além deles e do recurso à flora e fauna local, é possível encontrar com constância algumas outras formas de tratar os corpos.

A utilização de excrementos tem destaque como agente medicinal. Era de uso geral na colônia, por exemplo, fumigar os enfermos com fezes de animais secas, em geral de vaca ou cavalo, em tratamentos contra o já citado maculo e gangrena do reto. Indica-nos tal terapêutica Miguel Dias Pimenta, quando, na ocorrência do maculo e "o sesso sai para fora", obrigatoriamente "se usará dos defumadores, metendo um testo de brasas dentro dum servidor novo, e lançar sobre as brasas pós de fezes de cavalos secos, que fortificam muito, afugentando o desmaio da parte" (PIMENTA, 1956, 387). Era ele experimentado e mascate, características que poderiam fazer supor que os mais "lidos" não faziam uso de excrementos.[21] Ledo engano. Embora utilizadas em muitas curas ritualísticas e dotadas de um sentido mágico, fezes e urinas hu-

---

20 Cf. (VIGARELLO, 1993a, 81).
21 Embora já tenhamos pontuado que sua obra é tomada como uma das três grandes referências sobre a medicina nos primeiros tempos do Brasil, ao lado de Morão e Rosa.

manas e de animais também encontraram seu espaço na medicina oficial. Doutores de renome e que tinham grande circulação entre os que se graduavam em Portugal, especialmente, incluem os estercos como ingredientes especiais de suas fórmulas. Existe, inclusive, uma farmacopeia escatológica, de Paullini, a *Da imundice, novamente melhorada e curadeira, em que principalmente, com urina e excremento, interna e externamente usados, se cura com felicidade, da cabeça aos pés, quase todas as doenças e feitiçarias, mesmo as mais difíceis e venenosas* (1696), onde são sistematizadas as terapêuticas de excretos em uso – que poderia ser por ingestão, misturas, pílulas, emplastros, infusões, extratos... (ANDRADE, 1972, 69) Entre os lusos, destacam-se na feitura desse tipo de preparação nomes como João Vigier, em sua *Pharmacopéa Ulyssiponense,* e Curvo Semedo, na citada *Atalaya* e, também, em suas *Observações médicas e doutrinais.* Em inúmeras passagens desses autores são evocados os dejetos do lobo, muito eficazes nas cólicas ordinárias (SEMEDO, 1707, 457), o pênis do touro e sua urina, maravilhosos para as dores de estômago e outras cólicas (SEMEDO, 1707, 133), e as fezes de ratos em pó (SEMEDO, 1707, 147), também eficazes contra a cólica e, como os demais, ótimas para curar qualquer tipo de feridas purulentas. Essa excêntrica terapia tem nos portugueses a raiz da disseminação nessas terras – adquiridos, por sua vez, do contato com a Índia, onde tal técnica é milenar – e diversos são os receituários que a contém.

As ordinárias mordeduras de cobras venenosas do Brasil, sobretudo da cascavel, só seriam curadas se o esterco humano fosse tomado pela boca: era a única forma, segundo Gomes Ferreira, de se livrar das garras da morte (FERREIRA, 2002, 685). Já para tratar da gonorreia, mal venéreo e prognosticado como sinal de desvio, prescreve João Antônio Mendes que "assim que a apontar, principie o enfermo a tomar todas as manhãs em jejum uma boa xícara da sua mesma urina, e continue sem falta dez manhãs, não comendo nem bebendo sem passarem duas horas; e no fim dos dez dias estará são, não só da queixa, mas do que dela se costuma seguir" (MENDES, 1770, 121). João Cardoso de Miranda, igualmente, sugere que estas pústulas ou chagas do membro viril "se curarão com facilidade, se lavadas com a própria urina" (MI-

RANDA, 1754, 191). E, nessa mesma linha, para esta ou aquela chaga, poderíamos preencher páginas e páginas com formulações que hoje julgamos asquerosas. Para aqueles tempos, ao contrário, não o eram. Seu emprego atendia à expectativa de seus usuários, que depositavam na curiosidade, no alto valor e nas características únicas das fórmulas, a crença de cura. Forjadas com trejeitos de "polifarmácia",[22] foi intensa a circulação dessas receitas – e, pela repetição, consideramos que seu uso era frequente e efetivo, tanto em território português metropolitano e quanto colonial.

Os procedimentos cirúrgicos são listados, da mesma forma, como bastante úteis para o tratamento de uma boa quantidade de moléstias. Seja a cirurgia definida como uma "ciência teórica, porque se alcança por demonstração e conhecimento dos princípios, aprendendo-a nos livros", seja como "um hábito de entendimento prático que se aprende com muitas experiências" (FERREYRA, 1705, 425), ou seja ainda como uma técnica para curar as "enfermidades externas" (PAIVA, 1786), é consenso que sua principal característica está em ser uma arte que obra quaisquer de suas intervenções com as mãos. Em Bluteau ela aparece como o conjunto das "operações da mão para curar chagas, feridas e outras doenças do corpo humano";[23] cerca de meio século depois, em Morais Silva, soma-se aos termos anteriores a característica de conjugar as "operações de abrir e cortar membros do corpo humano". Tais significações aproximam os cirurgiões daquela definição de "arte mecânica", mas, ao mesmo tempo, revelam que eram eles, de fato, quem tinham contato direto com o corpo adoecido e os mais aparentes sinais de que estava achacado.

Para as feridas nos ossos, receita Henriques de Paiva em suas *Instituições de Cirurgia Theoricae Prática*, que eles sejam "envernizados" com essência de almecega.[24] Nas fraturas cranianas visíveis, as

---

22 É Vera Regina Beltrão Marques quem assim denomina o emprego de múltiplos ingredientes, "secretos e galênicos, de cujas fórmulas constavam morcegos, sapos, burricos e excrementos" acompanhados das "grandes novidades terapêuticas de seu tempo [de Semedo], os remédios químicos", para tais fórmulas. Cf. (MARQUES, 1999, 267).

23 Verbete Cirurgia. In: (BLUTEAU, 1789).

24 A saber, "resina amarela e aromática que exsuda do lentisco; almástiga, almecega-do-oriente, copal, mástica".

identificadas a olho nu e sem outro instrumento, requeria-se que se "cortem as partes contusas"; nas invisíveis, sabidas pelos sinais inflamatórios, indicava o corte dos ossos machucados e aplicação da mesma almecega (PAIVA, 1786, 20). Outro douto, Antonio Gomes Lourenso, explica a incisão necessária para a fimose, as vezes uma, outras duas, que "serão feitas pelas partes anteriores e laterais, para não ofender a parte superior com os vasos maiores ou o ligamento freio;" se houver "tumefacção ou gangrenando o prepúcio, e não se possa conservar ou descobrir ou curar as chagas da glande, se deve cortar fora toda, o que se fará metendo uma tesoura com a ponta romba por dentro, ou como uma faca (...) que também se chama circuncisão" (LOURENÇO, 1771, 218). O mesmo Lourenso aborda as amputações, inclusive genitais, como, muitas vezes, a única forma possível de tratamento, notadamente para as ocorrências de gangrenas. Vale ressaltar que nesses "passo a passo" cirúrgicos, encontramos poucas formulações anestésicas,[25] ou pré-cirúrgicas, ao contrário de fórmulas de curetagem, cicatrização e repousos pós-operatórios – esses, muito frequentes.

A cirurgia não esteve sempre circunscrita, entretanto, aos chanfros nos órgãos e ao remendo de fraturas. Isso porque a chaga poderia se mostrar externa, mas, sua causa, não; por conseguinte, encontramos as prescrições cirúrgicas aliadas ao consumo de drogas e mezinhas diversas. Constam nesses tratados que se anunciam cirúrgicos – e que nos criam a expectativa de encontrar o tal carneiro esfolado e estudos estritamente anatômicos, como indicou o citado doutor Manoel Chaves –, a exemplo dos dois volumes da *Cirurgia Clássica Lusitana*, como curar as fístulas lacrimais, os furúnculos, as hidropisias e mesmo as dores de ouvido, sem usar qualquer instrumento cirúrgico. Na *Luz Verdadeira de toda a Cirurgia*, do já apresentado doutor Antônio Ferreyra, há, para além das formas de incisão nesta ou naquela parte de corpo, descrições extensas de outros récipes que eram prudentes empregar para feridas, paralisias, epilepsias, delírios e outros mais males. Nesse estudo, que se faz questão de detalhar as causas, os sinais,

---

25 Em doenças sem intervenção cirúrgica, mas com notícias de grande dor, como o caso o doente de bicho, era possível valer-se de plantas "dormideiras", anestésicas, ou de intervenções que utilizassem apenas defumadouros.

prognósticos e cura, respaldado pelas observações de Galeno, Hipócrates, Avicena ou Cornélio, para o delírio, por exemplo, receita desde sono conveniente a "dormideira amassada com leite de mulher que crie menina", até o "comer moderado, consentindo-se as forças" (FERREYRA, 1705, 498).

As dietas eram especialmente recomendadas pela pena da maior parte dos médicos e cirurgiões, para toda a sorte de males. Eram prescritas como tratamento único ou como poderosas aliadas da cura, além de figurarem, quando inadequadas, como possível causa do adoecimento. As propriedades curativas dos alimentos deveriam ser estudadas e conhecidas – como passaram a ser no XVIII, com as meticulosas observações químicas de Boerhaave[26] –

---

26 Vale, aqui, a exposição de Ribeiro Sanches sobre os princípios de Boerhaave para uma dieta pautada nos elementos químicos: "Um homem em boa saúde come frutos, sementes, raízes de plantas que podem fermentar, digere-as; e pelo vigor do seu estômago as coze, e vence de tal modo que nem se convertem em vinagre, nem fica nelas o mínimo grão de azedo: delas se gera o seu sangue, as suas carnes, e os seus ossos, que não são azedos, nem acescentes. O mesmo homem em boa disposição sustenta-se de peixe ou de carne somente. Pelo vigor do seu estômago impede a podridão destes alimentos, que deixados ao ar apodreceriam; e gera sangue, carnes, e os seus ossos que não são podres, nem têm sinal algum de podridão. Esta matéria se trata igualmente na Fisiologia. Mas se um homem convalescente, que perdeu muito sangue ou por feridas ou por sangrias, comer unicamente dos alimentos vegetais acima que podem fermentar, não se cozerão naquele estômago fraco e relaxado, porque tem as fibras, membranas, e artérias relaxadas; estes alimentos se converterão no primeiro degrau de azedo, que é o acescente. Os males que causarão estes alimentos se verão nos aforismos. A sua cura já se vê que deve ser pelos alimentos e pelos remédios que restituem a elasticidade às fibras; que nunca podem azedar-se, como são as carnes tenras, os peixes de fácil digestão. O que se poderá ver na seção. 66, da Mater. Médica individualmente. Mas se o mesmo homem fraco, ou convalescente, se sustentar somente de carnes, ou peixe, sem adubos vegetais, sem comer pão ou farinhas, o seu estômago relaxado não as podendo converter em bom quilo, e por consequência em bom sangue, virão como se estivessem expostas ao ar do estio; adquirirão o primeiro grau de podridão; terá gosto de ovos podres na boca, indigestões, flatos, &c. Pelo contrário ponhamos um homem robusto e moço, febricitante de uma febre contínua, neste caso as suas fibras serão rijas, fortes, elásticas, mais do que convém ao estado de saúde: as membranas, as artérias, e as entranhas estão igualmente no mesmo degrau de força demasiada: os seus humores estarão naquele primeiro grau de podridão, naquele excesso de movimento e de calor que é natural ao corpo humano. Quem determinasse a dieta a este doente com caldos de carne, com geleias, com peixe, alhos, aromas, pela doutrina da química Médica, se aperceberia logo que aumentaria a doença. Não tinha mais do

e, a partir de um balanceado conjunto de ingredientes, poupar-se-ia o enfermo de ser submetido a tratamentos onerosos, dolorosos, desnecessários e ineficazes. Esses cardápios para os moribundos deveriam ter em conta os movimentos dos humores, e a formulação do regime não deveria ofendê-los com calidades ou quenturas incompatíveis com as características de cada um deles. Os que não dominavam esse saber, para o doutor Ribeiro Sanches, "erraram em tudo que lhes atribuíam e imputavam: não podiam determinar a dieta nas queixas crónicas, nem nas doenças febris, e muito menos a sua cura. Daqui aquele vício eterno de purgar e sangrar em todas as queixas indistintamente". (SANCHES, 1763, 29-30)

Nas ocorrências de achaque do bicho, era ela reforço indispensável para que o enfermo recobrasse a saúde: depois de aplicados os tratamentos referidos anteriormente, diversas restrições alimentares deveriam ser impostas ao doente. Pimenta prescreve:

> [...] se porá o doente de dieta, fugindo de todo o salgado, cálido, azedo, e doce, evitando quanto puder, todo o pesar, e ato de memória. Guarde-se de comer sobre o quente, e muito mais de lhe beber água fria em cima, que gera maior fluxo; fuja do mau cheiro, água cediça, e cousa vaporosa; não use daqueles cheiros, que movem os humores, embrulhando o estômago, como é per si, o almíscar algália, água de flor, e semelhantes, e use daqueles que confortam o estômago, e firmam os humores, como âmbar, noz-moscada, canela, estoraque, benjoim, sumo de almecega, e incenso, pastilha caçoila, sumo de ervas cheirosas, carne, bacalhau, sardinha, assado, e sobretudo o fumo da pólvora, que desseca, firma, e conforta poderosamente, cujos aromáticos, e sumos são também únicos para o fluxo do enjoo, cuja revolução desce das mais partes para o estômago.

E arremata assegurando: "com este resguardo, cuidado da cura e lavagens se emendará logo o Achaque, e se lhe irá embora, como usualmente sucede, se não é de muita entidade". (PIMENTA, 1956, 545)

---

que determiná-la com os alimentos e remédios que relaxam, que amolecem, e que fermentam. O açúcar, todas as plantas, frutos e raízes das quais se pode extrair açucar, seriam os alimentos e os remédios". (SANCHES, 1763, 31).

Para todos os tipos de febres – e para as intermitentes, mais ainda –, são as dietas "a principal base e fundamento para se poder alcançar a desejada extinção delas, e por isso devem proceder os enfermos e enfermeiros com toda a cautela neste ponto pela utilidade que se lhes segue do seu bom regime" (MIRANDA, 1754, 111). Nos estupores, dessem de comer "franga, galinha, carneiro [...] presunto bem curado, mostarda, passas, avelãs, pinhões, nozes, amêndoas [...] pão cozido com erva doce ou semente de funcho", e evitassem os peixes, vinhos e outros "comeres frios e úmidos" (MIRANDA, 1754, 145) ao infeliz, que logo ficaria são. Para as grávidas, o uso de correta dieta obrava como forma de se prevenir mal estar para si e para o feto. Sua mesa não deveria ser completamente alterada em função da prenhez, mas algumas recomendações, como não participar de jantares suntuosos – cujos pratos estragavam, para Melo Franco, os órgãos da digestão – ou evitar o consumo de preparações salgadas, que levassem peixes ou molhos, para que seus vasos não "se empacotassem" (FRANCO, 1790, 10), deveriam ser respeitadas. Ao contrário das assertivas de alguns práticos, o doutor Franco repugna a utilização de bebidas fermentadas e licores durante a gestação, bem como chás, cafés e demais bebidas mornas, por caracterizarem-se mais como narcóticas do que efetivamente como relaxantes. Todos os desarranjos femininos, relacionados ao sistema nervoso, poderiam ser amenizados com alguns récipes e a ração adequada, tudo para resguardar um futuro varão ou donzela saudáveis. Completando o cardápio da pejada, era mister ingerir hortaliças, frutos e legumes frescos, não como remédio, mas como manutenção de sua robustez.

Seus rebentos também deveriam ter a alimentação regulada para apresentarem boa saúde. Ao contrário de muitos pais, que forneciam manjares, guisados e alimentos muito salgados ou doces aos infantes, era aconselhável que evitassem os cafés e chás, por "enfraquecerem os nervos". Igualmente, os vinhos e demais bebidas fermentadas não poderiam ser administrados aos pequerruchos, não por restrição moral, mas, sobretudo, por serem "muito contrárias à constituição das crianças" – era a água fria a bebida mais indicada para esta idade. Contraindicações à parte, o que fazia nutrir os meninos nessa idade seria, finalmente, "arroz cozido com poucos adubos, pão bem fermentado, biscoito, leite, ovos quentes" (FRANCO, 1790, p. 135-136) talvez algumas folhas e pouca carne, sempre frescas.

Vale ressaltar que manter uma boa dieta, com galinhas e folhas frescas, não significava comer pouco ou, ao contrário, cair no pecado da gula. O número XV do folhetim intitulado *Os médicos perfeitos: ou novo methodo de curar todas as enfermidades; descoberto, e explicado pelos mestres de mais subtil engenho, e applicado aos enfermos, pelos doutores mais sábios*, dado a prensa em 1760, apontava a gula como uma "enfermidade tão perversa e perniciosa, que dela se seguem irreparáveis danos para o corpo e a alma" (OSAN, 1760, 3). A "dietética sagrada", para usar aqui os mesmos termos com que o doutor Francisco de Melo Franco se dirigiu ao Santo Ofício – aquela que teria como impulso não só saciar corpo e alma, mas dar à luz os alimentos "bem indicados nas enfermidades que os confessores devem curar" (FRANCO, 1994, 140) –, comportaria apenas pão e água, as referências da Bíblia, quando muito mais, as ervas e os legumes. Sem peixes, que estimulariam as paixões da alma, sem guisados, vinhos, ovos ou leite, mas com abundância de água, cujas propriedades eram tidas por muitos médicos como "remédio universal para todas as enfermidades" (FRANCO, 1994, 142).

No caso das bexigas e sarampos, mais que em outros males, o consumo de carnes é quase um pressuposto para o bem tratar. Canjas de frangos gordos e caldos frescos deveriam ser administrados, e em boas quantidades, "principalmente nesta terra, que toda a felicidade da cura consiste em dar repetidas vezes de comer ao doente" (MIRANDA, 1754, 133). Simão Morão, que já nos adiantou o maior índice de afligidos pelas chagas de bostelas nos pretos, pondera que os remédios mais essenciais seriam os detalhados em farmacopeias,[27] mas, ao mesmo tempo, que a alimentação correta era valiosa para recobrar as forças do adoentado. Eram, no entanto, "tantos os enfermos e os escravos que adoecem, que talvez os seus senhores os não podem sustentar a galinhas, e a frangões", que foi preciso formular uma alternativa alimentar para tais casos: "estes podem ser vitela, e as suas tripas cozidas, porém estas se hão de

---

27 Sobre a sistematização das publicações, ver, especialmente, MARQUES, 1999, 76.

conceder depois das Bexigas saídas, e se puderem ser depois de secas melhor será, porquanto carneiro, e cabrito não lhes convém, salvo se for cordeiro cozido, e fora disto nada mais" (MORÃO, 1956, 125). Mesmo assim está configurado um problema: era possível dar de comer com frequência e qualidade aos escravos? Havia, digamos, uma dietética para o preto cativo?

Os doutores não tratam dos gêneros consumidos pelos negros em África, mas indicam que os traficados eram bastante robustos e aptos ao trabalho nas lavouras, o que nos faz, naturalmente, conjecturar que sua alimentação era regular e adequada. De todo modo, reafirmam que esses homens advindos de Angola e da Costa da Mina, por exemplo, traziam consigo o jugo de doenças como o escorbuto, "adquiridas nas povoações de que saíam, ou nos navios, em que vão embarcados, já pelos maus, crassos e salgados alimentos de que usam, já por irem muitos na mesma embarcação, já por beberem águas corruptas" (MIRANDA, 1754, s/p). Durante a viagem atlântica, "o azeite, com vinagre e sal misturado com o biscoito, ou pão amolecido, e adobado com pimento ou sem ele" (SANCHES, 1756, 73-74) seriam responsáveis pelo sustento de marinheiros e capturados. Com a costumeira falta de comida a bordo, os cativos acabavam por receber "mantimentos não só grosseiros, mas muitas vezes meio podres" (MENDES, 1770, 85). Aconselhava-se, na carestia de melhores recursos, que "pelo menos toda a água que bebessem deveria ser misturada com vinagre; e cada um ter uma porção de aguardente", para que suportassem o trajeto (SANCHES, 1756, 73-74).

Após o desembarque, o cuidado com as rações a eles destinadas não parece ter sido maior. Diversas são as cartas e ordens régias endereçadas aos proprietários de pretos, a exemplo da de 1701, cujo conteúdo decretava "que os senhores deveriam fornecer alimentação adequada aos escravos ou conceder-lhes um dia para plantar a própria comida".[28] Ainda assim, recebiam – e quando recebiam – gororobas compostas maiormente de farinhas de mandioca e alguns legumes de baixo custo. Dos espólios da produção açucareira, um pouco de cachaça – mesmo com todas as ressalvas

---

28 El-Rey a dom João de Lancastre (Lisboa, 3 de janeiro de 1701). (APB, Ord. Reg., 6, n.º103 *apud* SCHWARTZ, 1988, 126).

que seu uso suscitava – e melaço em forma de "rapadura". Algumas vezes tinham à mesa carnes secas e salgadas, que, na opinião de diversos lentes e observadores,[29] eram responsáveis por achacar os humores, mas oneravam menos seus mantenedores. O agricultor e periodista C. A. Taunay, outrora mencionado, traz alguns dados sobre o balanceamento da comida destinada aos escravos: "um negro não deveria receber por dia menos de um décimo da quarta do alqueire raso de farinha de mandioca, meia libra de carne fresca ou quatro onças de carne salgada ou peixe, e duas onças de arroz ou feijão,[30] subentendendo-se que, segundo as localidades, se admitiriam os equivalentes em fubá, arroz, toucinho, peixe etc".[31] Esse tipo de detalhamento não será encontrado nos tratados médicos, incumbidos de listar, após as observações do porquê dos achaques, o que poderia obrar como remédio. Os doutores sabiam que esses gêneros, faltantes até mesmo para os homens livres da colônia, não chegariam aos pratos das senzalas.

As galinhas em canja e outras carnes frescas só eram receitadas aos escravos nesses termos, como prescrição médico-cirúrgica, como acima se viu em Morão. Os doutores, a bem da verdade, quando chamados para socorrer algum escravo, pensavam ser preciso que "a informação que se tomar repetisse duas ou três vezes, porque, como é gente agreste e variável, agora dizem uma coisa, e, tornando a ser perguntados, respondem outra, como a mim tem sucedido com todos". Julgando que, muitas vezes, eles não sabiam dizer o que sentiam – seja por estarem falseando um mal, seja por ignorância – "e por folgar de acertar, evitar perigos e despesas, ou não fazer as enfermidades maiores do que haviam de ser, sempre quando tomo informações a esta casta de gente, me ponho com toda a paciência". (FERREIRA, 2002, 247)

Esta dieta, entretanto, deve ser concebida num sentido mais amplo. De acordo com o regimento das "dietas hipocráticas", que, ao fim e ao cabo, elencava os determinantes do adoecimento, seis

---

29 Como (SOUSA, 1944, 17).

30 Segundo Rafael de Bivar Marquese, organizador da edição consultada do "Manual do agricultor brasileiro", este tanto de alqueires equivaleria a 325 gramas de farinha. As onças, cada uma, a 28 gramas.

31 Cf. (TAUNAY, 2001, 60).

eram os reguladores do corpo que deveriam ser observados: o comer e beber, a retenção e evacuação; o ar, o exercício (deficiente ou imoderado); o sono e vigília; e as perturbações da mente.[32] Nos aforismos deixados pelo pai da medicina, advertia-se claramente que a conservação da saúde dependia "senão também das operações e exercícios corporais a que se está acostumado" (CORTÉS, 1820, 165-166). E se é verdade que os habitadores desses brasis eram "frouxos", para usar um termo de Morão em suas *Queixas repetidas*, explica-se porque estavam mais propensos a adoecer. Dos males que mais acometiam a população luso-americana, caso do maculo, intensificavam o incômodo e agonia do achacado o "ar ambiente frio, o deixar esfriar os pés, o calor de noite da cama, o exercício com pressa" (PIMENTA, 1956, 538); quer dizer, nesse caso, o melhor era que o doente guardasse repouso. Abusar da atividade física poderia até mesmo criar uma moléstia, ainda de acordo com Pimenta:

> O andar a muito rijo sol, ou a pouco, com muito, ou pouco exercício, quem andar a ele não é acostumado, ou ainda ter muito, calor evaporoso do sol no aposento aonde assiste, é quase igual as paixões da alma, no mandar obrar as causas para se virem a mover os humores e causar o Achaque tão apressadamente, como nas mesmas paixões; porém o não é tanto na força da atividade malignante, salvo se ajunta uma cousa com outra ao mesmo tempo, e então é muito mais apressado o Achaque, terrível e maligno. (PIMENTA, 1956, 477)

Mas dissemos que ele poderia ser empregado como poderoso aliado aos tratamentos, ou mesmo como tratamento único, em diversos casos. No tratado de Francisco Jozé de Almeida (1791), especialmente escrito para balizar a *educação fysica dos meninos*, ele prescreve uma série de movimentos para as grávidas, e nos explica de que maneira o corpo responde a esse tipo de estímulo: "o exercício concorre a conservar o giro dos nossos líquidos, pois que os músculos, estando em contração, espremem os vasos subjacentes,

---

32 Não apenas Hipócrates, mas Galeno e Boerhaave, empreendendo divisões diferentes das partes e massas corporais – os primeiros, nas citadas seis partes; o último, em quatro –, concordam na interferência dos exercícios para a composição do quadro patológico.

as veias, como decorrem mais a superfície, experimentam maior compressão, e os humores não podendo recusar porque impedem as válvulas desses vasos, necessariamente vão progredindo até o coração". Adverte, porém, "que esse mesmo exercício, aliás tão útil, deve ser moderado, pois quando é violento induz abortos e sufoca a respiração". (ALMEIDA, 1791, 11)

O exercício era indispensável para o crescimento e saúde dos infantes. Suas mães ou amas deveriam levar-lhes, preferencialmente pela manhã, a prados espaçosos e de atmosfera limpa – se estavam nas cidades, era melhor que fosse antes do vai e vem das pessoas, que, para o mesmo Almeida, corrompia os ares – para correr e saltar: "era muito necessário na primeira idade, em que os músculos estão ainda fracos e precisam agitar-se e endurecer-se com o exercício". Na verdade, mais que garantir o vigor dos músculos, essa prática ajudava diretamente no papel do fígado em "filtrar a cólera", no do estômago em corretamente guiar o quilo e fazer com que as "digestões não fossem tardias e imperfeitas" (FRANCO, 1790, 77-78). Seus corpos deveriam estar aptos às ginásticas infantis, ilustradas pelos treinos de luta, barra, jogo de bola e corrida... e a dança. Antes que qualquer um emitisse julgamentos ao autor, ele rebate as possíveis críticas de que pudesse parecer "ridículo ver um homem sisudo sair a dançar" e ocupar-se do que ele chama de "ostentação frívola de certos passos afetados e trejeitos pueris", justificando que este era um modo eficiente de "os sujeitar a um exercício regular, que lhes fortifica os músculos, que lhes desembaraça os paços e que lhes adestra a marchas". (FRANCO, 1790, 79)

Eram os exercícios prescritos e requisitados, igualmente, aos que passavam meses em alto mar. Enquanto embarcados – e privados, portanto, de exercícios mais contundentes –, marinheiros e escravos acabavam por facilitar o desequilíbrio de seus humores. José Antônio Mendes nos fala que uma das razões pelas quais os capturados aportavam adoentados e fracos, além da "dieta" já citada, era o "também o pouco exercício, ou nenhum, que fazem os escravos em toda a viagem". A carestia de movimentação, dado que vinham "como macacos que estão presos ao cepo" (MENDES, 1770, 116), desajuntava as partes de seus músculos – as "fibras" que garantiriam sua elasticidade e força – e impedia que o sangue e suas massas circulassem corretamente por entre os órgãos. O autor da Luz de cirurgiões embarcadissos concorda com tal opinião, ressaltando que a diferença qualitativa e quantitativa dos gêneros alimentícios disponíveis nas naus, "isto com pouco exercício, é circunstância que não pode deixar, de agravada a natureza, disparar em variedade achaques" (ABREU, 1711, 35).

Já na presença de opilações ou tumorzinhos na barriga, Miguel Pimenta indica um tratamento combinado de ervas e exercícios, como se vê na seguinte prescrição: "bastará esfregá-la [a dureza ou tumor] mui rijamente quanto o doente possa sofrer, com as mãos untadas em cuspo em jejum, continuando manhãs, com muito resguardo, bom exercício, e repetidas ajudas do cozimento da erva língua-de-vaca fresca, ou verde" (PIMENTA, 1956, 525). Vemos, nesse sentido, que as ações físicas eram passíveis de um duplo cargo nos récipes dos esculápios: de um lado, quando feita dentro das recomendações, poderia aliviar os males; de outro, como no caso das crianças, funcionava como um método preventivo de doenças e más-formações.

Desse modo, na tentativa de oferecer remédios e tratamentos capazes de alentar seus pacientes – fossem eles escravos, trabalhadores, senhores, donzelas, prenhas ou infantes –, os licenciados se lançaram cada vez mais na formulação de receitas de fármacos (ARAUJO, 1992) e de cardápios adequados e exclusivos para sua área de atuação e sua clientela. Nunca é demais ressaltar que "apesar de todos os esforços das autoridades médico-sanitárias para distanciar a medicina oficial das terapêuticas informais, na prática era extremamente difícil distinguir das duas vertentes". (RIBEIRO, 1997, 17)

Fórmulas inventadas, receitas secretas, farmacopeias

É pela experimentação que os remédios são criados, e pelo registro das ocorrências em que foram bem sucedidos, creditados como eficazes ou sem fundamento. Assim se constituíam grande parte dos compêndios médicos e cirúrgicos desse período: o relato das observações do molestado, seguido das conjecturas sobre as causas e das conclusões sobre o melhor método curativo, de que maneira tal método foi aplicado, os resultados (quanto tempo, quais sinais) que foram apercebidos e, em geral, o "recipe" ou receita completa ministrada. Já que "há remédio que pode curar muitas doenças, como há doença que pode ceder a mais de um remédio" (FREITAS, 1935, 64), discriminar quais ingredientes e quantidades certas para cada sinal parecia significativo no reconhecimento da sapiência do doutor que empunhava a pena. É valido, para esses casos, um exame mais demorado acerca dessas receitas inventadas, atinando ao que foi criado e ao que foi adaptado para sanar satisfatoriamente as queixas dos colonos, muitas vezes diversas ao que era conhecido pelos doutos europeus. Percorramos, então, os caminhos curativos trilhados por esculápios que observaram o Brasil enfermo.

As aplicações poderiam ser das mais simples – "tal qual a natureza criou" – às mais compostas – "que se compõe de duas ou mais coisas juntas por arte" (SANTO ANTONIO, 1704, 5-6). Levavam em conta as especificidades geográficas e de público a quem deveriam atender – nem sempre se aplicavam os mesmos récipes para pretos, brancos e mulheres, por exemplo. A loucura, delírios ou histeria, muito diagnosticada nas mulheres – por terem as paixões da alma mais afloradas, serem mais sensíveis e carregarem nervos mais frágeis e frouxos (ABREU, 1733, 446) – e geralmente tratada com emplastro de goma elemi,[33] ganha, com a engenhosidade de Mendes e os ingredientes da terra, uma nova possibilidade curativa. Para a "louquice" de negros ou manifesta em qualquer outra pessoa, deveria proceder-se como se segue: "nos matos virgens dessas Minas há umas árvores chamadas caraíbas, e eu as vi algumas vezes; também nas capoeiras das Tapéras; cujo entrecasco tirado fresco, pisado na cabeça do doido ou louco, limpa bem do cabelo, e com todo o calor que bem se possa aturar, segurando-lhe bem, e repetindo-lhe muitas vezes, vence esta queixa; e eu a experimentei em dois, e ambos sararam" (MENDES, 1770, 125). O mesmo autor sugere, por sua conta, o emprego de uma pedra de sal embrulhada em teias de aranha nas dores de

---

33 Como em (MIRANDA, 1754, 203); (MENDES, 1770, 126).

dente mais agudas (MENDES, 1770, 110), o que, afirma, seria mais proveitoso que outros métodos já conhecidos.

Para os doentes com resfriamentos graves, já com tremuras, pulso apressado, febres e com dificuldades de movimento de braços e pernas, o autor do *Erário Mineral* receita uma fórmula que se faria do modo seguinte:

> [...] uns dentes-de-alho limpos, uma mão cheia de folhas de arruda, uma ou duas pencas de gengibre, um pedaço de banha de porco sem sal, ou com ele, e, em sua falta, sebo do rim, tudo muito bem pisado, cada coisa de *per se*, e depois de junto, se torne a pisar e se lance em tigela vidrada, ou tachinho limpo, e se cubra de agua ardente da melhor que se puder achar, com a qual irá fervendo a fogo brando, mexendo-se, de modo que fique uma massa branda, que, metida em pano de linho ralo e forte, se esfregará todo o corpo, estando o medicamento quente, com força, estando o braseiro ou fogo perto do doente, com o resguardo do ar que fica referido. (FERREIRA, 2002, 655)

Para as lombrigas que atingiam inúmeros mineiros – especialmente cativos –, sua fórmula original de sumo de erva-de--santa-maria (também conhecido por mastruços) com limões azedos, azeite-de-mamona (o vulgar azeite-de-carrapato), vinagre forte, pó de açafrão ou de tabaco, bem mexida e morna, era, segundo prega, eficaz (FERREIRA, 2002, 236). Infalível mesmo, afirmava, era outra invenção sua, com raízes de fedegoso pisadas em almofariz, água da fonte, a anteriormente empregada erva-de-santa-maria, vinagreira forte, grãos calomelanos turquescos em pó, tudo misturado e morno. Em casos de risco de morte por lombrigas, como tantas que diz ter presenciado, dever-se-á aliar a mezinha preparada, na quantidade de duas doses por dia, a um emplastro da erva santa, hortelã, vinagre forte e fel – ou bile – de boi ou vaca, no "embigo e nas cadeiras" (FERREIRA, 2002, 238-239). Tiro e queda, por assim dizer. Este Luís Gomes Ferreira, como se pode ver, era um inventor nato. Com algumas formulações, admite ele mesmo, de validade questionável, mas com outras excelentíssimas, foi difícil inventariar todos os remédios que teriam a patente do cirurgião.

Não é exagero, no entanto, afirmar que seu *Erário* contém mais de 50 remédios de sua autoria.

Uma das observações de Francisco de Melo Franco sobre como se tratar as indisposições das prenhes, por exemplo, está, simplesmente, em ingerir suco de limões frescos com regularidade (FRANCO, 1790, 10). Se a intenção era engravidar, havia também farmácia. Não se tratava de uma "simpatia" ou magia para conceber, mas de remédio testado, aprovado e recomendado pelo citado José Antônio Mendes. Ele receita: "estando em sua conjunção, porão certa uma égua, a quem nestas Minas chamam besta, esta de leite, e que se lhe possa mungir uma boa xícara dele; e em se indo findando a conjunção, beba ao recolher uma xícara do leite da tal besta. Com o calor que se mugir, e continue três noites consecutivas, que conceberá, tendo ajuntamento com seu marido" (MENDES, 1770, 117).

Todo o esforço desses doutores, testando e divulgando novas experiências, vinha atender o que o médico "pode, e deve fazer, é tirar o que molesta, e dar saúde tirando a causa dessa moléstia" (MONTE, 1760, 24). Valia, para isso, anunciar explicitamente que determinada fórmula advinha de uma mezinheira, mas que, sob seus testes, se mostrava, de fato, útil. Em outros termos, alguns doutos, como Bernardino Antônio Gomes, não se acanharam em tomar para si determinados conhecimentos empíricos e divulgá-los, como já discorremos, sob nova roupagem. É interessante observar como se dá essa transição da experimentação das mezinheiras para o receituário do lente:

> Passarei finalmente a referir o método com que uma mezinheiras da Capitania de Minas Gerais curava as hérnias, porque, a meu ver, mostra ao mesmo tempo o poder da casca do Barbatimão, e porque as hérnias se reputam vulgarmente por incuráveis, e suscetíveis apenas do paliativo e incômodo remédio da funda. Pegava esta mezinheira em uma pouca casca do Barbatimão colhida de fresco, e em alguns pintos quando picam a casca para saírem dos ovos, pisava tudo, e fazia uma cataplasma, que punha sobre a hérnia por meio de uma erva parasítica, que chamam lá *barbas de velho*, impunha ao mesmo tempo ao doente a condição de estar deitado de costas, e com as pernas encolhidas, por 15 ou 20 dias: no fim

deste tempo, pouco mais ou menos, saíam sãos. Eu falei com um homem, que tinha sido curado desta sorte, e que me disse todas estas particularidades. Refletindo agora sobre este método, que tão eficaz era na cura das hérnias, creio manifesto que as hérnias facilmente se curariam, principalmente enquanto recentes, aplicando-se-lhes tópicos adstringentes, e sujeitando-se os doentes a estar em posição conveniente por bastante tempo. (GOMES, 1803, 39-40)

As invenções de fórmulas compostas ou a identificação de propriedades simples encontravam, muitas vezes, dificuldade de aceitação entre a população. Nesse sentido, a explicação da cura através da experiência e de sua utilização por outros médicos – ou experimentados pelos próprios colonos – auxiliava na validação do procedimento e da legitimação dos médicos como efetivos agentes de cura. Era preciso refletir sobre a "[...] a eficácia dos remédios novos, ou pouco conhecidos, (...) principalmente diante de pessoas com poucos conhecimentos, e prevenidas contra os novos remédios", pessoas que, segundo Gomes, não eram poucas. As novas receitas parecem ter despertado duas reações dos habitadores do Brasil: de um lado, curiosidade sobre as qualidades do que ouviam dizer, de outro, receio por serem jeitos de se tratar que não tinham ainda sido testados. "O médico [necessitava] ter muita circunspecção para não ser caluniado" (GOMES, 1803, CLXXXIX), e se valia dos relatos de sucesso das curas praticadas, da adaptação de fórmulas antigas, de sua fama com tratamentos anteriores, da mistura de ingredientes e técnicas conhecidas para os novos métodos e, ainda, da divulgação detalhada do que o moribundo iria ingerir ou ser besuntado para inspirar confiança.

Nem todas as fórmulas criadas e atestadas, porém, eram detalhadas. Os irmãos da Companhia de Jesus, como indicamos anteriormente, se incumbiram de remediar as doenças dos colonos, mas guardavam para si a completa coleção das receitas prescritas e vendidas com exclusividade em suas boticas. E consigo mantiveram-nas até após a sua expulsão dos domínios lusos (1759). Embora tivesse obtido todas as licenças para sua publicação, esta obra, em português e de autoria desconhecida (LEITE, 1953, 87) que reúne terapias desenvolvidas por inacianos de todos os cantos do império português, até hoje permanece manuscrita. Pelo exposto, é de se supor que o conteúdo da *Colleção* circulou parcialmente entre os doutores do Brasil deste período: das mais de duzentas receitas que compõem o livro, ao menos vinte são cópias (identificadas, vale ressaltar) de doutores consagrados, como Curvo Semedo e Jacob Sarmento; outras sessenta, genuinamente da colônia americana.[34]

A "Triaga Brasílica" é, dos compostos da *Colleção*, um dos poucos conhecidos[35] e, certamente, o mais citado em estudos contemporâneos. Tal destaque pode ser justificado pelos louvores feitos às suas virtudes na descrição da receita, onde se lê:

> [...] é um antídoto, ou panaceia, composta à imitação da Triaga de Roma e de Veneza, de várias plantas, raízes, ervas e drogas do Brasil, que a natureza dotou de tão excelentes virtudes que cada uma por si só pode servir em lugar da Triaga de Europa, pois com algumas raízes de que se compõem este antídoto, se curam nos Brasis de qualquer peçonha e mordedura de animais venenosos, como também de outras várias enfermidades. (COLLEÇÃO, 1766, 407)

Não é, entretanto, a única a ser memorada: dos símplices secretos e que tinham maiormente ingredientes locais – característica essencial para demonstrar as adaptações empreendidas para e pelo nosso clima, fauna, flora, habitadores e moléstias distintos dos europeus –, podemos falar, por exemplo, da *conserva de caroba*[36] ou do *emplastro para dores de cabeça*,[37] do Colégio da Bahia, ou da *tisana laxativa*,[38] da botica do Colégio do Recife. Além dos

---

34 Oriundas das boticas da Bahia, Sergipe e Rio de Janeiro.

35 Existem diversos estudos sobre a fórmula, provavelmente, pela divulgação dada a ela na obra de Serafim Leite e, depois, nas "histórias da medicina" de Lycurgo Santos Filho e Lourival Ribeiro. É possível encontrar a fórmula inteiramente transcrita e com observações taxonômicas sobre seus ingredientes em, por exemplo, SANTOS, 2009.

36 Feita de caroba, sene, jalapa (ou batata), salsaparrilha, sementes frias maiores, canela, erva doce e clarificado de açúcar, e servia para "todo tipo de morbo gálico". (COLLEÇÃO, 1766, 87-88).

37 De bálsamo do Brasil, benjoim, estoraque de calamita e liquido, tacamaca e canela da índia (COLLEÇÃO, 1766, 115-116).

38 Com salsaparrilha, pão santo, antimonis cru, pedra pomes, azougue vivo, con-

ingredientes quantificados, modo de preparo, posologia e para quais males eram indicadas, as receitas apresentam, quase sempre, a botica de origem e/ou seu autor, o que possibilita ter ideia de quais elementos importados ainda se faziam indispensáveis e os intercâmbios de drogas entre as partes do império curadoriadas pelos religiosos da Companhia.

Resolveu-se pôr tais fórmulas em papel "para que não se perdessem tão bons segredos", muito embora a intenção anunciada de seu – ou seus – autor(es) fosse, na verdade, que esses "não andassem espalhados por todas as mãos, pois bem sabes que revelados estes, ainda que seja de uma Botica para outra, perdem toda a sua estimação, e que pelo contrário o mesmo é estar em segredo qualquer receita experimentada, que fazerem dela todos um grande apreço e estima com fama, e lucro considerável da Botica a que pertence". Para o uso dos tesouros medicinais guardados no volume, apela seu escritor, "sejas muito acautelado, e escrupuloso em não revelar algo destes segredos, pois em consciência não se pode fazer, advertindo que são coisas estas da religião, e não suas".[39] Não era, portanto, para ser uma obra de divulgação, mas, ao contrário, de preservação interna dos segredos medicinais da Companhia.

E não foram apenas os jesuítas que "esconderam" suas receitas. Alguns doutores, na tentativa de evitar contrafações e, sobretudo, manter próxima sua clientela e serem reconhecidos como os verdadeiros inventores das mezinhas, guardavam as formulações de sucesso ocultas. Essa postura era, porém, passível de críticas. O licenciado Antonio Pereira Fragozo, em carta de 1743 ao– já familiar ao leitor – João Cardoso de Miranda, repudia os médicos e cirurgiões "que inventaram remédios quase infalíveis para várias enfermidades, e escrevendo por negócio, manifestaram palavras e ocultaram remédios, sabendo que só com eles se curam as enfermidades, e não com ornatos eloquentes, e figuras de retórica". Acreditava ele que "revela Deus os remédios aos professores da Medicina para utilidade das criaturas, e depois de provados pela experiência, tentados pela ambição os sepultam no abismo de sua

---

traerva, raiz de almeirão, aveia, cevada pilada e sem casca, açúcar branco e água; "serve para qualquer infecção gálica". (COLEÇÃO, 1766, 397-399).

39 (COLEÇÃO, 1766, Prólogo ao leitor).

avareza, tiranizando os pobres e lhes vendendo a peso de dinheiro o que receberam de graça"[40] (MIRANDA, 1754). A prática não era nova ou exclusiva da colônia. Diz-nos o mesmo Fragozo que o tão lido e referendado doutor Curvo Semedo, para citarmos aqui um médico coetâneo aos diversos tratados abordados, "faleceu sem publicar a composição dos seus segredos (...)", gerando inúmeras falsificações de suas fórmulas, "de que tem resultado muitas mortes, que naturalmente se poderiam evitar". Em 1783, para sorte dos doentes, os inventos do grande doutor foram revelados no *Compêndio dos segredos medicinais, ou remédios curvianos*.

De qualquer modo, algumas formulações, embora secretas, tiveram grande sucesso e circulação nos domínios portugueses durante o XVIII. Além da citada *Colleção de receitas*, um verdadeiro arsenal de segredos mantido pelos religiosos, outra mezinha teve notabilidade: trata-se da água de Inglaterra, difundida pelo doutor Jacob de Castro Sarmento, poderosa contra paludismo e diversas febres. Ora, ainda que se diga que o medicamento foi apenas propagado por Sarmento, ele afirma com veemência que, quando começou a fazer o estudo da casca da quina-quina, "já, muitos anos antes, corria outro remédio com o mesmo nome, mas na invenção, e preparação muito diferente" (SARMENTO, 1756, Dedicatória). Pelo que afirma, a água que receitava, pelo menos, era fruto de suas pesquisas e experimentações. Para que fosse empregada na quantidade e para as doenças corretas – e não para trazer à prensa sua fórmula –, reuniu, vinte e cinco anos após o começo do uso de sua invenção, uma série de recomendações em seu *Do uso e abuso das minhas agoas de Inglaterra*. A excelência desse produto parece inquestionável: fosse para febres intermitentes, perniciosas, ardentes, quartãs ou cotidianas, para bexigas, para evitar abortos ou para curar gangrenas e feridas de bala, o tratamento com a tal água apresentava diversos sucessos.

---

40   CARTA que das Minas geraes escreve o Author Licenciado Antonio Pereira Fragozo, agradecendolhe o zelo de fazer manifesto tao específicos remédios, remettendolhe juntamente illustradoo Tratado do Escorbuto, que o author deo a Manoel Moreira Maya para acudir com mais promptidao aos muitos enfermos, que naquelle paiz se offendem desta infecção, cuja illustracao se não ajunta por advertir algumas cousas, que o author tinha advertido, quando poz em limpo o dito Tratado, por se achar ainda em borrão quando deo.

Era um "milagroso remédio" (SARMENTO, 1756, 271), segundo o doutor que o criou, e assim também era reconhecido por outros esculápios. A difusão de seu método parece ter-lhe animado, fazendo questão de narrar alguns usos da sua medicina por seus pares: um tal doutor Payva obteve a cura de seu idoso e desacreditado paciente com o emprego da fórmula; igualmente se salvou o criado do juiz de fora, após tratamentos vãos, com "uma só garrafa" do remédio secreto. Todas essas narrativas, fala-nos, ainda, que "podem muito bem servir de exemplo aos médicos, para prosseguirem no seu uso, em todas as epilepsias periódicas, e esperarem os mesmos sucessos que produzem nas intermitentes legítimas" (SARMENTO, 1756, 278).

Diferentemente das receitas curvianas, o segredo[41] da água inglesa — e as disputas sobre quem estaria vendendo a verdadeira fórmula —, se estenderam para além da morte do autor (DIAS, 1986, 10). André Lopes de Castro, num livro de 1799, intitulado *Aviso público a respeito da agoa de Inglaterra*, vinha deixar claro que, mais do que saber das qualidades do remédio, era necessário averiguar a sua procedência. Isso porque, como se tratava de uma receita popular, e, portanto, lucrativa — com grande chances de ser falsificada, "especialmente em América" (CASTRO, 1799, Prólogo) —, era grande a disputa sobre quem mantinha a fórmula original. Suas garrafas recebiam a chancela de José Correia Picanço, importante nome da medicina do XIX, e outros lentes mais, que justificavam a crença no dispensatório, "ainda que pareça impróprio ao espirito médico usar tão confiado de um remédio de segredo [...] parece, além de suma precisão, mas até por lei, o dever de usar de uma preparação que obvia infinitas moléstias" (CASTRO, 1799, 13-14). Ao que tudo indica, então, os doutores seguiram a recomendação do inventor do remédio, haja vista que tempos depois, em 1813 (ATTESTAÇÕES, 1813), sua garrafada ainda figurava entre os récipes de boa fama.[42]

---

41 Sobre os remédios de segredo, ver, especialmente, o capítulo 4 de MARQUES, 1999.

42 "Tão grande era a fama de Sarmento, suas águas e seguros os efeitos terapêuticos que, passados quarenta anos, o seu uso se encontrava, ainda, espalhado por toda a nação e seus domínios, e a droga permanecia acarinhada por todos quantos exerciam conscientemente a medicina em Portugal" Cf. (ESAGUY, 1936, 17).

Quando os segredos vinham a lume, de acordo com José Henriques Ferreira, crítico veemente dos receituários ocultos e fundador da Academia Scientífica do Rio de Janeiro, "se vê que são compostos de ingredientes triviais e conhecidos, dos quais se faz ordinário uso nas mesmas enfermidades" (PAIVA, J. e PAIVA, M., 1785, 13). As novas balizas criadas durante o século das luzes, difundidas então por Verney e Ribeiro Sanches, por exemplo, não admitiam que se deixassem encobertas receitas frutuosas para o bem público. Se as observações dos doutores fossem fundamentadas na razão e experiência, completa o discípulo de Boerhaave, não havia motivos para escondê-las ou temer por sua reputação (SANCHES, 2003b, 23).

Não nos interessa identificar, entretanto, quais eram os compostos responsáveis pelo segredo, e se, química ou botanicamente, eles seriam seguros. A eficácia da cura está dada nos relatos dos doutores, quer dizer, seja ou não pelas qualidades estimuladas por meio da presença da quina – no caso da "água de Inglaterra" –, aquele ajuntamento de plantas, águas e outras especiarias funcionava. Se hoje podemos entender o emprego desses elementos a partir do isolamento de cada um de seus princípios ativos, tal movimento não era possível para nossas personagens dos séculos anteriores: presenciamos aqui a paulatina normatização dos procedimentos curativos. Será apenas no Oitocentos que o porquê da ação de cada um dos componentes dos remédios passará a ser investigado, não mais bastando saber que tal coisa emenda tal doença. Deste modo, valer-se das balizas ditas científicas disponíveis em nosso tempo para, de alguma forma, comprovar ou justificar os acertos e erros das formulações, não nos parece plausível – ou mesmo necessário. O que esses médicos, cirurgiões e boticários procuravam, na verdade, era sistematizar seus conhecimentos dentro do que, para o período, era considerado parte da terapêutica médica. Seus esforços estavam em demonstrar a incompatibilidade entre as suas ciências e os discursos mágicos, como se pode ler no citado *Discurso crítico*. Se, muitas vezes, temos dificuldade em estabelecer uma fronteira rígida entre o que se pode definir como "ciência" e como "mágica", dentro de suas prescrições, as assertivas dos doutores não deixavam dúvidas sobre a legitimidade do que praticavam – eles, sim, respaldados pela ciência e pelo conhecimento devidamente estudado e experimentado.

Uma das formas de organizar estes saberes, para além das obras em que contavam seus sucessos, esteve na organização de volumes de receitas testadas e recomendadas por lentes do império e do estrangeiro, nas chamadas farmacopeias. Desconsideremos aqui as obras formuladas por licenciados como, entre outros, Morão, Rosa, Gomes Ferreira e Melo Franco, por congregarem, além das formulações terapêuticas, diversos casos particulares e outras observações. No sentido estrito da palavra – de coleção de receitas –, a já indicada compilação inaciana se apresenta como uma das primeiras a contar com formulações específicas dessas terras; suas receitas, no entanto, não constavam nas boticas leigas. Observemos rapidamente os compêndios pensados, ao contrário, para serem divulgados.

Malgrado a falta de iniciativa oficial para a criação deste tipo de livro em Portugal – a primeira farmacopeia oficial lusa só aparecerá em 1794 –, o século XVIII teve um significativo aumento de publicações do gênero, indicativo da preocupação em sistematizar o leque de matérias-primas úteis para a preparação de fármacos[43] e de que maneira gêneros ordinários poderiam ser beneficiados em medicação (PITA, 2000, XII). Essa avalanche de impressos se inicia com a publicação, em 1704, da *Pharmacopea Lusitana*, cujo objetivo anunciado era o de ensinar métodos de fabricação práticos para as receitas mais usuais. Segundo seu autor, de quem temos poucas informações, "sem os enfeites de palavras cultas, elegantes e polidas", foi movido a "sair a público com esta obra a experiência certa e continuada, da pouca ou nenhuma notícia que tem da língua latina a maior parte dos praticantes" (SANTO ANTONIO, 2000, Prologo ao leitor), obrigados a consultar formulações em latim, incorrendo a erros pueris. Reúne de tudo: águas, ceras, colírios, conservas, cozidos, emplastros, óleos, pílulas, pós, unguentos e xaropes, oriundos de combinações que não consideravam, de imediato, as inovações da química que passavam a ter espaço na farmácia. Era, ainda, de instrução essencialmente galênica.

---

43 Sobre a manipulação de remédios por personagens que não o boticário ou droguista, como o cirurgião, ver MARQUES, 1999, 175.

A segunda reunião mais expressiva[44] de receitas nesses moldes, escrita em 1716 pelo já apresentado João Vigier, pode ser considerada um tratado de química farmacêutica. Era a terceira obra de Vigier, e a primeira vez que se abordou de modo organizado a questão dos medicamentos químicos (DIAS, 1987, 31-38). Isso não significou, é verdade, um grande salto na produção de récipes ou o desuso das receitas de Galeno: a maior parte das boticas carecia dos apetrechos e instrumentos próprios para a preparação química, subutilizando as potencialidades de sua pioneira empresa. É notável que nela conste um tratado especialmente dedicado às "virtudes e descrições de diversas plantas, e partes de animais do Brasil e das mais partes da América, ou Índia Ocidental, de algumas do Oriente descobertas no último século", recolhidas das observações legadas por Piso e Acosta, entre outros. Fala, por exemplo, do *bálsamo de copaíva*,[45] que "vem do Maranhão, excelente para feridas, especialmente para as da cabeça, conforta os nervos nas fraturas e deslocações, é resolutivo, tomado interiormente é estomacal, nefrítico ou contra pedra e areias e cólicas nefríticas, dá-se nas gonorreias depois dos remédios gerais até seis gotas" (VIGIER, 1716, 396). O *ananás*, embora fosse "fruta deliciosa ao gosto", tinha "sumo tão corrosivo, que se lhe metem uma faca e a deixam ficar da noite até pela manhã, acha-se muita parte do ferro gastado; é tão nociva à natureza esta fruta, que se alguma pessoa a come tendo ferida ou chaga aberta, com muita dificuldade se cura" (VIGIER, 1716, 392). O *pao Brasil*, "ibirapitanga para os índios", era de melhor qualidade em Pernambuco, e tinha propriedades "adstringentes, conforta o estômago, é antifebril oftálmica sua infusão" (VIGIER, 1716, 425). As descrições não param por aí. Esta sistematização, por certo, facilitou o trabalho dos esculápios e estudados que se dispuseram a olhar para a mata do Brasil, indicando alguns dos ingredientes que valiam a pena ser experimentados.

Seguiram-se a essas obras a *Pharmacopea Tubalense* (1735), do boticário Manuel Rodrigues Coelho – com tamanha inserção

---

44 Em 1713 publlicou-se a *Pharmacopea Baetana*, uma tradução do inglês para o português.

45 Copaíba.

nas boticas lusas que é considerada a coleção não oficial de maior divulgação no império (PITA, 2000, XII) –, a *Portuense* (1766), a *Meadiana* (1768) e a *Lisbonense* (1785). Essa última merece especial consideração por ter sido escrita pelo conhecido doutor Manuel Joaquim Henriques de Paiva, médico[46] ilustre da colônia, e endereçada ao Marquês do Lavradio, radicado no Rio de Janeiro. Seu intento, como o de outros, era detalhar as formulações mais utilizadas, como faz com o mercúrio depurado, utilíssimo para o gálico: "meta-se a quantidade de azougue que bastar dentro de uma retorta de barro soterrada em banho de areia, ou de ferro a fogo nu, e aplique-lhes um recipiente cheio d'água: depois principie-se a destilação, e se continue até que não saia mais azougue: separe-se este enfim e se guarde" (PAIVA, 1780, 158). Paiva entendia que quanto mais normas existissem em relação a como proceder na seleção dos ingredientes e na preparação dos medicamentos, melhor seria a cobertura sanitária da população (PITA, 2008, 126). Além de baratear os custos de produção das mezinhas, pois não se teria o desperdício da tentativa e do erro, esperava que a larga utilização de farmacopeias como a que ele propunha "coopere para se atalharem ou diminuírem os funestos efeitos, que se originam dos abusos a que anda sujeita a farmácia praticada por imperitos, ou por pessoas que se regulam pelas farmacopeias reprovadas pela mente dos Estatutos já citados". Ainda que sua obra fosse imperfeita e passível de correções, seria "contudo muito menos defeituosas, que as consultadas nestes reinos pelos nossos boticários, e até pelos médicos menos hábeis" (PAIVA, 1780, Prefação).

Em 1794, finalmente, Dona Maria I determina, em razão da "presente desordem com que nas boticas de meus reinos e domínios se fazem as preparações e composições por falta de uma farmacopeia", a criação de uma farmacopeia geral para o reino de Portugal e seus domínios, "para regular a necessária uniformidade das ditas preparações e composições, sendo certo, que sem que haja esta uniformidade, é impossível que a medicina se pratique sem riscos da vida e saúde de meus fieis vassalos" (PHARMACOPEA, 1794, Carta). Os dois volumes deste conjunto de fármacos

---

46 Edler coloca-o como boticário, embora conste na apresentação da *Farmacopéa* e outras obras do autor que era titulado médico. (In: EDLER, 2005, 45).

confirmavam as modificações idealizadas por Pombal, e tinham por objetivo regulamentar não somente a formulação e emprego dos remédios, mas, mormente, legitimar a ação de quem os produzia a partir das ordens reais. Dito de outro modo, a ordem real intentava não somente facilitar a manipulação dos compostos, mas padronizar as receitas e as formas de emprega-las, afastando do espaço de cura aqueles que não atendiam a tais exigências.

Os doutores, como exposto, desenvolveram mecanismos para tratar manifestações plurais de enfermidades, a partir, basicamente, da combinação dos conhecimentos universitários e livrescos com suas experimentações: criaram novos remédios a partir das plantas locais, fossem elas simples ou compostas; prescreveram dietas; se valeram de receitas e manuais de autores clássicos; compilaram mezinhas; e formularam, eles mesmos, obras que se tornariam referência de consulta para tratar nesse clima, essas gentes. Ainda assim, muitas eram as doenças que se mantinham incuráveis, ou melhor, que careciam de estratégias diversas para serem vencidas. Talvez o médico precisasse olhar não apenas para o corpo do enfermo, local máximo da observação dos achaques, mas também tivesse que curar o ambiente que o cercava. Talvez, ainda, pudesse fazer mais: com seu olhar acurado, quem sabe não evitaria o desequilíbrio da saúde e a aparição dos males?

A prevenção como tratamento

Tratamos anteriormente dos aforismos hipocráticos que rezavam sobre a conservação da saúde por meio do respeito ao regimento do corpo, que incluía, também, as qualidades do ar. Embora a atenção da maior parte dos doutores estivesse sempre mais circunscrita à medicina curativa que a alguma ação preventiva, são sinalizadas incursões de prevenção através da prática recomendada do bem comer e dos exercícios, presentes já nos primeiros tratados observados, além daquelas relacionadas ao ambiente, por exemplo. Para o doutor Melo Franco, as medidas profiláticas encontravam espaço na reflexão dos médicos porque seria mais "humano prevenir, acautelar" (FRANCO, 1794) do que remediar os achaques. Pensar na higiene, ciência que os antigos definiram como o conjunto de conhecimentos das coisas que são úteis ou nocivas ao homem e que tem por fim a conservação da saúde (BRAS, 2008, 118), era, portanto, imprescindível para não se ter tantos males para tratar. Não se fala aqui, ainda, das nomeadas medidas higienistas,[47] que terão ampla difusão e sucesso no século XIX, tampouco se vislumbram as transformações institucionais e científicas relacionadas ao chamado "nascimento da clínica" (FOUCAULT, 2001). Tratamos da paulatina atribuição de valores *"à comida, às bebidas, ao ar respirado no trabalho e no descanso, à limpeza do corpo"* (VIGARELLO, 1993b), da incorporação de fatores externos ao organismo doente no campo de análise e preocupação dos médicos, da "redefinição da importância das condições socioambientais brasileiras como fonte geradora de velhas e novas patologias" (FERREIRA, 1999, s/p).

Esta preocupação com a higiene, tomada como um conjunto de medidas que contribuíam para o prolongamento da vida, poderá ser mais bem observada no espaço urbano. A caracterização da cidade como local insalubre foi exposta anteriormente, revelando que era ela – a organização da urbe –, também causa de muitos dos males que se abateram sobre os colonos. Resta-nos, agora, pensar se o espaço urbano – "onde as ruas eram verdadeiros esgotos a céu aberto, onde os animais domésticos aliviavam-se às portas das casas, os tonéis com dejetos eram despejados pelos escravos domésticos onde fosse mais fácil e a varíola grassava" (PRIORE, 1997) – também oferecia alguma possibilidade de cura às doenças que ajudava a disseminar; em outras palavras, a cidade colonial tinha, em alguma medida, a capacidade de oferecer mecanismos para reestabelecer a saúde? E mais: havia, nos tempos de colônia, medidas de prevenção do acometimento de males, como as propostas pela medicina social oitocentista?

João Ferreira da Rosa identificou uma causa ambiental para a irrupção da peste pernambucana em finais do Seiscentos: os cometas e as barricas de carne podres causaram, em sua perspectiva, a *bicha* daqueles tempos. Para uma doença daquela magnitude,

---

47 O higienismo estava relacionado ao chamado neo-hipocratismo, uma concepção ambientalista da medicina baseada na hipótese da relação intrínseca entre doença, ambiente e sociedade Cf. (LÉCURY, 1986); (JORDONOVA, 1979).

não bastava apenas remediar as almas já tomadas pela febre, mas, sobretudo, preservar os não afetados – e aqui identificamos a primeira campanha profilática no Brasil, que embora não configurasse um plano público de melhoramento das condições sanitárias da cidade a longo prazo, era uma política emergencial de prevenção que dava conta do ambiente coletivo. Nela, uma das medidas mais ordinárias e necessárias era a manutenção dos fogareiros com ervas cheirosas – "murta, incenso, almecega, bálsamo, óleo de copaíba e galhos de aroeira e erva cidreira" (ROSA, 1694, 37) –, que deveriam ser renovadas e se manterem acesas por trinta dias. Pautado nas assertivas de Hipócrates, Rosa ensina que para produzir uma fogueira que desse conta de reestabelecer a saúde dos ares, as lenhas não deveriam ser "nascidas em lagos, mas trazidas dos montes, para que tudo o que houver de vício no ar se purifique, e totalmente extingua" (ROSA, 1694, 36).

Outro aspecto preventivo pode ser identificado no trato com os pertences dos que manifestaram determinados males. O mesmo Rosa recomenda que todas as casas deveriam ser conservadas em muita limpeza, "e aonde houver algum ou alguns mortos do contágio pestilente, com muito mais cautela, abertas as janelas todas [...] retirem todas as impuridades [...] alimpem-se com muito cuidado as mesas, bancos, cadeiras e todas as mais alfaias com água rosada e vinagre forte [...] se defumem tudo, colocando as paredes com cal branca [...]" (ROSA, 1694, 38-39). As roupas do doente deveriam ser muito bem lavadas, três ou mais vezes, com sabão, vinagre e ervas aromáticas; os colchões que serviram de repouso e atendimento ao enfermo, queimados (ROSA, 1694, 40). Era, na verdade, segundo outro doutor, "perigoso vestir roupa de doentes, mesmo tendo-se lavado e exposto ao fumo de alguma planta cheirosa, aos vapores de vinagre ou ao ar por tempo considerável" (PAIVA, 1787a, 68).

A nuança que mais se destaca, de todas essas recomendações, é a que concerne à limpeza pessoal, das casas e do espaço público. A mesma preocupação do doutor pernambucano seiscentista tem o seu colega Henriques de Paiva, mais de meio século depois; diz ele: "as pessoas que gozam de perfeita saúde devem mudar de roupa todos os dias, usar frequentemente de banhos, lavarem todos os dias as mãos, a cara, e especialmente os pés". Em sua perspectiva, "a limpeza agrada-nos mais que a gala e o enfeite [...] e ninguém pode dispensar, e se deve praticar com o maior cuidado em todas as partes, especialmente nas grandes povoações" (PAIVA, 1787a, 66), com o fim máximo de evitar a propagação de males. Cinquenta anos depois, vem novamente à tona semelhantes recomendações: se "todos conhecem que o ar quente e úmido ataca o sólido vivo, mudando a ação natural dos vasos cutâneos, e de todas as membranas, que por ele podem ser tocadas [...] donde fica evidente que os resultados devem ser péssimos sobre a máquina animal" (SILVA, 1808, 70) e o Brasil apresentava ares com essas qualidades, era urgente identificar o que poderia piorar suas características, já que eram propensos a infeccionarem-se. É o que propõe Manoel Vieira da Silva, olhando de perto o Rio de Janeiro, em 1808. Em linhas gerais, para prevenir – ou suavizar – as manifestações mórbidas nas terras brasileiras, as habitações deveriam ser conservadas com asseio, os lugares pantanosos careciam ser urgentemente aterrados e os cemitérios, abatedouros e currais, igualmente, deveriam ser alocados nas extremidades das cidades (não mais nas igrejas) – tudo com o fim máximo de não emanarem vapores pútridos perto da população; as ruas deveriam ser alargadas e com valas e encanamentos para despejar as águas (que não deveriam estagnar jamais); e os pretos desembarcados, como mencionado, deveriam ficar isolados até a certeza de não estarem contaminados (SILVA, 1808, 73). Para garantir um ambiente mais limpo e, desse modo, minimizar a remediação dos enfermos, era preciso empreender tais medidas "e tudo o mais que no meio de semelhantes cuidados se julgar necessário para extinguir uma causa tão oposta à nossa boa existência" (SILVA, 1808, 73).

Emerge, assim, com esse discurso higiênico, uma nova forma de regulação – um novo conjunto de pactos, uma nova disciplina voltada para o bem comum, novas obrigações e expectativas coletivas. Novos espaços são criados para atender às incipientes práticas de cuidado coletivo do corpo, como foram os hospitais. Fazia-se necessário, dentro dessa lógica, que o doente tivesse um sítio próprio de observação, e que as intervenções em seu corpo se dessem num espaço pensado para tanto. Mas o hospital não era uma instituição completamente nova, ou melhor, já havia, durante o período colonial, lugares de atendimento aos morbos, a exemplo das Santas Casas de Misericórdia,[48] os hospitais militares,[49] os manicômios[50] e os leprosários.[51]

O objetivo anunciado desses locais, a exemplo das já apresentadas misericórdias portuguesas, era o de atender os pobres achacados e os viajantes recém-aportados das naus. Embora seus mantenedores procurassem socorrer esses enfermos, disponibilizando-lhes o atendimento da caridade, dando-lhes, na medida do possível, acesso a uma dieta que recompusesse as forças e, ainda, submetendo-os aos tratamentos convenientes, há diversos relatos da ineficiência dos serviços então chamados hospitalares. A ocorrência do bicho, segundo Soares Feyo, "ordinariamente acontece aos que saem dos hospitais e não têm comodidade de limpeza", ou aos que nos hospitais muito tempo permaneciam e que, "em doenças perlongadas, ocupam muito tempo a cama sem haver renovação alguma de limpeza" (FEYO, 1661 apud PIMENTA, 1956, 457). No *Tratado de conservação da saúde dos povos*, do reformista Ribeiro Sanches, há um capítulo especialmente destinado para o ordenamento dessas instituições, onde se lê sobre a necessidade de renovar seu ar frequentemente e da limpeza que neles se devia conservar (SANCHES, 1756, Cap. XVII), indicativo de que esses cuidados não eram frequentemente tomados. Sublinhando essa faceta insalubre dos locais que deveriam reestabelecer o ânimo dos corpos, o doutor Manuel Joaquim Henriques de Paiva assevera que "os hospitais difundem e propagam muitas vezes o contágio pelas povoações" (PAIVA, 1787b, 69), razão pela qual seus prédios não deveriam ser reaproveitados para outros fins. Os ares da Misericórdia carioca chegaram a ser testados pelo doutor José Pinto de Azeredo, que registrou sua experimentação em um artigo do *Jornal Encyclopedico*. Valendo-se de conhecimentos da química e

---

48 São estudos mais detalhados sobre as santas casas brasileiras, entre outros: (MESGRAVIS, 1976); (OTT, 1960); (RUSSELL-WOOD, 1981); (VOTTA, 1951).

49 Cf. (MITCHELL, 1963); (SILVA, 1997); Verbete "Hospital Real Militar e Ultramar". In: (DICIONÁRIO, 1832-1930).

50 Ver mais no clássico (FOUCAULT, 1978); e em (GOFFMAN, 1974).

51 Cf. (FAES, 1966); (ARAÚJO, 1946).

física, empreendeu um estudo comparativo do ar de diversas partes do Rio e ficou espantado com os resultados: "eu pensava que achasse nesse lugar (a Misericórdia) maior porção de ar puro, mas enganei-me, porque repetindo eu esta experiência outra vez, achei sempre a mesma quantia de ar puro" (AZEREDO, 1799, 269-270). Outra característica desses espaços era sua não medicalização. Havia, de fato, poucos médicos obrando nos hospitais, o que abria brechas para a atuação dos religiosos e pretos sangradores (KARASCH, 1987, 203). Esses últimos aprendiam, pela observação, todos os aspectos do cuidado com o corpo doente e lá mesmo praticavam o aprendido, antes de conseguir qualquer tipo de licença (PIMENTA, 2003).[52] Não seria exagero, nesse sentido, dizer que, naqueles tempos, ao contrário do que se convencionará no Oitocentos e mesmo depois, os hospitais eram famosos por serem locais mais associados à morte do que propriamente ao efetivo reestabelecimento da saúde: "escassos, insuficientes e pobres" (RIBEIRO, 1971, 33), serviam para garantir o isolamento, a segregação ou afastamento dos doentes que não podiam pagar pela assistência domiciliar dos doutores ou empíricos que tinham o poder providenciar a cura.

---

52   Caixa 1195, Fisicatura mor, Arquivo Nacional (AN).

Considerações finais
Enfim, curado?

"... e com esses remédios fazem curas admiráveis".

(MIRANDA, 1754, s/p)

Ao percorrer as definições das doenças e das formas curativas a elas aplicadas, expostas pelos médicos através da descrição dos pacientes atendidos, a valorização das formas individualizadas de observação e cura salta aos olhos. Os relatos minuciosos dos atendimentos realizados são ilustrativos dessa percepção: é, portanto, no caso a caso narrado pelos doutores, que um padrão de descrição dos doentes e das enfermidades pode ser identificado. Assim, embora seja possível discorrer sobre as formas de cura recorrentes, as doenças que mais conduziram os doutos à pena, os fármacos e as ervas mais utilizadas, estabelecer um arquétipo único de como se encarava o adoecer e as estratégias de recobramento da saúde se faz inviável. Se em diversos países da Europa setecentista o atendimento aos enfermos recebe novas cores, com a larga utilização das premissas de Boerhaave e a "medicalização" e "hospitalização" da sociedade, no Brasil será apenas com a institucionalização da clínica e seus efeitos, nas primeiras décadas do século XIX, que novas – ou outras – maneiras de produção sobre a matéria médica serão pensadas e praticadas. Dessa forma, identificamos um padrão de descrições que não acompanhou as "evoluções" da ciência no século XVIII europeu, perdurando, ainda no XIX, esse tipo "colonial".

Tal padrão não significa, todavia, uma acepção estritamente mágica ou sobrenatural das causas das doenças ou das maneiras de extirpar os males. Embora haja análises que contemplem o adoecimento no mundo cristão como uma possibilidade de purificação e graça (SIGERIST, 1974), o que implica numa remissão moral para que a cura fosse obtida, ou a utilização de remédios naturais e orações para combater achaques que seriam atribuídos ao demônio – como apareceriam em João Curvo Semedo, Bernardo Pereyra e Brás Luís de Abreu[1] –, não parece ter sido esse o cenário mais comum na colônia. Especialmente após a reforma do ensino médico em Portugal, autores como Verney e Ribeiro Sanches reafirmaram seu ceticismo frente as crenças mágicas[2] em torno das doenças, partilhadas mais por empíricos e religiosos do que pelos doutores. Esse último, por exemplo, recriminou a ausência de experimentos na confecção dos medicamentos, e afirmava que o "médico que adquiriu uma vez um certo e rasteiro método de curar com sangrias, Água de Inglaterra, soro de leite, se for bem sucedido com trinta enfermos", não deveria deixar de querer saber mais sobre os medicamentos e os achaques (SANCHES, 2003b, 9). Indicava, nesse sentido, a necessidade de constante estudo pelos profissionais ligados aos serviços de saúde e da acurada observação dos doentes e métodos que fossem, de fato, eficazes sob a ótica considerada "científica". Todo o esforço desses reformistas estava em aprimorar aqueles que haviam se diplomado para o exercício das curas, eliminando os possíveis resquícios de interpretações de empíricos e religiosos sobre os corpos enfermos. Na verdade, como já referido inúmeras vezes, esses lentes, ainda que em diminuta quantidade e com poucos recursos de formação, procuraram se distanciar daqueles saberes práticos durante o período aqui observado.

A "conservação da saúde consiste na reta observância das seis coisas não naturais, que são: o ar ambiente, o comer e o beber,

---

1   Segundo, entre outros, (CARNEIRO, 1994, 69-70); (RIBEIRO, 2003, 43-48).
2   Bem pontua RIBEIRO (1997, 44), que os médicos e letrados "amaldiçoavam e tentavam impedir as curas máginas, fossem elas de raízes africanas ou ameríndias, por estarem próximas a rituais já condenados no Velho Mundo."

o sono e a vigília, o movimento e o descanso, os excretos e os retentos, e as paixões da alma" (HENRIQUEZ, 1721, 31), asseverou, ainda em 1721 – e mais de meio século antes das ditas reformas –, o doutor Francisco da Fonseca Henriques. As formas de cura, portanto, seriam uma combinação de indicações para tratar do corpo, do ambiente e dos "movimentos e impulsos do ânimo, nascidos da apreensão do bem, ou do mal, presente ou futuro" (HENRIQUEZ, 1721, 283). Mais que encarar o acometimento de males como uma manifestação demoníaca, os doutores vislumbravam as doenças como uma improporção (MONTE, 1760, 58) dos humores, como o desequilíbrio da harmonia da natureza do homem com o mundo natural. Não "há dúvidas", segundo o mesmo Henriques, que "as paixões do ânimo tem grande poder no corpo humano, que não só causam gravíssimos males, mas também mortes, e às vezes repentinas, cujos casos estão cheias as histórias" (HENRIQUEZ, 1721, 283). Em situações de mortandade extremadas, caso das epidemias, algumas proposições de cunho moral – como a indicação do expurgo das prostitutas, por Rosa – aparecem. As referências ao jugo do adoecimento enquanto castigo estão localizadas em pouquíssimas obras e não constituem, por certo, a imagem recorrente nos tratados. Embora essas referências sejam usuais nas pregações dos jesuítas ou em cartas e obras cujos remetentes não eram especializados, os compêndios de medicina e cirurgia prezavam por atender aos pactos ditos acadêmicos da época, que apesar de não corresponderem ao que se entenderá como científico tempos depois, configuravam um saber próprio e estudado para os doutos e seus pares. As doenças poderiam ser "malignas", indicou Morão em finais do Seiscentos, mas "pelo contágio, corrupção do ar ou influências dos astros" (MORÃO, 1956, 110), não necessariamente por diabos ou espíritos maus.[3]

Era na moderação e na sobriedade das ações do homem – corpo e alma – e do ambiente que a saúde poderia ser recobrada. O papel do médico era o de manter o estado de equilíbrio entre essas esferas constitutivas do humano, intervindo tão somente quando

---

3   De acordo com Francisco Bethencourt (1987, 145), o acesso ao sobrenatural pela cultura erudita dava-se essencialmente por três vias: o estudo, o poder de Deus e a ajuda do demônio.

a natureza se mostrava sem os meios de se reestabelecer sozinha. Apenas daí adviria a intercessão medicamentosa. Gomes Ferreira, também meio século antes das citadas reformas, é firme ao dizer que "não se vence inimigos fortes com armas fracas" (FERREIRA, 2002, 238), o que, em outras palavras, retrata que para atingir a cura, todos os remédios conhecidos, experimentados e de boas propriedades seriam válidos. Os excretos, as plantas e outros ingredientes, que também eram partilhados pelos curandeiros e práticos, receberam nova roupagem pela pena dos doutores e passaram a compor o repertório de "armas fortes". No caso de haver dúvidas, porém, quanto a maneira mais acertada de proceder, como ocorreu em uma controvérsia entre o supracitado Ferreira e outro especialista – acerca do remédio para o fêmur fraturado de um escravo – diz o cirurgião das Minas que "éramos obrigados a curar as doenças conforme a região e o clima, aonde nos achássemos, a razão nos ditasse e a experiência nos ensinasse; porque os autores, quando escreveram, estavam em outras terras mui remotas, e de diferente clima, e não tinham notícia deste" (FERREIRA, 2002, 471). Repete-se, então, o dever dos esculápios em considerar as especificidades brasílicas quando da escolha de seus métodos de intercessão nos corpos e doenças, para benefício de seus enfermos e sucesso na carreira médica.

Se intentássemos determinar, em linhas gerais, quais foram os ingredientes que, combinados, proporcionaram a criação de uma terapêutica própria para a colônia lusa nas Américas, chegaríamos a uma medicina cujos profissionais procuraram de toda forma se distanciar e se diferenciar do empirismo, que deu outro sentido a diversas medidas – adequando-as à prática acadêmica –, que valorizou a experiência para elencar seus melhores exemplares, que agregou conhecimentos das mais diversas perspectivas sobre a arte de curar – de Hipócrates a Semedo, de Galeno a Boerhaave – e que, em última instância, conjugou o toque da terra ao olhar do especializado formado no Velho Mundo para obrar suas curas de forma satisfatória. Uma forma particulare individualizada de se pensar as doenças, os doentes e as possibilidades de curá-los.

"(...) Se não agradar aos leitores, por mais claro para uns ou por menos para outros, não é porque me faltasse vontade de contentar a todos, pois o mais claro é para que todos entendam o que lerem e se aproveitem, e o menos é por duas razões: a primeira, porque o entendimento é curto para tamanha empresa; a segunda, porque o tempo não deu mais lugar; e, se ainda assim houverem desafeiçoados, podem pegar na pena para nos comunicar os apurados partos do seu entendimento, e ficarei satisfeito".

Luís Gomes Ferreira

GLOSSÁRIO DE MÉDICOS, CIRURGIÕES E OUTROS AUTORES CONSULTADOS (SÉCULOS XVI – XIX)

Diante da quantidade de referências presentes nesta obra, as informações que se seguem foram organizadas de modo a trazer, sempre que possível, os dados de nascimento, óbito, local de obtenção do título de médico ou cirurgião e as obras publicadas pelos autores consultados. De maneira breve, portanto, esses dados são sinalizados linearmente, sem pretender esgotar as informações biobibliográficas dessas personagens. São listados por ordem alfabética de sobrenomes. Ao final, há uma pequena e específica bibliografia utilizada nesse levantamento – para além, é claro, das obras dos próprios autores.

Brás Luis de ABREU

Médico natural da Vila Nova de Ourém, nascido em 1692. Foi formado pela Universidade de Coimbra e faleceu em 1756.

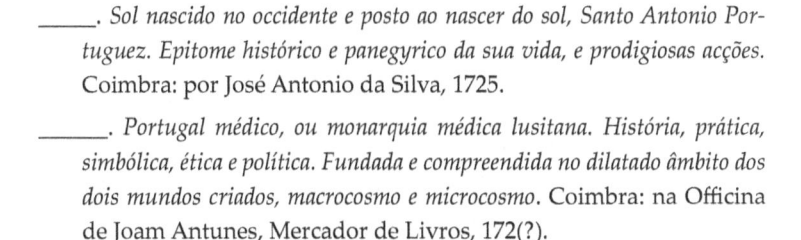

_____. *Sol nascido no occidente e posto ao nascer do sol, Santo Antonio Portuguez. Epitome histórico e panegyrico da sua vida, e prodigiosas acções.* Coimbra: por José Antonio da Silva, 1725.

_____. *Portugal médico, ou monarquia médica lusitana. História, prática, simbólica, ética e política. Fundada e compreendida no dilatado âmbito dos dois mundos criados, macrocosmo e microcosmo.* Coimbra: na Officina de Joam Antunes, Mercador de Livros, 172(?).

José Rodrigues de ABREU

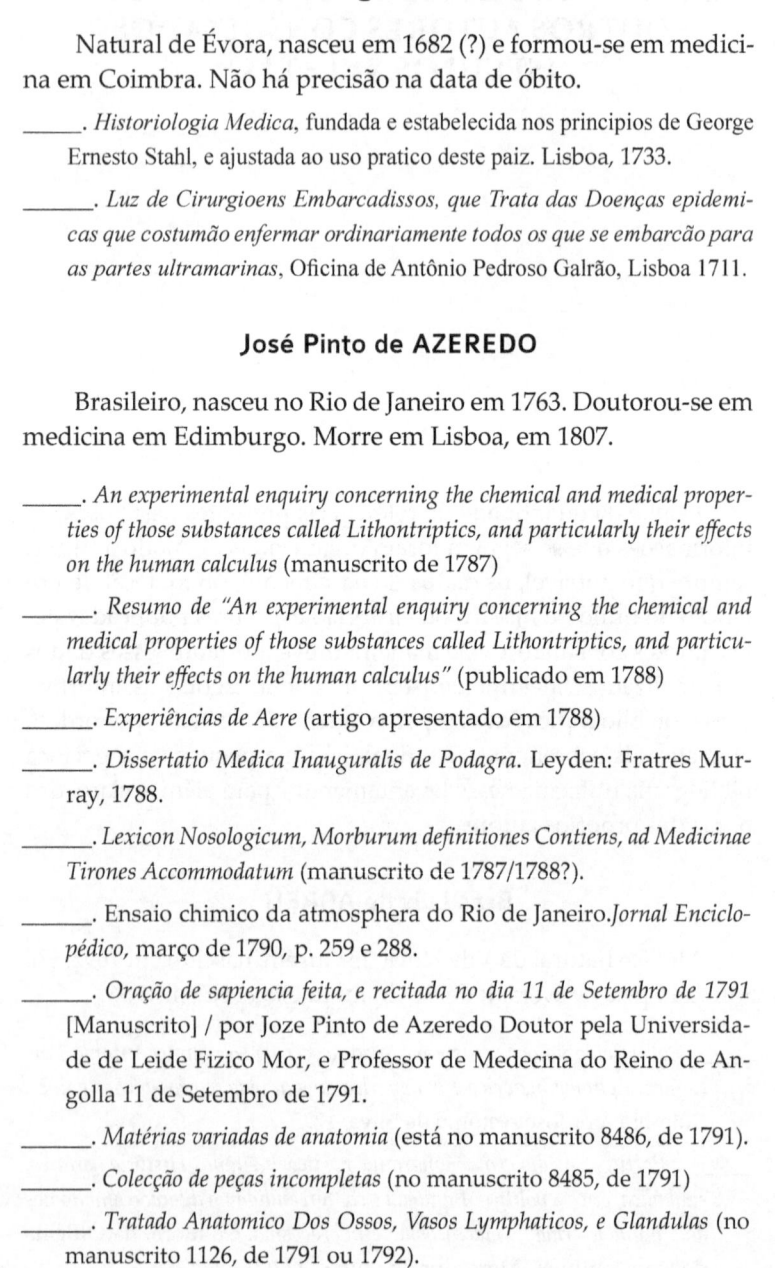

Natural de Évora, nasceu em 1682 (?) e formou-se em medicina em Coimbra. Não há precisão na data de óbito.

_____. *Historiologia Medica*, fundada e estabelecida nos principios de George Ernesto Stahl, e ajustada ao uso pratico deste paiz. Lisboa, 1733.

_____. *Luz de Cirurgioens Embarcadissos, que Trata das Doenças epidemicas que costumão enfermar ordinariamente todos os que se embarcão para as partes ultramarinas*, Oficina de Antônio Pedroso Galrão, Lisboa 1711.

José Pinto de AZEREDO

Brasileiro, nasceu no Rio de Janeiro em 1763. Doutorou-se em medicina em Edimburgo. Morre em Lisboa, em 1807.

_____. *An experimental enquiry concerning the chemical and medical properties of those substances called Lithontriptics, and particularly their effects on the human calculus* (manuscrito de 1787)

_____. *Resumo de "An experimental enquiry concerning the chemical and medical properties of those substances called Lithontriptics, and particularly their effects on the human calculus"* (publicado em 1788)

_____. *Experiências de Aere* (artigo apresentado em 1788)

_____. *Dissertatio Medica Inauguralis de Podagra*. Leyden: Fratres Murray, 1788.

_____. *Lexicon Nosologicum, Morburum definitiones Contiens, ad Medicinae Tirones Accommodatum* (manuscrito de 1787/1788?).

_____. *Ensaio chimico da atmosphera do Rio de Janeiro.Jornal Enciclopédico*, março de 1790, p. 259 e 288.

_____. *Oração de sapiencia feita, e recitada no dia 11 de Setembro de 1791* [Manuscrito] / por Joze Pinto de Azeredo Doutor pela Universidade de Leide Fizico Mor, e Professor de Medecina do Reino de Angolla 11 de Setembro de 1791.

_____. *Matérias variadas de anatomia* (está no manuscrito 8486, de 1791).

_____. *Colecção de peças incompletas* (no manuscrito 8485, de 1791)

_____. *Tratado Anatomico Dos Ossos, Vasos Lymphaticos, e Glandulas* (no manuscrito 1126, de 1791 ou 1792).

_____. *Estudos diversos* (no manuscrito 8484, de 1791).

_____. *Anatomia dos ossos, e vasos lymphaticos do corpo humano*. Por Joze Pinto de Azeredo M. D. fizico mor, e professor de Medecina no Reino de Angolla; prezidente annual da Sociedade Medica de Endinburgo; membro da Real Academia das Sciencias de Londres, de Endinburgo, de Lisboa, etc... Lisboa: 1791.

_____. *Ensaio sobre algumas enfermidades D'angola, dedicados ao Serenissimo Senhor D. João Principe do Brazil*, Por José Pinto de Azeredo, Cavalleiro da Ordem de Christo, Doutor em Medicina, e Socio de varias Academias da Europa, Lisboa: Regia Officina Typographia, 1799.

_____. *Memoria acerca das Propriedades Quimicas e Médicas das Substâncias Litontrípticas*. Edimburgo: [s. n.], 1800.

_____. *Isagòge pathologica do corpo humano dedicada a Sua Alteza Real o Principe Regente Nosso Senhor*, por Joze Pinto de Azeredo cavalleiro professo na Ordem de Christo, Doutor em Medicina, medico do Real Hospital Militar de Xabregas, e socio de varias academias da Europa. 1802. [manuscrito 8482]

_____. *Curtas Reflexões sobre Algumas Enfermidades Endémicas do Rio de Janeiro no Fim do Século Passado* (manuscrito posterior a 1800)

_____. *Colecção de observações clínicas* (no manuscrito 8483, posterior a 1803)

_____. *1802: Ensaio sobre as Febres de Angola* (manuscrito de 1802, segundo Sacramento Blake, único a referir a sua existência).

_____. *Obra de medicina*. [antes de 1807]

_____. *Prolegomenos sobre as glândulas* [antes de 1807]

_____. *Prolegomenos da Myologia* [Manuscrito] / [por José Pinto de Azeredo] [antes de 1807].

_____. *Observação geral sobre as laxaçoens* [Manuscrito] / [por José Pinto de Azeredo] [antes de 1807].

_____. *[Estudos anatómicos]* [Manuscrito] / [por José Pinto de Azeredo] [Antes de 1807].

Gerónimo CORTES

Matemático, físico, cosmógrafo, naturalista e médico valenciano nasceu em meados do século XVI e morre, ao que tudo indica, em 1615.

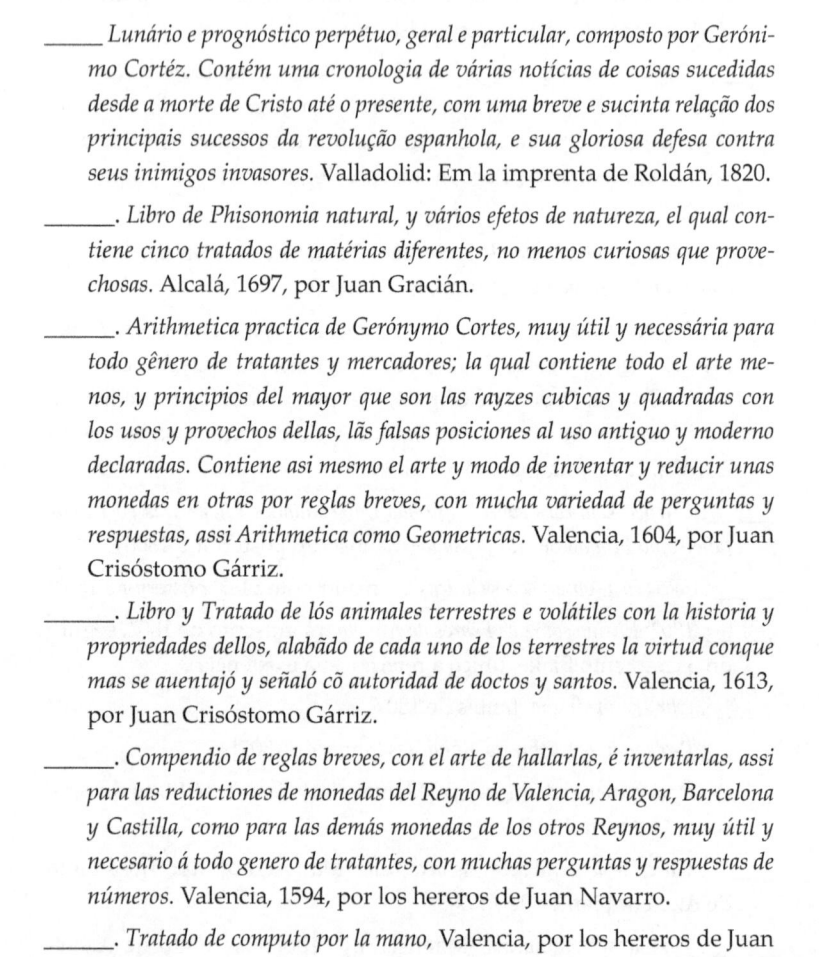

_____ *Lunário e prognóstico perpétuo, geral e particular, composto por Gerónimo Cortéz. Contém uma cronologia de várias notícias de coisas sucedidas desde a morte de Cristo até o presente, com uma breve e sucinta relação dos principais sucessos da revolução espanhola, e sua gloriosa defesa contra seus inimigos invasores.* Valladolid: Em la imprenta de Roldán, 1820.

_____. *Libro de Phisonomia natural, y vários efetos de natureza, el qual contiene cinco tratados de matérias diferentes, no menos curiosas que provechosas.* Alcalá, 1697, por Juan Gracián.

_____. *Arithmetica practica de Gerónymo Cortes, muy útil y necessária para todo gênero de tratantes y mercadores; la qual contiene todo el arte menos, y principios del mayor que son las rayzes cubicas y quadradas con los usos y provechos dellas, lãs falsas posiciones al uso antiguo y moderno declaradas. Contiene asi mesmo el arte y modo de inventar y reducir unas monedas en otras por reglas breves, con mucha variedad de perguntas y respuestas, assi Arithmetica como Geometricas.* Valencia, 1604, por Juan Crisóstomo Gárriz.

_____. *Libro y Tratado de lós animales terrestres e volátiles con la historia y propriedades dellos, alabãdo de cada uno de los terrestres la virtud conque mas se auentajó y señaló cõ autoridad de doctos y santos.* Valencia, 1613, por Juan Crisóstomo Gárriz.

_____. *Compendio de reglas breves, con el arte de hallarlas, é inventarlas, assi para las reductiones de monedas del Reyno de Valencia, Aragon, Barcelona y Castilla, como para las demás monedas de los otros Reynos, muy útil y necesario á todo genero de tratantes, con muchas perguntas y respuestas de números.* Valencia, 1594, por los hereros de Juan Navarro.

_____. *Tratado de computo por la mano,* Valencia, por los hereros de Juan Navarro.

Jozé Henriques FERREIRA

Filósofo e Médico, graduou-se *em Filosofia e Medicina pela Uni-*

versidade de Coimbra. Veio ao Brasil em 1771 enquanto médico do
Vice-Rei Marquês de Lavradio. Acredita-se que morreu no Rio de
Janeiro em 1781.

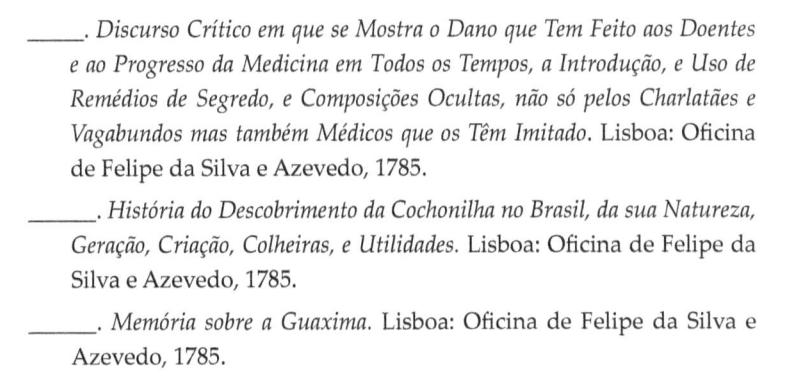

_____. *Discurso Crítico em que se Mostra o Dano que Tem Feito aos Doentes e ao Progresso da Medicina em Todos os Tempos, a Introdução, e Uso de Remédios de Segredo, e Composições Ocultas, não só pelos Charlatães e Vagabundos mas também Médicos que os Têm Imitado*. Lisboa: Oficina de Felipe da Silva e Azevedo, 1785.

_____. *História do Descobrimento da Cochonilha no Brasil, da sua Natureza, Geração, Criação, Colheiras, e Utilidades*. Lisboa: Oficina de Felipe da Silva e Azevedo, 1785.

_____. *Memória sobre a Guaxima*. Lisboa: Oficina de Felipe da Silva e Azevedo, 1785.

Cosme FRANCEZ

Um dentre os pseudônimos do padre Victorino José da Costa. Nasceu em 1651, frequentou a Universidade de Coimbra e morreu em 1705.

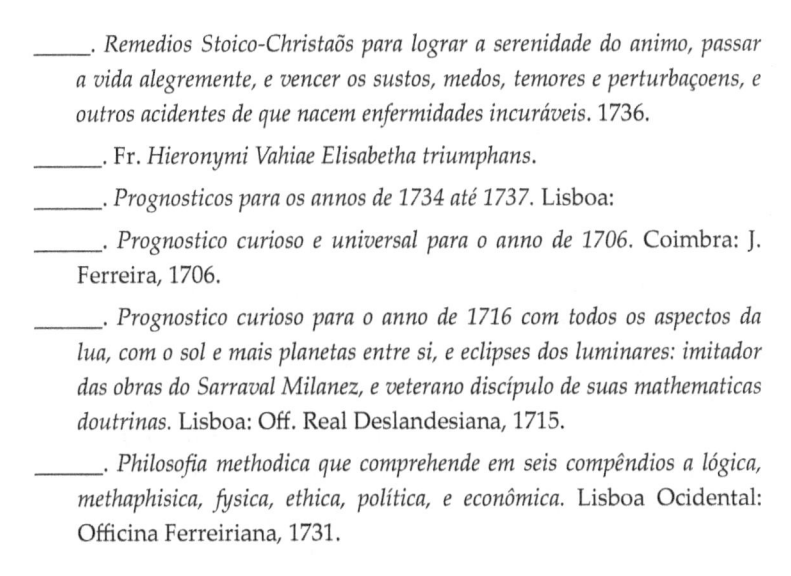

_____. *Remedios Stoico-Christaõs para lograr a serenidade do animo, passar a vida alegremente, e vencer os sustos, medos, temores e perturbaçoens, e outros acidentes de que nacem enfermidades incuráveis*. 1736.

_____. *Fr. Hieronymi Vahiae Elisabetha triumphans*.

_____. *Prognosticos para os annos de 1734 até 1737*. Lisboa:

_____. *Prognostico curioso e universal para o anno de 1706*. Coimbra: J. Ferreira, 1706.

_____. *Prognostico curioso para o anno de 1716 com todos os aspectos da lua, com o sol e mais planetas entre si, e eclipses dos luminares: imitador das obras do Sarraval Milanez, e veterano discípulo de suas mathematicas doutrinas*. Lisboa: Off. Real Deslandesiana, 1715.

_____. *Philosofia methodica que comprehende em seis compêndios a lógica, methaphisica, fysica, ethica, política, e econômica*. Lisboa Ocidental: Officina Ferreiriana, 1731.

_____. *Pequena bica da fonte de Aganipe, d'onde corre distillado o puríssimo licor da syntaxe*. Lisboa: Officina de Pedro Ferreira, 1732.

_____. *Relação do admirável phenomeno, que appareceo na noyte de 5 de agosto deste presente anno sobre a cidade de Constantinopla, e do discurso, que sobre a sua observação fez hum árabe*. Lisboa Occidental: Officina de Miguel Rodrigues, 1732.

_____. *O porque de todas as coisas*. Lisboa: ?, 1733.

_____. *Prognostico e curioso lunario do anno... para todo o reino de Portugal e Algarves e mais partes da Europa*. Lisboa: ?, 1733-1747.

_____. *Pennas que cahiram de huma das azas ao celebrado "Fenix das tempestades", que poderá servir de segunda parte*. Lisboa Occidental: Officina de Bernardo da Costa de Carvalho, 1733.

_____. *Noticia de dous animaes monstruosos, que nasceram e morreram em Lisboa, exposta em uma carta*. Lisboa: Officina de Pedro Ferreira, 1734.

_____. *Prognostico geral para o anno de... O grão pescador Cosme Francez Sarrabal Saloyo*. Lisboa Occidental: Officina Pedro Ferreira, 1734.

_____. *Convento espiritual*. Lisboa: Officina de Pedro Ferreira, 1736.

_____. *O cego astrologo Antonio pequeno*. Lisboa: Officina de Miguel Rodrigues, 1736.

_____. *O exorcista bem instruido*. Lisboa: ?, 1736.

_____. *Curiosa dissertação, ou discurso physico-moral sobre o mostro de suas cabeças, quatro braços e duas pernas, que nasceu em Medina-sidonia deo á luz Joanna Gonsalves em 29 de fevereiro de 1736*. Lisboa: Officina de Miguel Rodrigues, 1737.

_____. *Descripção topographica da pátria de S. João de Deus*. Lisboa: ?, 1740.

_____. *Prognostico novo do cometa, e mais impressões metheorologicas de 1737 até o presente de 1742*. Lisboa: Miguel Rodrigues, 1742.

_____. *Prognóstico metafórico e lunário para o ano de 1745, primeiro depois do Bissexto*. Lisboa: Officina de Pedro Ferreira, 1744.

_____. *Prognóstico metaforico, e curioso lunario para o anno de 1746, segundo depois do bissexto*. Lisboa: Officina de Pedro Ferreira, 1745.

_____. *Prognóstico metaforico, e curioso lunario para o anno de 1747, terceiro depois do bissexto*. Lisboa: Officina de Pedro Ferreira, 1746.

_____. *Prognóstico metafórico e curioso lunario para o anno bissexto de 1748.* Lisboa: Officina de Pedro Ferreira, 1747.

_____. *Prognóstico metafórico e curioso lunário para o ano de 1750 depois do bissexto e o segundo com todos os princiaes dos planetas, e mudanças de tempos, ecclyses, regras da agricultura, e enfermidades.* Lisboa: Officina de Pedro Ferreira, 1749.

_____. *Prognostico metafórico, e curioso lunario para o anno de 1755.* Lisboa: Officina de Pedro Ferreira, 1754.

_____. *Agricultor perfeito, observando os quartos de lua computados sem erro algum neste anno de 1791.* Lisboa: Officina de Antonio Gomes, 1790.

_____. *Agricultor Instruído, ou Prognóstico Curioso Lunário para o ano de 1794 por Come Damião.* Lisboa: Officina de Antonio Gomes, 1794.

_____. *O porque de todas as cousas ou Endelechia da Filosofia natural, e moral, problemas de Aristoteles.* Lisboa: Typ. Rollandia, 1818.

_____. *Subsidio para a historia da India portugueza.* Lisboa: Typ. da Academia das Sciencias, 1868, 1878.

Luís Gomes FERREIRA

Português da Villa de São Pedro de Rates, nasceu em 1686. Estudou cirurgia no Hospital Real de Todos os Santos e não se diplomou em medicina. Exerceu suas funções de cirurgião-barbeiro nas Minas e morreu no Porto, em 1764.

_____. *Erario mineral dividido em doze tratados, dedicado, e offerecido à purissima, e serenissima Virgem Nossa Senhora da Conceyção.* Lisboa Occidental: Na Officina de Miguel Rodrigues, 1735.

Antonio FERREYRA

Natural de Lisboa, licenciado em cirurgia, e cirurgião da câmara do rei D. Pedro II e do Hospital de Todos os Santos.

_____. *Luz verdadeyra, e recopilado exame de toda cirurgia, dedicado aaugusta e real magestade, de El-Rey Don Pedro II [...]...* Na Officina de Valentim da Costa Deslandes, 1705.

Francisco de Melo FRANCO

Médico brasileiro nascido em Paracatu, Minas Gerais, em 1757. Formado em medicina pela Universidade de Coimbra (1786), tornou-se notável clínico em Lisboa. Foi médico da Casa Real e tornou-se correspondente da mesma, em Lisboa. Mudou-se para o Brasil em 1817, morreu em 1823.

_____. *Tratado da educacao fysica dos meninos, para uso da nacao Portugueza*, publicado por ordem da Academia Real das Sciencias de Lisboa. Na Officina da Academia Real das Sciencias, Lisboa: 1790.

_____. *Elementos de Higiene*. Lisboa, 1814.

_____. *O Reino da estupidez*, 1785.

_____. *Medicina Teológica*, Lisboa, 1794.

_____. Ensaio sobre as febres do Rio de Janeiro, 1829 (publicada póstumamente).

Bernardino Antonio GOMES

Nasceu em 1768, em Paredes de Couro. Em 1793, doutorou-se em Medicina pela Universidade de Coimbra. Faceleu em 1823, em Lisboa.

_____. *Memoria sobre a Ipecacuanha fusca do Brasil ou cipó das nossas boticas*. Lisboa, na Off. do Arco do Cego 1801.

_____. *Observações botanicomedicas sobre algumas plantas do Brasil, escriptas em latim e portuguez*. Lisboa, 1803.

_____. *Methodo de curar o tyfo, ou febres malignas contagiosas pela effusão da agua fria; ao qual se ajunta a theoria do tyfo, segundo os principios da Zoonomia de Darwin, a explicação do modo de obrar da effusão fria, e uma carta do doutor J. Currie com reflexões e observações sobre aquelle methodo*. Lisboa, na Typ. da Acad. Real das Sciencias, 1806.

_____. *Memoria sobre a canella do Rio de Janeiro, offerecida ao Principe do Brasil pelo Senado da Camara*. Rio de Janeiro 1809.

_____. "Ensaio sobre o cinchonino e sua influencia nas virtudes da quina", *Memórias de Mathemática e Physica da Academia das Sciencias*, 1812.

_____. "Memoria sobre as boubas", Memórias da Academia das Sciencias, 1805.

_____. "Memoria sobre a desinfecção das cartas", Memórias da Academia das Sciencias, 1815.

_____. "Ensaio Dermosographico, ou succinta e systematica descripção das doenças cutaneas, conforme os principios e observações dos Doutores Willan e Bateman. Lisboa, na Typ. da Acad. R. das Sciencias, 1820.

_____. Memoria sobre os meios de diminuir a Elephantiase em Portugal, e de aperfeiçoar o conhecimento e cura das doenças cutaneas. Offerecida ás Cortes de Portugal. Lisboa, na Off. de J. F. Monteiro de Campos 1821.

_____. Carta aos Medicos portuguezes sobre a elephantiase, noticiandolhes um novo remedio para a cura d'esta enfermidade. Lisboa, 1821.

_____. Memoria sobre a virtude tenifuga da romeira, com observações zoologicas e zoonomicas relativas á tenia. Lisboa, na Typ. da Acad. R. das Sc. 1822.

Francisco da Fonseca HENRIQUEZ

Nasceu em Mirandela, em 1665 e faleceu em Lisboa, em 1731. Formou-se em Medicina pela Universidade de Coimbra e foi médico de el rei D. João V.

_____. *Tratado único e administração do Azougue, nos casos em que é prohibido*.Lisboa 1708.

_____. *Medicina Lusitana e socorro delphico aos clamores da natureza humana, para total profligação de seus males*. Em casa de Miguel Diaz, 1710.

_____. *Âncora Medicinal para Conservar a Vida com Saúde*, Lisboa, na Oficina da Música, 1721.

_____. *Methodo de conhecer e curar o morbo*. Lisboa. 1715.

_____. *Aquilegio medicinal, em que se dá noticia das aguas de caldas, de fontes, rios, poços, lagoas, e cisternas do reino de Portugal e dos Algarves [...] dignos de particular memoria*. Lisboa Ocidental: na Officina da Musica, 1726.

José Francisco LEAL

Doutor e Lente de psicologia, matéria médica, e instituições medico-cirúrgicas na Universidade de Coimbra. Escreveu com o doutor Manuel Joaquim Henriques de Paiva. Não encontramos maiores dados sobre seu nascimento e morte.

_____. *Instituições ou Elementos de Farmacia, Extrahidos dos de Baumé, e reduzidas a novo methodo pelo Doutor Jozé Francisco Leal Lente de Materia Medica, e Instituições Medico-Cirurgicas na Universidade de Coimbra, para usa das suas Preleções Academicas, e em beneficio dos Alumnos de Medecina e Farmacia da mesma Universidade, ilustradas e acrescentadas com a vida sobre o dito Professor, e publicadas por Manoel Joaquim Henriques de Paiva. Medico em Lisboa*. Lisboa: Na Officina de Antonio Gomes, 1792.

Manuel Ferreira LEONARDO

Presbítero secular natural de Lisboa. Nasceu em 25 de abril de 1728, partiu em 1748 para o Pará em companhia do bispo da mesma diocese D. Fr. Miguel de Bulhões. Não há notícias da data de sua morte.

_____. *Noticia verdadeyra do terrivel contagio, que desde Outubro de 1748 até o mez de Mayo de 1749 tem reduzido a notavel consternação todos os Certões, terras, e Cidade de Bellém e Grão Pará...* Lisboa: na Officina de Pedro Ferreira, 1749.

_____. *Elogio funebre do P. M. Fr. Francisco de Sancta Maria*. Lisboa, na Offic. Pinheiriense da Musica, 1745.

_____. *Elogio fúnebre, panegyrico, laudatório e ecomiastico do insigne pintor Victorino Manuel da Serra*. Lisboa, por Pedro Alvares da Silva, 1748.

_____. *Elogio histórico, panegyrico e encomiástico do em. mo Sr. D. João da Motta e Silva, cardeal da Sancta Igreja Romana, e primeiro ministro da Coroa portugueza*. Lisboa, por Pedro Alvares da Silva, 1748.

_____. *Relação da viagem e entrada que fez o ex. mo e rev.mo Sr. D. Fr. Miguel de Bulhões e Sousa, Bispo do Pará, na sua diocese*. Lisboa, por Manuel Soares, 1749.

_____. *Desensado do povo, Passatempo divertido, alegria seria e jocosa para as fadigas de mayor disvelo e para as emprezas de mayor cuidado se offerece para lenitivo da magoa e recreyo da melancolia I. Parte.* Lisboa, Na Officina Pinheiriense de Musica. 1746.

Antonio Gomes LOURENÇO

Natural de Monte de Lobos (bispado de Coimbra). Estudou cirurgia, e Anatomia, em que saiu perito, que mereceu ser catedrático destas Faculdades em o Hospital Real de todos os Santos de Lisboa. Não há notícias das datas de nascimento e óbito.

_____. *Cirurgia clássica lusitana, anatômica, famaceutica, medica, recopilada, e deduzida da melhor doutrina dos escriptores antigos,* e dos... 1771.

_____. *Arte Phlebotomanica &c.* Lisboa, 1741.

_____. *Breve exame de Sangradores &c.* Lisboa, 1746.

Hipólito José da Costa Pereira Furtado MENDONÇA

Nasceu em 1774, na Colônia do Sacramento, graduou-se em Direito e Filosofia na Universidade de Coimbra, vindo a graduar--se em Direito e Filosofia. Escreveu sobre medicina. Morreu em 1823.

_____. *Diário da minha viagem para Filadélfia, 1789-1799*. Rio de Janeiro: Publicações da Academia Brasileira, 1955.

_____. *Narrativa da perseguição*. Brasília: Fundação Assis Chauteaubriand, 2001.

_____. *Memória sobre a viagem aos Estados Unidos. RIHGB,* vol.21, 1858. p.351-365.

_____. *Descripção da árvore assucareira, e de sua utilidade e cultura*. Lisboa: Typographia Chalcográphica e Litteraria do Arco do Cego, 1800.

_____. *Descripção de huma máquina para tocar a bomba a bordo dos navios sem o trabalho de homens*. Lisboa: Typographia Chalcográphica e Litteraria do Arco do Cego, 1800.

_____. *Cartas sobre a francomaçonaria*. Rio de Janeiro: Typ Imp Cons Seignot-Plancher C, 1833.

_____. *Correio Braziliense, ou, Armazém literário.* São Paulo: Imprensa Oficial do Estado/Brasília, F: Correio Braziliense, 2002. ("Edição fac-similar"). Volumes: XVI-XXIV

_____. *Memoria sobre a bronchocele*, ou Papo da America Septentrional, por Benjamim Smith Barton, doutor em Medicina, professor de materia medica, historia natural e botânica, na universidade de Pensilvania, traduzida e adaptada por Hyppolito José da Costa Pereira. Lisboa: Typographia Chalcographyca, Typoplastica e Litteraria do Arco do Cego, 1801.

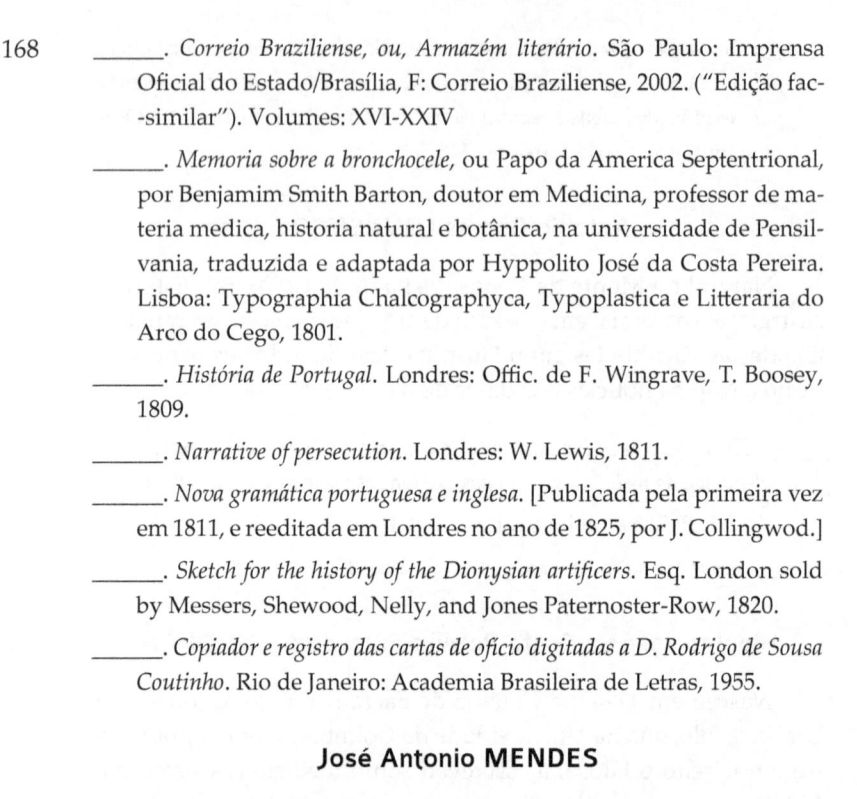

_____. *História de Portugal.* Londres: Offic. de F. Wingrave, T. Boosey, 1809.

_____. *Narrative of persecution.* Londres: W. Lewis, 1811.

_____. *Nova gramática portuguesa e inglesa.* [Publicada pela primeira vez em 1811, e reeditada em Londres no ano de 1825, por J. Collingwod.]

_____. *Sketch for the history of the Dionysian artificers.* Esq. London sold by Messers, Shewood, Nelly, and Jones Paternoster-Row, 1820.

_____. *Copiador e registro das cartas de oficio digitadas a D. Rodrigo de Sousa Coutinho.* Rio de Janeiro: Academia Brasileira de Letras, 1955.

José Antonio MENDES

Cirurgião nascido em Portugal, veio para a América na primeira metade do XVIII. Teve sua formação prática em Lisboa, no Hospital Real de Todos os Santos. Morreu no limiar do mesmo século.

_____. *Governo de mineiros mui necessario para os que vivem distantes de professores seis, oito dez, e mais legoas, padecendo por esta causa os seus domésticos e escravos queixas, que pela dilação dos remédios se fazem incuráveis, e a mais das vezes mortais.* Lisboa: Off Antonio Rodrigues Galhardo, 1770.

João Cardoso de MIRANDA

Cirurgião português, nasceu na Freguesia de S. Martinho de Cambres no ano de 1726. Medicou em diversas regiões do Brasil, com atenção especial às Minas. Morreu em 1773.

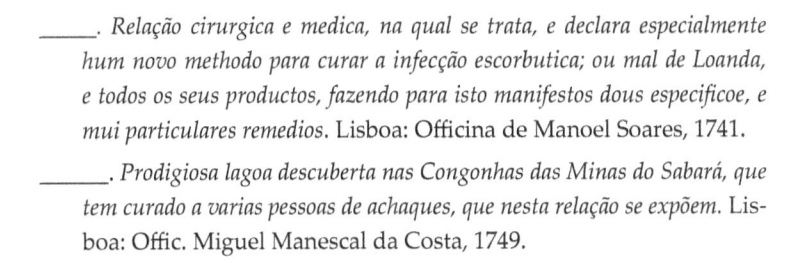

_____. *Relação cirurgica e medica, na qual se trata, e declara especialmente hum novo methodo para curar a infecção escorbutica; ou mal de Loanda, e todos os seus productos, fazendo para isto manifestos dous especificoe, e mui particulares remedios*. Lisboa: Officina de Manoel Soares, 1741.

_____. *Prodigiosa lagoa descuberta nas Congonhas das Minas do Sabará, que tem curado a varias pessoas de achaques, que nesta relação se expõem*. Lisboa: Offic. Miguel Manescal da Costa, 1749.

João Pedro Xavier do MONTE

Formado em medicina, atuou na vila de Santarém, sendo, provavelmente, natural desta vida. Faleceu por volta de 1788, na mesma localidade. Além de obras médicos, escreveu, também, alguns poemas.

_____. *O Homem medico de si mesmo, ou sciencia e arte nova de conservar cada um a si proprio a saude, e destruir a doença, dirigida ao bem commum*. Lisboa, 1760.

_____. *A Egidea, poema heroico, ou historia da portentosa vida do grande penitente S. Fr. Gil, portuguez*. Lisboa: Offic. de Simão Thaddeo Ferreira, 1788.

José Ângelo de MORAIS

Escreveu todas as obras sob o pseudônimo "José Maregelo de Osan", anagrama de seu nome. Não há informações sobre seu nascimento e morte.

_____. *Semanas proveitosas ao vivente racional, ou modos para curar a alma enferma, e adquirir sciencia dos segredos naturaes*: repartido em trinta semanas, nas primeiras quinze se curao a soberbam avareza, e gulla, que são cabeça originaria de todas as outres enfermedades: nas segundas se divulgao os naturaes segredos, que com tanto desvélo, e estudo procurárão indagar os antigos, e modernos escritores. Lisboa: Officina de Francisco Borges de Sousa, 1759.

_____. *Os Médicos Perfeitos: ou Novo Methodo de Curar todas as enfermidades, descoberto, e explicado pelos "Mestres de mais subtil engenho", e* applicado aos enfermos, pelos Doutores mais sábios. Lisboa: Oficina de Francisco Borges de Sousa, Nº VI, Lisboa, 1759.

_____. O Discípulo Instruído pelos Mestres mais Sábios nos segredos Natureaes das Sciencias, distribuído por semanas, em perguntas, e respostas, nas quaes terás, ó curioso leytor, não só lição, que te recree o animo, mas tambem (com pouco trabalho) adquirirás huma cabal noticia dos naturaes segredos, que com tanto desvelo, e estudo procurarão indagar os antigos, e modernos Escritores. Lisboa: Oficina de Francisco Borges de Sousa, 1759.

_____. Palestra Admirável, Conversação Proveitosa, E noticia universal do Mundo. Distribuída por números e semanas. Para emprego da ociosidade, desterro da melancolia, e lição para recrear, e instruir a todo o estado de pessoas. Lisboa: Oficina de Francisco Borges de Sousa, nº I ao nº XII, 1759; nº XIV ao nº XVIII, 1760.

_____. (ed.). Eccos, que o clarim da fama dá: postilhaõ de Apollo. Montado no pegazo, girando o Universo para divulgar ao Orbe literario as peregrinas flores da Poesia Portugueza, com que vistosamente se esmaltaõ os jardins das Musas do Parnazo. Academia Universal. Em a qual se recolhem os crstaes mais puros, que os famigerados Engenhos Lusitanos beberaõ nas fontes de Hipocrene, Helicona, e Aganipe. Ecco I. Dedicado ao nosso fidelissimo monarcha D. Joseph I. Lisboa: Offic. de Francisco Borges de Souza, 1761.

_____. Despertador de Marte, instrucçoens militares: aos soldados portuguezes, que na prezente guerra defendem o Rey, o reyno, e a razão. Lisboa: Offic. deFrancisco Borges de Souza, 1762.

Simão Pinheiro MOURÃO (1618 – 1685)

Português da Beira Baixa, nasceu em 1618. Empreendeu seus primeiros estudos em Coimbra, até 1635, ano em que seguiu para Coimbra. Após três anos, mudou-se para Salamanca a fim de cursar medicina, mas a revolução de primeiro de Dezembro de 1640 a que aderiu fez com que regressasse a Coimbra, onde concluiria a formatura. Escreveu e divulgou, sob o pseudônimo de Romão Mosia Reinhipo, anagrama do seu nome, diversas obras. Faleceu em Recife, no ano de 1685.

_____. *Queixas repetidas em ecos dos arrecifes de Pernambuco contra os abusos médicos que nas suas capitanias se observam tanto em dano das vidas de seus habitadores*. Leitura, explicação e nótulas do Dr. Jaime Walter. Lisboa: Junta de investigações do Ultramar, 1965.

_____. *Tratado unico das bexigas, e sarampo*. Lisboa: Officina de João Galrão, 1683.

Manuel Joaquim Henriques de PAIVA (1752 – 1829)

Nascido em Castelo Branco, região da Beira Baixa (Portugal), em 1752. Obteve carta de cirurgia em 1744. Faleceu em 1829, na cidade de Salvador.

_____. *Dissertatio medica de actione vesicantium in corpus vivum in aphorismos digesta, etc*. Madrid: [s. n.], 1776.

_____. *Instituições de cirurgia theorica e pratica que comprehendem a physiologia e a pathologia geral e particular*. Lisboa: Officina de Fillipe da Silva e Azevedo, 1780-1786.

_____. *Directorio para saber o modo, e o tempo de administrar o alkalino volatil fluido nas asphyxias, ou mortes apparentes, nos afogados, nas apoplexias, nas mordeduras de viboras, de lacráos e outros insectos, nas queimaduras, na raiva, e outras muitas enfermidades*. Lisboa: Regia Officina Typographica, 1782.

_____. *Elementos de chimica e pharmacia relativamente à medicina, às artes e ao commercio*. Lisboa: Academia das Sciencias, 1783; 1786.

_____. *Pharmacopéa lisbonense ou collecção dos simplices, preparações e composições mais efficazes e de maior uso*. Lisboa: Officina de Fillipe da Silva e Azevedo, 1785; 1802.

_____. *Methodo novo e facil de applicar o mercurio nas enfermidades venereas com uma hypothese nova da acção do mesmo mercurio nas vias salivares* pelo Dr. José Jacob Plenck. Tradução do latim em português. Lisboa: Offic. Patriarchal, 1785.

_____. *Os ultimos momentos de Maria Thereza, imperatriz da Allemanha*. Tradução do francês. Lisboa: [s.n.], 1785.

_____; FERREIRA, José Henriques. *Discurso critico, em que se mostra o damno que tem feito aos doentes, e aos progressos da medicina em todos os tem-*

pos, a introducção e uso de remedios de segredo, e composições occultas, não só pelos charlatões, e vaga-mundos, mas tambem pelos medicos, que os tem imitado Medicina. Lisboa: Offic. de Fillipe da Silva e Azevedo, 1785.

_____. *Instituições de cirurgia theorica e pratica que comprehendem a physiologia e a pathologia geral e particular, extrahidas do Compendio das instituições de cirurgia e de outras obras do dr. José Jacob Plenck, e notavelmente accrescentadas.* Lisboa: [s.n.], 1786.

_____. *Doutrina das enfermidades venereas do dr.José Jacob Plenck.* Tradução do latim para o português, ilustrada e acrescentada com notas e a relação dos principais métodos de curar as doenças venéreas, recopilada das observações feitas e publicadas por ordem do Ministério da França acerca dos vários métodos de administrar o mercúrio por Dr. Horne e com as cautelas que se devem usar na administração do mercúrio pelo Dr. Duncan, traduzidas do francês e inglês. Lisboa: Offic. de Felippe da Silva e Azevedo, 1786.

_____. *Aviso ao povo sobre a asphyxias ou mortes apparentes e sobre os socorros que convem aos afogados, às crianças recem-nascidas com apparencia de mortas e aos suffocados por uma paixão vehemente d'alma, pelo frio ou pelo calor excessivo, pelo fumo do carvão e pelos vapores corruptos dos cemitérios, poços, cloacas, canos, prisões.* Lisboa: [s.n.], 1786.

_____. *Divisão methodica dos animaes mamaes conforme a distribuição de Scopoli.* Lisboa: [s.n.], 1786.

_____. *Divisão methodica dos animaes mamaes conforme o methodo de Linneu.* Lisboa: [s.n.], 1786.

_____. *Divisão methodica dos quadrupedes conforme o methodo de mr. Brisson.* Lisboa: [s.n.], 1786.

_____. *Divisão methodica das aves conforme o methodo de Scopoli.* Lisboa: [s.n.], 1786.

_____. *Divisão methodica das aves conforme o methodo de mr. Brisson.* Lisboa: [s.n.], 1786.

_____. *Divisão methodica das aves conforme o methodo de Linneu.* Lisboa: [s.n.], 1786.

_____. *Divisão dos amphibios de Linneu.* Lisboa: [s.n.], 1786.

_____. *Divisão methodica dos amphibios conforme o methodo de Scopoli.* Lisboa: [s.n.], 1786.

_____. *Divisão methodica dos peixes conforme o methodo de Gouan*. Lisboa: [s.n.], 1786.

_____. *Divisão methodica dos peixes conforme o methodo de Scopoli*. Lisboa: [s.n.], 1786.

_____. *Aviso ao povo acerca de sua saude por mr.Tissot*. Tradução para o português, e acrescentado com notas, ilustrações e um tratado das enfermidades mais frequentes de que não tratou Dr. Tissot na referida obra. Lisboa: [s.n.], 1786.

_____. *Memoria chimico-agronomica sobre quaes são os meios mais convenientes de supprir a falta de estrumes nos logares onde é difficil havel-os*. Lisboa: [s.n.], 1787.

_____. *Aviso ao povo ou summario dos preceitos mais importantes concernentes à criação das crianças, de differentes profissões e officios, aos alimentos e bebidas, ao ar, ao exercício, ao somno, aos vestidos, à intemperança, à limpeza, ao contagio, às paixões*. Lisboa: Offic. Morazziana, 1787.

_____. *Aviso ao povo ou signaes e symptomas das pessoas envenenadas com venenos corrosivos, como seneca, solimão, verdete, cobre, chumbo, etc., e dos meios de as soccorrer*. Lisboa: Offic. Morazziana, 1787.

_____. *Sumário dos preceitos mais importantes concernentes educação das crianças, às diferentes profissões e ofícios*. Lisboa: [s.n.], 1787.

_____. *Medicina domestica, ou tratado de prevenir e curar as enfermidades, com o regimento e medicamentos simplices, escrito em inglês pelo dr.Guilherme Buchan, traduzido em português com várias notas e observações concernentes ao clima de Portugal e do Brasil, com o receituário correspondente, e um apêndice sobre os hospitais navais*. Lisboa: Officina Morazziana / Typographia Rollandiana, 1788.

_____. *Memorias de Agricultura, premiadas pela Academia Real das Sciencias de Lisboa em 1787 e 1788*. Lisboa: Officina da Real Academia das Sciencias, 1788-1791.

_____. *Provisão do desembargo do paço de 15 de fevereiro de 1785, na qual se concedeu faculdade á Camara da villa de Almada, de augmentar o partido do medico da mesma villa, e condições que o medico do referido partido é obrigado a cumprir na conformidade da dita provizão*. Lisboa: Officina Morazziana, 1788.

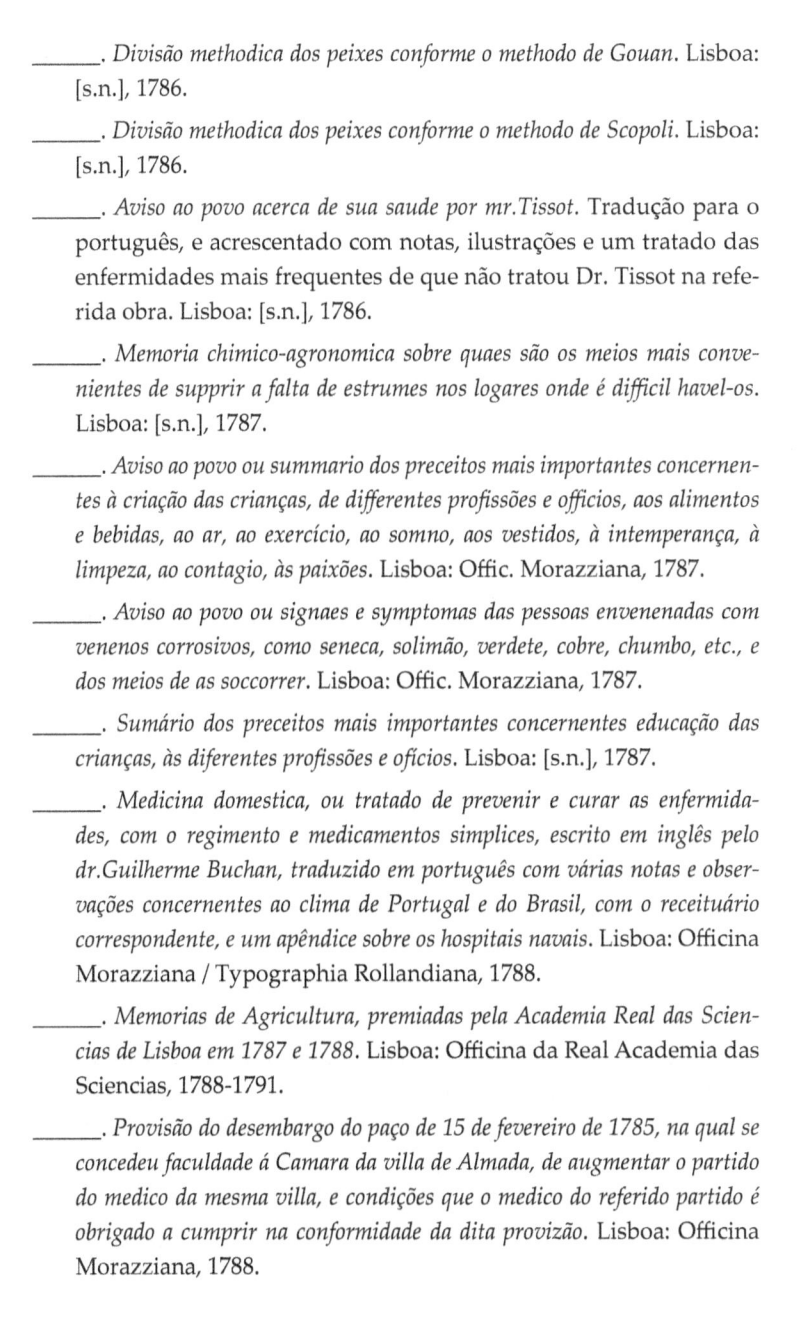

_____. *Observações praticas sobre a tisica pulmonar, escriptas em inglez pelo dr. Samuel Foart Simmons*. Tradução em latim pelo dr. Van-Zandiche, e em português acrescentadas com notas e observações. Lisboa: Officina dos Herdeiros de Domingos Gonçalves, 1789.

_____. *Memorias de história natural, de chimica, de agricultura, artes e medicina, lidas na Academia Real das Sciencias*. Lisboa: Typographia Nunesiana, 1790.

_____. *Tradução de "Methodo de restituir a vida às pessoas apparentemente mortas por afogamento ou suffocação, recommendado pela sociedade humanitaria de Londres, e descripção e figura do respirador de Mudge com a maneira de usar delle*. Lisboa: Typ. Nunesiana, 1790.

_____. *Collecção de alguns casos ou observações de medicina*. Lisboa: [s.n.], 1790.

_____. *Maximas geraes sobre agricultura, industria e commercio*. Lisboa: [s.n.], 1790.

_____. *Descripção da dedaleira, ou digitalis*. Lisboa: [s.n.], 1790.

_____. *Tratado theorico e pratico das chagas, precedido de hum ensaio sobre o tratamento cirurgico da inflammação e suas consequencias; e terminando por huma dissertação acerca dos tumores brancos das articulações*. Lisboa: João Procopio Correa de Silva, 1790.

_____. *Tradução de "Methodo seguro e facil de curar o gallico por J. J. Gardone, traduzido em vulgar para servir de supplemento ao Aviso ao povo, do dr. Samuel-August Tissot e à Doutrina das enfermidades venereas, do dr. Plenck"*. Lisboa: Offic. de Antonio Gomes, 1791.

_____. *Pharmacopea Collegii Regalis Medicorum Londinenses*. Additamentis et animadversionilms aucta, ab Emmanuele Joachino Henriquio de Paiva. Lisboa: Ex-Typographia Regalis Academiae Scientiarum Olisiponenesis, 1791.

_____. *Instituições ou Elementos de Farmácia, extraidos dos de Baumé, e reduzidas a novo método pelo doutor José Francisco Leal, lente de Matéria Médica, e Instituições Médico-cirúrgicas na universidade de Coimbra, para uso das suas preleções acadêmicas, e, em benefício dos Alunos de Medicina e Farmácia da mesma universidade, ilustradas e acrescentadas com a vida do sobredito professor, e publicadas por Manuel Joaquim Henriques de Paiva, médico em Lisboa*. Lisboa: na Oficina de Antônio Gomes, 1792.

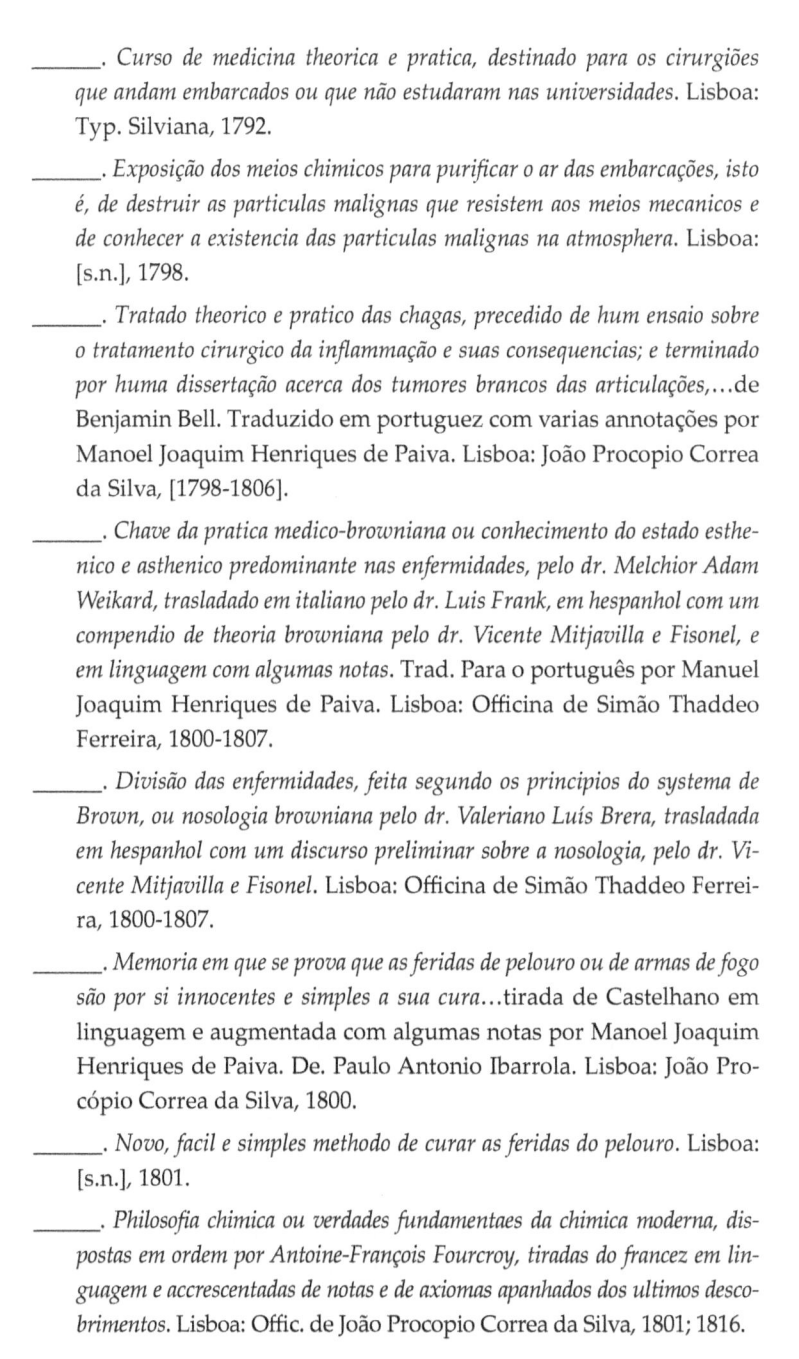

_____. *Curso de medicina theorica e pratica, destinado para os cirurgiões que andam embarcados ou que não estudaram nas universidades*. Lisboa: Typ. Silviana, 1792.

_____. *Exposição dos meios chimicos para purificar o ar das embarcações, isto é, de destruir as particulas malignas que resistem aos meios mecanicos e de conhecer a existencia das particulas malignas na atmosphera*. Lisboa: [s.n.], 1798.

_____. *Tratado theorico e pratico das chagas, precedido de hum ensaio sobre o tratamento cirurgico da inflammação e suas consequencias; e terminado por huma dissertação acerca dos tumores brancos das articulações,*...de Benjamin Bell. Traduzido em portuguez com varias annotações por Manoel Joaquim Henriques de Paiva. Lisboa: João Procopio Correa da Silva, [1798-1806].

_____. *Chave da pratica medico-browniana ou conhecimento do estado esthenico e asthenico predominante nas enfermidades, pelo dr. Melchior Adam Weikard, trasladado em italiano pelo dr. Luis Frank, em hespanhol com um compendio de theoria browniana pelo dr. Vicente Mitjavilla e Fisonel, e em linguagem com algumas notas*. Trad. Para o português por Manuel Joaquim Henriques de Paiva. Lisboa: Officina de Simão Thaddeo Ferreira, 1800-1807.

_____. *Divisão das enfermidades, feita segundo os principios do systema de Brown, ou nosologia browniana pelo dr. Valeriano Luís Brera, trasladada em hespanhol com um discurso preliminar sobre a nosologia, pelo dr. Vicente Mitjavilla e Fisonel*. Lisboa: Officina de Simão Thaddeo Ferreira, 1800-1807.

_____. *Memoria em que se prova que as feridas de pelouro ou de armas de fogo são por si innocentes e simples a sua cura...tirada de Castelhano em linguagem e augmentada com algumas notas por Manoel Joaquim Henriques de Paiva. De. Paulo Antonio Ibarrola*. Lisboa: João Procópio Correa da Silva, 1800.

_____. *Novo, facil e simples methodo de curar as feridas do pelouro*. Lisboa: [s.n.], 1801.

_____. *Philosofia chimica ou verdades fundamentaes da chimica moderna, dispostas em ordem por Antoine-François Fourcroy, tiradas do francez em linguagem e accrescentadas de notas e de axiomas apanhados dos ultimos descobrimentos*. Lisboa: Offic. de João Procopio Correa da Silva, 1801; 1816.

_____. *Preservativo das bexigas e de seus terríveis estragos ou historia da origem e descobrimento da vaccina, dos seus effeitos ou symptomas, e do methodo de fazer a vaccinação*. Lisboa: Offic. Patr. de Joaõ Procopio Correa da Silva, 1801.

_____. *Exposição de Manuel Joaquim Henriques de Paiva sobre a administração do armazém das boticas da Marinha Real, de que é director, enviando as contas dos medicamentos do mês de Agosto*. Lisboa, 01/09/1801.

_____. *Tratado theorico e pratico das chagas, precedido de hum ensaio sobre o tratamento cirurgico da inflammação e suas consequencias; e terminado por huma dissertação acerca dos tumores brancos das articulações, por Benjamin Bell, traduzido da quarta edição ingleza e augmentado com muitas notas e illustrações*. Lisboa: Offic. Patr. de João Procopio Correia da Silva, 1802.

_____. *Compendio das enfermidades venereas, pelo dr. J.F. Fritez, traduzido e accrescentado com notas*. Lisboa: Officina de Antonio Rodrigues Galhardo, 1802.

_____. *Noticias dos mappas synopticos de chimica, para servirem de resumo às lições dadas sobre esta sciencia nas escolas de Paris, por Antoine-François de Fourcroy, vertidas em linguagem e accrescentadas*. Lisboa: [s.n.], 1802.

_____. *Tábuas sinópticas de Química, de Fourcroy*. Lisboa: [s.n.], 1802. – "Bosquejo sobre a physiologia ou sciencia dosphenomenos do corpo humano no estado de saude. Lisboa: [s.n.], 1803.

_____. *Reflexões sobre a communicação das enfermidades contagiosas por mar e sobre aas quarentenas que se fazem em alguns paizes*. Lisboa: Offic. de João Procopio Corrêa da Silva, 1803.

_____. *Ensaio sobre a nova doutrina de Brown em forma de carta por M. Rizo, de Constantinopla, vertido em linguagem*. Lisboa: Nova Officina de João Rodrigues Neves, 1807.

_____. *Pharmacopea naval ou colleção dos medicamentos simples e compostos que cumpre haver nas boticas dos navios*. Lisboa: [s.n.], 1807.

_____. *Fundamentos botanicos de Carlos Linneu, que expoem em forma de aphorismos a thoeria da sciencia botanica, vertidos do latim em portuguez, illustrados e augmentados*. Lisboa: [s.n.], 1807.

_____. *Indagações Physiologicas sobre a Vida e a Morte por Xavier Bichat.* Rio de janeiro: [s.n.], 1812.

_____. *Da febre e da sua cura em geral ou novo e seguro methodo de curar facilmente por meio dos acidos mineraes todas as especies de febres, pelo dr. Gotofredo Cristiano Reich, traduzido do allemão em francez pelo dr. Marc e do francez para o portuguez com anotações.* Bahia: Typ. de Manoel Antonio da Silva Serva, 1813.

_____. *Memória sobre a excellencia, virtudes e uso medicinal da verdadeira agua de Inglaterra da invenção do dr. J. de Castro Soares, actualmente preparada por José Joaquim de Castro.* Bahia: Typ. de Manuel Antonio da Silva Serva, 1815.

_____. *Memória sobre a encephalocelle.* Bahia: [s.n.], 1815.

_____. *Prospecto de um systema de medicina simplicissimo ou illustração e confirmação da nova doutrina medica de Brown, pelo dr. Melchior Adam Weikard, traduzido do allemão em italiano pelo dr. J. Frank.* Bahia: Typ. de Manuel Antonio da Silva Serva, 1816.

_____. *Filosofia Química ou verdades fundamentais da química moderna, de Fourcroy.* Rio de Janeiro: [s.n.], 1816.

_____. *Manual de medicina e cirurgia pratica, fundado sobre o systema de Brown, pelo dr. Melchior Adam Weikard, tradução livre da 2ª edição allemã em italiano pelo dr. Brera e tirada em linguagem com anotações.* Bahia: Typ. de Manoel Antonio da Silva Serva, 1818-1819.

_____. *Diccionario de botanica.* Bahia: [s.n.], 1819.

_____. *Extracto e traducções de medicina, chimica e pharmacia.* [s.l.]: [s.n.], [s.d.].

_____. *Catalogos das plantas medicinaes brasileiras com breves descripções das mesmas e seus usos medicos.* [s.l.]: [s.n.], [s.d.].

_____. *Alguns rudimentos de um dispensatorio brasileiro.* [s.d.]: [s.n.], [s.d.].

_____. *Extractos de diversos autores, de uma historia brasileira.* [s.d.]: [s.n.], [s.d.].

_____. *Discurso Farmacêutico por Manoel Joaquim Henriques de Paiva, diretor da Farmácia da Academia.* [Rio de Janeiro]: [s.n.], [1772].

_____. *Lições elementares de tinturaria das lans. Jornal Encyclopédico.* Lisboa: [s.n.], [s.d.].

_____. *Observações sobre o uso da Saponaria oficinal e do Astragalus excapus nas enfermidades venéreas, tradução de Jurine e Guerin*. Lisboa: [s.n.], [s.d.].

_____. *Observações sobre uma estratégia periódica, curada por meio do azougue*. Lisboa: [s.n.], [s.d.].

_____. *Memória do descobrimento da Ichtyocolla vulgarmente chamada de Cola, Goma ou Grude de Peixe*. Lisboa: [s.n.], [s.d.].

_____. *Relação dos principais métodos de tratar as doenças venéreas, de Morne*. [s.l.]: [s.n.], [s.d.].

Miguel Dias PIMENTA

Nasceu em 1661, em Portugal. Mudou-se para o Recife, onde tentou fortuna como comerciante. Era familiar do Santo Ofício. Não era diplomado. Morre em 1715.

_____. *Noticias do que he o achaque do bicho, diffiniçam do seu crestamento, subimento corrupção, sinaes, & cura até, o quinto grao, ou intensão delle, suas differenças, & conplicações, com que se ajunta*. Lisboa: Officina de Miguel Manescal, 1707.

João Ferreira da ROSA

Não se conhecem dados biográficos de nascimento e óbito. Graduou-se médico pela Universidade de Coimbra.

_____. *Tratado único da constituiçam pestilencial de Pernambuco oferecido a El Rey N. S. por ser servido ordenar por seu governador aos médicos da America, que assistem onde há este contagio, que o compusessem para se conferirem pelos Coripheos da Medicina aos dictames com que se trata esta pestilencial febre*. Lisboa: Officina de Miguel Manescal, 1694.

Antonio Nunes Ribeiro SANCHES

Médico, filósofo e pedagogo, nasceu em 1699. Estudou em Montpellier e foi responsável pela redação dos Estatutos da Universidade de Coimbra. Morre em 1783.

_____. *Dissertation sur l'origine de la maladie venerienne, pour prouver que le mal n'es pas venu d'Amerique, mais qu'il a commencé en Europe, par une Epidemie*. Paris: Durand, 1752.

_____. *Tractado da conservação da Saude dos Povos*: obra util e necessaria aos magistrados, capitães generaes, capitães de mar e guerra, prelados, abbadessas, medicos e paes de familias. Com um appendix. Considerações sobre os terremotos, com a noticia dos mais consideraveis de que faz menção a historia, e dos ultimos que se sentiram na Europa desde o 1º de Novembro de 1755. Paris: Bonardes e du Beux, 1756.

_____. *Cartas sobre a educação da Mocidade*. Colonia: 1760.

_____. *Fundamentos da Sociedade christã e politica, obra novamente dada á luz, e offerecida a todos os bons e fieis portuguezes*. 1760.

_____. *Methodo para aprender a estudar a Medicina, illustrado com os apontamentos para estabelecer-se uma Universidade Real, na qual deviam aprender-se as Sciencias humanas, de que necessita o estado civil e politico*. 1763.

_____. *Mémoire sur les bains de vapeur de Russie, considérés pour la conservation de la santé et pour la guérison de plusieurs maladies*. Paris.

_____. *Discurso Sobre as Águas de Penha Garcia*. 1726.

_____. *Affections de l'âme*, Encyclopédie Méthodique, Médecine, T. I, Paris, Panckoucke, 1787.

_____. *Cristãos Novos e Cristãos Velhos em Portugal*. Covilhã: Univ. da Beira Interior, 2003.

_____. *Dificuldades que tem um reino velho em emendar-se e outros textos*, colectânea de textos apresentada por Vitor de Sá. Porto: Editorial Inova, 1971.

_____. *Dos sítios mais sadios para fundar cidades*. Lisboa, s/d.

_____. *Projecto de instruções para um professor de cirurgia*, separata de Folia Anatomica Universitatis Conimbrigensis, 31 (1), 1956.

João Curvo SEMMEDO

Nasceu em Monforte, Portugal, 1635 e faleceu em Lisboa, no ano de 1719. Formou-se na Universidade de Coimbra.

_____. *Tratado da peste*. Offerecido ao ill.mo e ex.mo sr. Manuel Telles da Silva, conde de Villar-maior. Lisboa: João Galrão, 1680.

_____. *Polyanthea medicinal, noticias galenicas, e chymicas repartidas em tres tractados*. Dedicadas as saudosas memorias...do Cardeal de Sousa Arcebispo de Lisboa. Lisboa: Miguel Deslandes, 1697.

_____. *Manifesto que o doutor João Curvo Semmedo, medico, morador em Lisboa, faz aos amantes da saude e attentos ás suas consciencias*. Lisboa: Valentim da Costa Deslandes, 1706.

_____. *Observaçoens médicas doutrinaes de cem casos gravissimos, que em serviço da patria, & das naçoes estranhas escreve em linguaportugueza, & latina Joam Curvo Semmedo*, ...offerecidas ao ilustrissimo, senhor Ruy de Moura Telles, arcebispo de Braga primaz das Hespanhas. Lisboa: Officina de AntonioPedrozo Galram,1707.

_____. *Observationes aegritudinum fere incurabilium*. Ulyssipone Occidentali, Paschoalis á Sylva Serenissimi Regis Typographi, 1718.

_____. *Atalaya da vida contra as hostilidades da morte; fortificada e guarnecida com tantos defenssores, quantos são os remedios, que no discurso de cincoenta&oytoannos experimentou João Curvo Semmedo*, ...offerecida a ChristoJesu Crucificado. Lisboa Occidental: na officinaFerreyrenciana, 1720.

_____. *Memorial de varios simplices: que da India Oriental, da America, e de outras partes do mundo vem ao nosso reino para remedio de muitas doenças*. Lisboa: [s. n.], 1720.

_____. *Memoria dos remedios exquizitos, que da India, e outras partes vem a este Reyno, em que çe declarão as suas virudes, e as condiçoens com que se aplicão*. Vitembergæ:. Ex Officina Typographico-libraria Gerdesiana, 1722.

_____. *Pugillua rerum indicarum quo comprehenditur historia variorum simplicium ex India Orientali, America, Allisque orbis terrarum partibus allatorum*. Vitembergae: Ex Officina Typographico, 1722.

_____. *Secretos medicos y chirurgicos*. Madrid: Bernardo Peralta, 1731.

_____. *Ilustracion y publicacion de los diez y siete secretos*. Madrid: Imp. de Domingo Fernandez de Arrojo, 1732.

_____. *Ricette di vari rimedi orientali: cavate la maggior parte dalle osservazioni mediche del celeberrimo signor dottor Curvo...* Roma: Generoso Salomoni, 1751.

_____. *Compêndio dos segredos madicinaes, ou remedios Curvianos que inventou, e compôs o Doutor João Curvo Semmedo, mandado imprimir por Manuel José Curvo Semmedo, actual manipolador e administrador dos ditos remédios.* Lisboa: Oficina de José de Aquino Bulhões, 1783.

_____. *Manifesto em que se prova com gravissimos auctores, que se podem dar purgas, estando os humores crus.*

_____. *Tratado do ouro diaphoretico, sua preparação e virtudes.*

Ângelo de SIQUEIRA

Nasce no Brasil, em 1707, e morreu em 1776, no Rio de Janeiro.

_____. *Botica Preciosa, E Thesouro Precioso da Lapa, Em que como em Botica, e Thesouro se achão todos os remedios para o corpo, para a alma, e para a vida, E huma receita das vocaçoens dos Santos para remedio de todas as enfermidades, e varios remedios, e milagres de N. Senhora ãa Lapa, e muitas Novenas, ãevoçoens, e avisos importantes para os pays ãe familia ensinarem a Doutrina Christã. Composta, & Des- cuberto pelo Missionário Apostolico Angelo de Sequeira, Protonotario Apostolico de S. Santidade, do habito de São Peãro natural ãa Cidade ãe S. Paulo Dedicada E Offerecido [sic] ao Sereníssimo Rey D. Joseph I. Deste Nome.* Lisboa:Na Offic. de Miguel Rodrigues Impressor do Eminentíssimo S. Card. Patriarca. 1754.

_____. *Pedra Iman da Novena da milagrosissima Senhora da Lapa, Que se venera nos seus Seminarios do Rio de Janeiro e Campo de Guaitacazes, e mais Igrejas, Capellas, e Altares nos bispados de S. Paulo, e Rio de Janeiro, e mais partes do Brasil. Composta pelo Missionário Apostolico Angelo de Sequeira do Habito de S. Pedro, natural de S. Paulo, Protonotario Apostolico e S. Santidade. Offereciãa á mesma Senhora da Lapa, e dada a luz por Soror Cecilia da Gloria, Observantissima Religiosa ão Convento do Calvario.* Lisboa, Na Offic. de Miguel Rodrigues. 1755.

_____. *Livro do Vinde, E Vede, e do sermam do dia do juizo universal, em que se chama a todos os viventes para Virem, E Verem Humas leves sombras ão ultimo ãia o mais tremendo, e rigoroso do mundo. Offerecido ao serenís-*

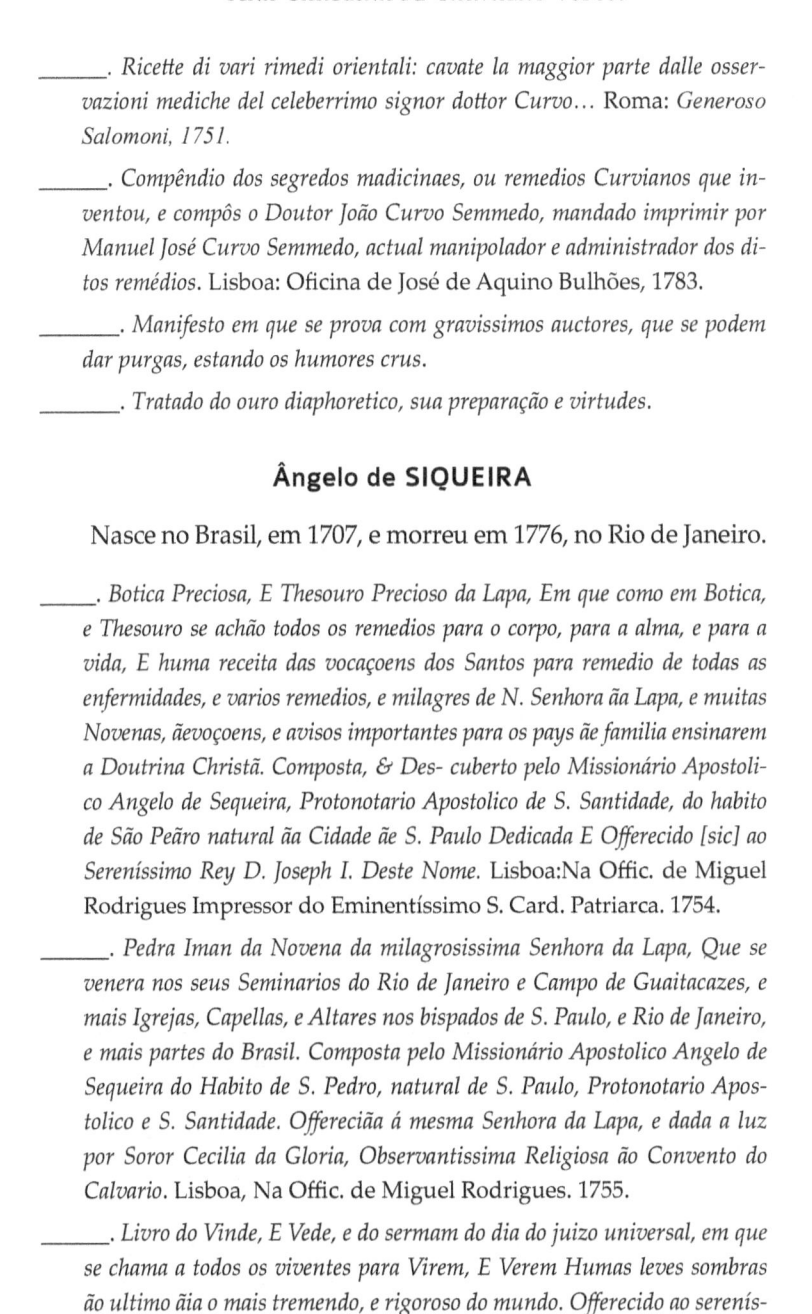

simo senhor D. Peāro Infante de Portugal, Pelo seu mais humilde criado Angelo āe Sequeira Pobre Missionário Apostolico, e Pro- thonotario de Sua Santidade, do Habito de S. Pedro, e natural da Cidade de S. Paulo. Lisboa: Na Officina de Antonio Vicente da Silva, 1758.

Manoel Vieira da SILVA

Nascido em 1723, formou-se na Universidade de Coimbra e trabalhou como físico-mor no Brasil. Morreu em 1826.

_____. *Reflexões sôbre alguns dos meios propostos por mais conducentes para melhorar o clima na cidade do Rio de Janeiro.* Rio de Janeiro: Imprensa Régia, 1808.

Francisco TAVARES

Acredita-se que nasceu nos idos de 1750. Foi doutor e lente da Faculdade de Medicina da Universidade de Coimbra. Seu óbito data de 1812.

_____. *Pharmacologia Libellus.* Conimbricae, 1786.

_____. *Medicamentorum sylloge propria pharmacologiae exempla sistens.* 1787.

_____. *Advertencia sobre o abuso, e legitimo uso das aguas mineraes das Caldas da Rainha. Publicadas de ordem da Academia Real das Sciencias.* Lisboa: Na typ. da mesma Academia, 1791.

_____. *Pharmacopea Geral para o Reino, e dominios de Portugal, publicada por ordem da Rainha Fidelissima D. Maria I.* / [por Francisco Tavares]. – Lisboa: Na Regia Officina Typografica, 1794. – T. 1: *Elementos de Pharmacia*; T. 2: *Medicamentos simplices, preparados, e compostos.* [BN: SA 19878-9 P]

_____. *Instrucções e cautelas practicas sobre a natureza, differentes especies, virtudes em geral, e legitimo uso das aguas mineraes... Com a noticia d'aquellas que são mais conhecidas em cada uma das provincias do reino de Portugal.* Coimbra: Na R. Imp. Da Univ., 1810.

_____. *Pharmacologia novis recognita curis, aucta, emendata, et hodierno século accommodata, in usum praelectionum Academicarum Conimbricensium.* Conimbricae: Typ. Academ., 1809.

_____. *Observações e reflexões sobre o uso proveitoso e saudável da quina na gota*. (Em portuguez e latim.)Lisboa: na Reg. Offic. Typ., 1802.

_____. *Manual de gotosos e de rheumaticos, para uso dos proprios enfermos*. Coimbra: Real Imp. da Univ., 1810.

_____. *Dissertação de um feto monstruoso, nascido em Coimbra em 20 de Novembro de 1791*. In: *Mem. Da Acad. R. das Sc.*, tomo 2.

Luís António VERNEY (1713 – 1792)

Nasceu em Lisboa, em 1713, e morreu com 79 anos, no ano de 1792. Estudou Teologia e incursionou no terreno médico em seu "Verdadeiro método de estudar".

_____. *Verdadeiro método de estudar, para ser util à Republica, e à Igreja: proporcionando ao estilo, e necesidade de Portugal*. Exposto em varias cartas, escritos polo R. P. *** Barbadinho da Congresan de Italia, ao R. P. Doutor na Universidade de Coimbra. Tomo Primeiro. Valensa: Na Oficina de Antonio Balle, 1746.

_____. *Resposta as reflexoens que o R. P. M. Fr. Arsenio da Piedade Capucho fez as livro intitulado: Verdadeiro metodo de estudar*. Escrita por outro Religioso da dita Província para dezagravo da mesma Religiam, e da Naçam. Valensa: na oficina de Antonio Balle, 1748.

_____. *Oração de Luiz Antonio Verney, cavalleiro Torquato, Arcediago de Evora, na morte de D. João V, rey fidelissimo de Portugal, aos cardeaes*.

_____. *Carta de um filologo de Espanha a outro de Lisboa à cerca de certos elogios lapidares*. 1749

_____. *Parecer do Doutor Apolonio Philomuso Lisboense, dirigido a um grande prelado do reino de Portugal, acerca de um papel intitulado Retrato de Mortecor*. Salamanca: Na Oficina de Garcia Onorato, 1750.

João VIGIER

Nascido em 1662, graduou-se em Coimbra. Morreu em 1723.

_____. *Farmacopeia Ulissiponense, galenica e chymica, que contem os principios, deffiniçoens e termos gerais de uma e outra Pharmacia*. 1716.

_____. *Thesouro Apollineo, Galenico, Chimico, Cirurgico, Pharmaceutico.* Na Offician Real Desalencsiana. Lisboa, 1714.

_____. *Historia das plantas da Europa e das mais uzadas que vem da Asia, da Affrica e da América.* Onde ve se suas figuras, seus nomes, em tempo florecem & o lugar onde nacem. Com um breve discurso de suas Qualidades e Virtudes especificas. Dividida em dois volumes, & acomodada na forma do grande Pinax de Gaspar Bauhino. Por Joaon Vigier, Offerecida Ao Em°. Snor. Cardeal D. Nunno da Cunha Inquisidor Geral &c. EM LION, Na Officina de ANISSON, POSUEL, & RIGAUD, 1718, 2 v.

_____. *Cirurgia anatomica, e completa por perguntas, e respostas, que contèm os seus principios, a osteologia, a myologia, os tumores, as chagas, as feridas simplices, e compostas, as de armas de fogo, o modo de curar o morbo gallico, e o scorbuto, e a applicaçaõ das ataduras, e aparelhos, as fracturas, dislocaçoẽs, e todas as operaçoẽs cirurgicas: O modo de fazer a panacèa mercurial, e de compór os remedios mais usados na cirurgia.* Tradução da obra de Le Clere Lisboa: Officina de Viuva de Ignacio Nog. Xisto, 1768.

Referências bibliográficas do glossário:

ALMEIDA, Argus Vasconcelos de. *Descrição e tratamento do transtorno da "mania" em Pernambuco segundo o médico Simão Pinheiro Morão (c. 1618-1685),* Psychiatry on line Brasil, vol. 13, n. 11, 2008.

ANDRADE, Gilberto Osório de; DUARTE, Eustáquio. *Morão, Rosa e Pimenta.* Pernambuco: Arquivo Público Estadual, 1956.

BEAUVAIS, Charles-Théodore; Barbier, Antoine-Alexadre. *Biographie universelle classique: ou, Dictionnaire historique portatif,* 1829.

BOSI, Alfredo. *Historia concisa da literatura brasileira.* São Paulo: Cultrix, 2006. p.80.

DICIONÁRIO *Histórico-Biográfico das Ciências da Saúde no Brasil (1832-1930)*

FILGUEIRAS, Carlos A. L. *A medicina no encontro de culturas: Portugal e a Europa, Portugal e o Brasil. Revista Atalaia Intermundos,* Universidade de Lisboa, nº 6-7, 2000.

FURTADO, Júnia Ferreira (Org.). *Erário Mineral/Luis Gomes Ferreira.* Belo Horizonte: Fundação João Pinheiro, Centro de Estudos Históricos e Culturais: Rio de Janeiro: Fundação Oswaldo Cruz, 2002.

FURTADO, Júnia Ferreira. Barbeiros, cirurgiões e médicos na Minas colonial. *Revista do Arquivo Público Mineiro*, n. 41, p. 88-105, 2005.

HERSON, Bella. *Cristãos-novos e seus descendentes na medicina brasileira (1500-1850)*. São Paulo: Editora da Universidade de São Paulo, 2003. p. 201-202.

MACHADO, Diogo Barbosa. *Bibliotheca Lusitana Historica, Critica, e Cronologica. Na Qual se compreende a noticia, Authores Portuguezes, e das Obras, que compuzerão de o tempo da promulgação da Ley da Graça até o tempo presente. TOMO III*. Lisboa: Na Officina de Ignacio Rodrigues, 1752.

MACHADO, Diogo Barbosa. *Summario da Bibliotheca Luzitana*. Lisboa: Na Of. da Academia Real das Scienc, 1787. p. 111.

MATTOS, Ricardo Pinto de. *Manual Bibliographico Portuguez de livros raros, clássicos e curiosos*. Porto: Livraria Portuense, 1878.

MORAES, Rubens Borba de. *O bibliófilo aprendiz*. Brasília/Rio de Janeiro: Briquet de Lemos/ Casa da Palavra, 2005, p. 23.

MOREJON, D. ANTONIO FERNANDES. *Historia Bibliografica de la menidica española, obra póstuma, TOMO VI*. Madrid: 1850, p. 51.

MOURA, Clóvis. *Dicionário da Escravidão Negra no Brasil*. São Paulo: Edusp, 2004, p. 132.

NOGUEIRA, André. A "prodigiosa lagoa" de Sabará e as doenças das Minas do século XVIII, *Fronteiras*, vol. 13, n. 23, p. 33-57, 2011.

PAULA, Sergio Goes de. Obras de Hipólito José da Costa. In: *Hipólito José da Costa*. Editora 34: São Paulo, 2001.

PINTO, Manuel Serrano; CECCHINI, Marco Antonio G.; MALAQUIAS, Isabel Maria; MOREIRA-NORDEMANN, Lucya Maria; PITA, João Rui. O médico brasileiro José Pindo de Azeredo (1766?-1810) e o exame químico da atmosfera no Rio de Janeiro. In: *História, Ciências, Saúde-Manguinhos*; volume 12, número 3, páginas 617-673. Dezembro de 2005.

PORTUGAL, Biblioteca Nacional de. *Exposição de obras antigas e revistas portuguesas de Farmácia*. Lisboa: B.N., 1972.

PUBLICAÇÕES periódicas portuguesas existentes na Biblioteca Geral da Universidade de Coimbra (1641-1910). Coimbra: Biblioteca Geral, 1983. p. 287.

RIBEIRO, Márcia Moisés. Nem nobre, nem mecânico: A trajetória social de um cirurgião na América portuguesa do século XVIII. *Alm. braz.*, São Paulo, n. 2, nov. 2005.

RODRÍGUEZ, Don Felipe Picatoste. *Apuntes para una biblioteca cientifica española del siglo XVI*: estudios biográficos y bibliográficos de ciencias exactas físicas y naturales y sus inmediatas aplicaciones en dicho siglo. Madrid: Imprensa y Fundación de Manuel Tello, 1891.

SANCHES, Antonio Ribeiro. *Dificuldades que tem um reino velho para emendar-se e outros textos*. Livros Horizonte, 1980.

SILVA, Innocencio Francisco da.*Diccionario Bibliographico Portuguez*, tomo IV e V, Lisboa: Imprensa Nacional, 1860, p. 341.

SUBSÍDIOS para a bibliografia crítica das fontes e estudos respeitando à alquimia e disciplinas conexas em Portugal. A. Arcana Artis – Tratadística e Fontes impressas. 1. Edições realizadas em Portugal ou tendo por objecto tratados e fontes nacionais. In: http://www.cesdies.net/hermetica/alquimia

SUMMARIO da biblioteca luzitana, TOMO I. Lisboa: Na Officina de Antonio Gomes, 1786. p.136.

Outros sítios online:

http://cvc.instituto-camoes.pt/ciencia/p21.html
http://www.cedope.ufpr.br/hipolito_mendonca.htm
http://www.cm-mirandela.pt/index.php?oid=2887
http://www.dec.ufcg.edu.br/biografias/
http://www.fae.ufmg.br/portalmineiro/conteudo/externos/4cpehemg/Textos/pdf/2b_2.pdf
http://www.ghtc.usp.br/server/Lusodat/pes/00/pes00918.htm
http://www.idref.fr/077450078
http://www.uc.pt/org/historia_ciencia_na_uc/

REFERÊNCIAS BIBLIOGRÁFICAS

Documentos

ABREU, Aleixo de. *Tratado de las Siete Enfermedades: de la inflammacion vniuersal del Higado, Zirbo, Pyloron, y Riñones, y de la obstrucion, de la Satiriasi, [...]* Lisboa : Pedro Craesbeeck, Impressor del Rey, 1623.

ABREU, José Rodrigues de. *HistoriologiaMedica, fundada e estabelecida nos principios de George Ernesto Stahl, e ajustada ao uso pratico deste paiz.* Lisboa, 1733.

_____. *Luz de cirurgioens embarcadissos, que trata das doenças epidêmicas, de que costumaõ enfermar ordinariamente todos, os que se embarcão para as partes ultramarinas.* Lisboa: Na Officina de Antonio Pedrozo Galram, 1711.

ABREU, Brás Luis de. *Portugal médico, ou monarquia médica lusitana. História, prática, simbólica, ética e política. Fundada e compreendida no dilatado âmbito dos dois mundos criados, macrocosmo e microcosmo.* Coimbra: na Officina de Joam Antunes, Mercador de Livros, 1726.

ABREU, José Rodrigues de. *HistoriologiaMedica, fundada e estabelecida nos principios de George Ernesto Stahl, e ajustada ao uso pratico deste paiz.* Lisboa, 1733.

A CARTA de Mestre João de Farias. Disponível em: <http://www.dominiopublico.gov.br/download/texto/cv000010.pdf>.

AFFONSO, Manoel José; MELLO, José Francisco de. *Novo método de partejar, recopilado dos mais famigerados e sábios autores*. Lisboa: Oficina de Miguel Rodrigues, 1772.

ALMEIDA, F. J. de. *Tractado da educação fysica dos meninos, para uso da nação portugueza*. Lisboa: Off. da Academia Real das Sciencias, 1791.

ANCHIETA, José de. *Cartas*: correspondência ativa e passiva. Pesquisa, introdução e notas do Pe. Hélio Abranches Viotti. São Paulo: Edições Loyola: Vice Postulação da Causa de Canonização do Beato José de Anchieta, 1984.

ARCHIVO Pittoresco. Seminario illustrado. Lisboa: Typographia de Castro Irmão, 1866. vol. 9.

ARQUIVO Histórico Ultramarino. Inventário Impresso, Bahia, 5018.

_____. Avulsos Rio de Janeiro, caixa 143, documento 61. In: CAVALCANTI, Nireu Oliveira. *Crônicas históricas do Rio colonial*. Rio de Janeiro: Faperj, 2004. p. 107-108.

ATTESTAÇÕES *dos professores de medicina, e cirurgia deste reino de Portugal, e seus domínios, que tem attestado a excellencia da verdadeira e única agoa de Inglaterrada composição do doutor Jacob de Castro Sarmento, preparada em Lisboa por Jose Joaquim de Castro na sua Real Fabrica, por decretos da sua Alteza Real o Principe Regente Nosso Senhor*. Lisboa: Na Impressao Regia, 1813.

AZEREDO, José Pinto de. *Ensaios sobre algumas enfermidades d'Angola, dedicados ao Serenissimo Senhor D. João Principe do Brazil por José Pinto de Azeredo, Cavalleiro da Ordem de Christo, Doutor em Medicina, e Socio de varias Academias da Europa*. Lisboa, Na Regia Offucuna Typografica, 1799.

_____. Exame químico da atmosfera do Rio de Janeiro, feito por José Pinto de Azeredo, Doutor em Mediicna pela Universidade de LEide, Fisico mor, e Professor de Medicina do Reito de Anglo. JORNALEncyclopedico. Artigo I. *História Natural, Fysica e Quimica*.

_____. *Ensaios sobre algumas enfermidades d'Angola* (...) Lisboa: Na Regia Offucuna Typografica, 1799.

BARBOSA, João Mendes Sachetti. *Considerações médicas sobre o método de conhecer, curar e preservar as epidemias, endemias e febres malignas podres, pestilenciaes, contagiosas, e todas as mais[...]*. Parte I, Lisboa, 1758.

BETHENCOURT, Francisco. *O Imaginário da magia*. Lisboa: Universidade Aberta, 1987.

BLUTEAU, Raphael. *Diccionario da Lingua portugueza, composto pelo Padre D. Rafael Bluteau, e reformado, e accrescentado por Antonio de Moraes Silva, natural do Rio de Janeiro*. Tomo segundo. L-Z. Lisboa, na Officina de Simao Thaddeo Ferreira, 1789.

BRANDÃO, Ambrósio Fernandes. "Diálogos das grandezas do Brasil (1618)". *Edições do Senado Federal vol. 134*. Brasília: Conselho Ed. do Senado Federal, 2010.

BUCHAN, William. *Medicina domestica, ou, Tratado completo dos meios de conservar a saúde, trasladada em vulgar para utilidade da Nação pelo doutor Francisco Pujol de Padrell Filho*. Lisboa [Portugal]: Na typografia Rollandiana, 1788-1803.

CARDIM, Fernão. *Tratados da terra e gente do Brasil*. Transcrição e notas de Ana Maria de Azevedo. Lisboa: Comissão nacional para as comemorações dos descobrimentos portugueses, 1997.

CARTAS do Rio de Janeiro, Marquês do Lavradio, Rio de Janeiro, Editora SEEC [Secretaria do Estado de Educação e Cultura]: 1978.

CASTRO, André Lopes de. *Aviso ao publico a respeito da agua de Inglaterra, da composição do doutor Jacob de Castro Sarmento, fabricada nesta Corte há mais de trinta anos com pública e innegavel acceitação*. Lisboa: Na Officina de Simão Thaddeo Ferreira, 1799.

COLLEÇÃO de Varias Receitas e segredos particulares das principaes boticas da nossa Companhia de Portugal, da India, de Macáo e do Brasil, compostas, e experimentadas pelos melhores Medicos, e Boticarios mais celebres que tem havido nessas partes. Aumentada com alguns índices, e noticias curiozas e necessarias para a boa direcção, e acerto contra as enfermidades. Em Roma, 1766. (manuscrito)

COMPENDIO historico do estado da universidade de Coimbra no tempo da invasão dos denominados Jesuitas e dos estragos feitos nas sciencias e nos professores, e directores que a regiam pelas maquinações, e publicações dos novos estatutos por elles fabricados. Lisboa: Universidade de Coimbra, 1772.

CORTÉS, Gerónimo. *Lunário e prognóstico perpétuo, geral e particular, composto por Gerónimo Cortéz. Contém uma cronologia de várias notícias de* coisas sucedidas desde a morte de Cristo até o presente, com uma breve e sucinta relação dos principais sucessos da revolução espanhola, e sua gloriosa defesa contra seus inimigos invasores. Valladolid: Em la imprenta de Roldán, 1820.

DEBRET, Jean Baptiste. *Voyage pittoresque et historique au Brésil, ou Séjour d'un Artiste Français au Brésil, depuis 1816 jusqu'en 1831 inclusivement, epoques de l 'avénement et de I 'abdication de S.M. D. Pedro 1er*. Paris: Firmind Didot Frères, 1834 – 1839, vol. 2.

DICCIONARIO de Lingua Portugueza recopilado dos vocabulários impressos até agora, e nesta segunda edição novamente emendado, e muito accrescentado. Por Antonio de Moraes Silva, natural do Rio de Janeiro. Lisboa, na Typographia Lacerdina, 1813.

DISSERTAÇÃO crítica, física e moral sobre a impossibilidade de um feto da espécie de gato que temerariamente se imputa ter nascido de uma mulher. Para a instrução dos semidoutos e repreensão dos minimamente crédulos, a escreve o Dor. M. A. F assistente nesta corte. Lisboa: Off. Manoel da Silva, 1755. In: COSTA, Palmira Gomes da.*Corpo insólito: Dissertações sobre Monstros no Portugal do Século XVIII*. Porto: Porto Editora, 2005.

DOCUMENTOS históricos, vol. 93, 1698, p. 80

FERREIRA, Luís Gomes. *Erario mineral dividido em doze tratados, dedicado, e offerecido à purissima, e serenissima Virgem Nossa Senhora da Conceyção*. Lisboa Occidental: Na Officina de Miguel Rodrigues, 1735.

_____. *Erário Mineral*. Org: Júnia Ferreira Furtado. 2 volumes. Belo Horizonte: Fundação João Pinheiro; Centro de Estudos Históricos e Culturais, 2002.

FERREYRA, Antonio. *Luz verdadeyra, e recopilado exame de toda cirurgia, dedicado aaugusta e real magestade, de El-Rey Don Pedro II* [...]. Na Officina de Valentim da Costa Deslandes, 1705.

FRANCO, Francisco de Melo. *Elementos de hygiene ou dictames theoreticos, e practicos para conservar a saúde e prolongar a vida*. Lisboa, Typografia da Academia, 1794.

_____. *Medicina Teológica*. São Paulo: Ed. Giordano, 1994. Coleção Memória.

_____. *Tratado da educacao fysica dos meninos, para uso da nacao Portugueza, publicado por ordem da Academia Real das Sciencias de Lisboa.* Lisboa: Na Officina da Academia Real das Sciencias, 1790.

GOMES, Bernardino A. Observações botanicomedicas sobre algumas plantas do Brasil, escriptas em latim e portuguez. Lisboa, 1803 In: _____. *Plantas medicinais do Brasil.* (volume V), São Paulo: Brasiliensia Documenta 1972a.

_____. *Memoria sobre a Ipecacuanha fusca do Brasil ou cipó das nossas boticas.* Lisboa, na Off. do Arco do Cego 1801.

_____. *Memória sobre as boubas.* In: Memórias da Academia Real das Sciencias de Lisboa. Tomo IV, parte I. Lisboa: Na Typografia da mesma Academia, 1805.

_____. Memorias da Academia Real das Sciencias de Lisboa. In: _____. *Plantas medicinais do Brasil.* (volume V), São Paulo: Brasiliensia Documenta 1972b.

_____. *Método de Curar o Tifo ou Febres Malignas Contagiosas pela Efusão da Água Fria, com a Teoria do Tifo, Segundo os Principio da Zoonomia de Darwin e Explicação do Modo de Obrar da Efusão Fria e Uma Carta ao Dr. James Currie com Reflexões e Observações Sobre Este Método*, Lisboa: Typographia da Academia Real de Ciencias, 1806.

GUSMÃO, Alexandre de. *A arte de criar bem os filhos na idade da puerícia.* Fac-simile sobre responsabilidade de Elomar Tambara e Gomercindo Ghiggi. Pelotas/RS: Seiva Publicações, 2000.

HENRIQUEZ, Francisco da Fonseca. *Medicina lusitana:* socorro delphico aos clamores da natureza humana para total profligação de seus males. Lisboa: Na Casa de Miguel Diaz, 1710.

JORNAL Bras. Patol. Med. Lab., Rio de Janeiro, vol. 41, n. 1, Feb. 2005.

LA GRANDE ENCYCLOPEDIE inventaire raisonné des Sciences, des Lettres et des Arts par une societé de savants et de gens de lettres. Paris: H. Lamirault et Cie. Éditeurs, 1886.

LEITÃO, Jozé Manoel. *Tratado completo de anatomia, e cirurgia con hum rezumo da historia de anatomia, e cirurgia, seus progressos, e estado della em Portugal* / offerecido a Real Junta do Proto-medicato por Manoel Jozé Leitao. Lisboa: Na Officina de Antonio Gomes, 1788.

LEONARDO, Manoel Ferreira. *Noticia verdadeyra do terrivel contagio, que desde Outubro de 1748 até o mez de Mayo de 1749 tem reduzido a notavel consternação todos os Certões, terras, e Cidade de Bellém e Grão Pará...* Lisboa: na Offina de Pedro Ferreira, 1749.

LOURENÇO, Antonio Gomes. *Cirurgia clássica lusitana, anatômica, farmacêutica, medica: recopilada, e deduzda da melhor doutrina dos escriptores antigos, e dos modernos, em que se trata da fisiologia universal, e da pathologia, geral dos apostemas, e em particular cada hum em seu próprio capitulo, seu methodo curativo, e suas operações.* vol. I. Lisboa: Antonio Rodrigues Galhardo, 1771.

MEDEIROS, Antonio Joaquim de. Resposta, que ao programa da Camara anunciado no n.01 pag. 58 deu o doutor Antonio Joaquim de Medeiros. *O PATRIOTA*. Jornal litterario, politico, mercantil do Rio de Janeiro. N.º 03, 1816

MENDES, José Antonio. *Governo de mineiros mui necessario para os que vivem distantes de professores seis, oito dez, e mais legoas, padecendo por esta causa os seus domésticos e escravos queixas, que pela dilação dos remédios se fazem incuráveis, e a mais das vezes mortais.* Lisboa: Off Antonio Rodrigues Galhardo, 1770.

MENDES, L. A. de O. *Memória a respeito dos escravos e tráfico da escravatura entre a costa d'África e o Brazil.* Apresentada à Real Academia das Ciências de Lisboa, 1793.

MENDONÇA, Hopolito Jose da Costa Pereira Furtado. *Memoria sobre a bronchocele, ou Papo da America Septentrional, por Benjamim Smith Barton, doutor em Medicina, professor de materia medica, historia natural e botânica, na universidade de Pensilvania, traduzida e adaptada por Hyppolito José da Costa Pereira.* Lisboa, Na Typographia Chalcographyca, Typoplastica e Litteraria do Arco do Cego, 1801.

MIRANDA, João Cardoso de. *Prodigiosa Lagoa descuberta nas Congonhas das Minas de Sabará que tem curado a varias pessoas dos acheques, que nesta Relação se expõem.* Lisboa [Portugal]:na Officina de Miguel Manescal da Costa..., 1749.

_____. *Relação cirurgica e medica, na qual se trata, e declara especialmente hum novo methodo para curar a infecção escorbutica, ou mal de Loanda ... por João Cardoso de Miranda.* Lisboa, 1741.

MONTE, João Pedro Xavier de. *O homem medico de si mesmo, ou sciencia, e arte nova de de conservar cada hum a si próprio a saúde, e destruir a sua doenca, dirigida ao bem comum*. Lisboa: Na Officina de Antonio Vicente da Silva, 1760.

MORÃO, Simão Pinheiro. *Queixas repetidas em ecos dos arrecifes de Pernambuco contra os abusos médicos que nas suas capitanias se observam tanto em dano das vidas de seus habitadores*. Leitura, explicação e nótulas do Dr. Jaime Walter. Lisboa: Junta de investigações do Ultramar, 1965.

_____. Trattado Unico das Bexigas, e Sarampo. Lisboa: Of. de João Galrao, 1683. Capítulo IV. In: MORÃO, ROSA & PIMENTA. *Notícias dos três primeiros livros em vernáculo sobre a medicina no Brasil*. Recife: Arquivo Público Estadual de Pernambuco, 1956.

ORTA, Bento Sanchez da.*Descrição de um monstro da espécie humana, existente na cidade de S. Paulo na América Meridional*. Memória de Matemática e Física da Academia das Ciências de Lisboa, II, 187-189, 1799.

PAIVA, Manoel Joaquim Henriques de. *Aviso ao povo ou summario dos sinaes e syntomas das pessoas envenenadas com venenos corrosivos, como seneca, solimão, verdete, cobre, chumbo e dos meios de socorrer*. Lisboa: Na Officina Mazzarina, 1787a.

_____. *Aviso ao povo ou summario dos preceitos mais importantes concernentes à criação das crianças, de differentes profissões e officios, aos alimentos e bebidas, ao ar, ao exercício, ao somno, aos vestidos, à intemperança, à limpeza, ao contagio, às paixões*. Lisboa: Offic. Morazziana, 1787b.

_____. *Instituições de cirurgia teorica e pratica, que comprehendem a fysiologia, e a pathologia geral, e particular*. Lisboa: [s.n.] 1786. 2 tomos.

_____. *Pharmacopea lisbonense ou collecção dos símplices, preparações e composições mais efficazes e de maior uso*. Lisboa: Na Officina de Fillipe da Silva e Azevedo, 1780.

_____. *Aviso ao povo acerca da sua saude ou Tratado das enfermedades mais frequentes, tanto internas, como externas, de que não tratou Monsieur Tissot no seu Aviso ao Povo*. Vol. III. 1787c.

PAIVA, Jozé Henriques Ferreira de.; PAIVA, Manuel Joaquim Henriques de. *Discurso critico, em que se mostra o damno que tem feito aos doentes, e aos progressos da medicina em todos os tempos, a introducção e* uso de remedios de segredo, e composições occultas, não só pelos charlatões, e vaga-mundos, mas tambem pelos medicos, que os tem imitado Medicina. Por José Henriques Ferreira e Manuel Joaquim Henriques de Paiva. Lisboa: Offic. de Fillipe da Silva e Azevedo, 1785.

PÔRTO, A. "O sistema de saúde do escravo no Brasil do século XIX: doenças, instituições e práticas terapêuticas". In: *História, Ciências, Saúde – Manguinhos*, Rio de Janeiro, vol. 13, n. 4, out.-dez. 2006, p. 1019-27.

O INSTITUTO. Jornal scientifico e litterario. Coimbra: Imprensa da Universidade, 1834. Segundo volume. p. 81.

OSAN, Jozé Maregelo de. *Os médicos perfeitos: ou novo methodo de curar todas as enfermidades; descoberto, e explicado pelos mestres de mais subtil engenho, e applicado aos enfermos, pelos doutores mais sábios.* Distribuido por números e semanas, em benefício do vivente racional. Número XV. Semana XV. Lisboa: Na Officina de Francisco Borges de Sousa, 1760. p.

PEREIRA, Nuno Marques. *Compêndio narrativo do Peregrino da América* [1728]. Rio de Janeiro: ABL, 1939. 2 Volumes. vol.2.

PHARMACOPEA Geral do Reino e domínios de Portugal, publicada por ordem da Fidelissima Rainha Dona Maria I. Na Officina Régia Typografica. Lisboa, 1794.

SANTO ANTONIO, Caietano de. *Pharmacopea Lusitana.* Methodo pratico de preparar & compor os medicamentos na forma galênica com todas as receitas mais uzuais. Coimbra: Na Impressão de Joam Antunes, 1704. p. 5-6.

PIMENTA, Miguel Dias. Notícia do que é o achaque do bicho. Definição do seu crestamento, subimento, corrupção, sinais, e cura até o quinto grau, ou intenção dele, suas diferenças, e complicações, e como se ajunta. Lisboa: Na Oficina de Miguel Manescal, 1707. In: MORÃO, ROSA & PIMENTA. *Notícias dos três primeiros livros em vernáculo sobre a medicina no Brasil.* Recife: Arquivo Público Estadual de Pernambuco, 1956.

PITTA, Sebastão Rocha. *História da América Portuguesa.* Lisboa: Officina de Joseph Antonio da Silva, 1730.

REGIMENTO que serve de lei, que devem observar os comissários delega-dos do físico-mor do Reino nos estados do Brasil. 1744. Disponível em http://www.historiacolonial.arquivonacional.gov.br/Media/F%C3%ADsico%20mor.pdf

REGO, José Pereira do. *Memoria historica das epidemias de febre amarella e cholera-morbo que têm reinado no Brasil*. Rio de Janeiro: Typographia Nacional, 18--.

ROSA, João Ferreira da.*Tratado único da constituiçam pestilencial de Pernambuco oferecido a El Rey N. S. por ser servido ordenar por seu governador aos médicos da America, que assistem onde há este contagio, que o compusessem para se conferirem pelos Coripheos da Medicina aos dictames com que se trata esta pestilencial febre*. Lisboa: Officina de Miguel Manescal, 1694.

SANCHES, Antônio Nunes Ribeiro. *Cartas sobre a educação da mocidade*. 17--. Disponível em http://www.estudosjudaicos.ubi.pt/rsanches_obras/cartas_educacao_mocidade.pdf

_____. *Método para aprender e estudar Medicina, ilustrado com os apontamentos para estabelecer-se uma Universidade Real na qual deviam aprender-se as Ciências Humanas de que necessita o Estado Civil e político*. 1763. [...]/ 02. Exemplar transcrito e com atualização da língua disponível em http://www.estudosjudaicos.ubi.pt/rs_obra.html

_____. *Tratado de Conservação de Saúde dos Povos*. Obra útil e, igualmente, necessária aos Magistrados, [...], Prelados, Abadessas, Médicos e Pais de Famílias. Paris, 1756. Exemplar transcrito e com atualização da língua disponível em http://www.estudosjudaicos.ubi.pt/rs_obra.html

_____. *Dissertação sobre as Paixões da Alma*. Universidade da Beira Interior Covilhã – Portugal, 2003a.

_____. *Apontamentos para estabelecer-se um tribunal e colégio de medicina*. Universidade da Beira Interior. Covilhã – Portugal, 2003b.

SANTO ANTONIO, D. Caetano de. *Pharmacopea Lusitana (1704)*. Organização e nota introdutória de João Rui Pita. Coimbra: Edições MinervaCoimbra, 2000.

SANTUCCI, B. *Anatomia do corpo humano*. Lisboa: Pedrozo Galram, 1739

SEMEDO, J. C. *Atalaya da vida contra as hostilidades da morte; fortificada, e guarnecida com tantos defensores, quantos são os remedios, que no dis-*

curço de sincoenta, e oyto annos experimentou. Lisboa: Off. Ferreiriana, 1720.

_____. Observaçoens medicas doutrinaes de cem casos gravissimos, que em serviço da patria, e das nações estranhas escreve em lingua portugueza, e latina. Lisboa: Off. Antonio Pedroso Galrão, 1707.

_____. Polyanthea medicinal. Noticas, e chymicas, repartidas em tres Tratados, dedicadas às saudosas memorias, e veneradas cinzas do Eminentissimo senhor cardeal de Sousa, Arcebispo de Lisboa. Lisboa, Off. de Antonio Pedrozo Galram, 1727.

SEQUEIRA, Angelo de. Botica preciosa, e tesouro precioso da Lapa. Em que como em botica, e tesouro se acham todos os remédios para o corpo, e para a alma, e para a vida, E uma receita das vocações dos santos para remédio de todas as enfermidades, e vários remédios, e milagres de Nossa Senhora da Lapa, e muitas novenas, devoções, e avisos importantes para os pais de família ensinarem a doutrina cristã a seus filhos, e criados. Lisboa, Of. Miguel Rodrigues, 1754.

SIGAUD, J.F.X. Du climat et des maladies du Brésil ou statistique médicale de cet empire. Paris. 1844.

SILVA, Antônio Moraes. Diccionario da lingua portugueza – recompilado dos vocabularios impressos ate agora, e nesta segunda edição novamente emendado e muito acrescentado. 1813.

SILVA, Innocencio Francisco. Diccionário bibliográfico Portuguez. Estudos aplicáveis ao Brazil e a Portugal. Lisboa: Imprensa Nacional, 1859.

SILVA, Manuel Vieira. Reflexões sôbre alguns dos meios propostos por mais conducentes para melhorar o clima na cidade do Rio de Janeiro. Imprensa Régia, 1808.

VANDELLI, Domenico. Memória sobre a utilidade dos jardins botânicos a respeito da agricultura e principalmente da cultivação das charnecas. Lisboa, 1770.

_____. Dicionário de termos técnicos históricos de história natural extraídos da obra de Lineu(...). Edição fac-similar do original de 1788. Rio de Janeiro: Dantes Editora, 2009.

VASCONCELOS, Simão de. Chronica da Companhia de Jesus do Estado do Brasil :e do que obraram seus filhos n'esta parte do Novo Mundo. [...]. Lisboa : A. J. Fernandes Lopes, 1865.

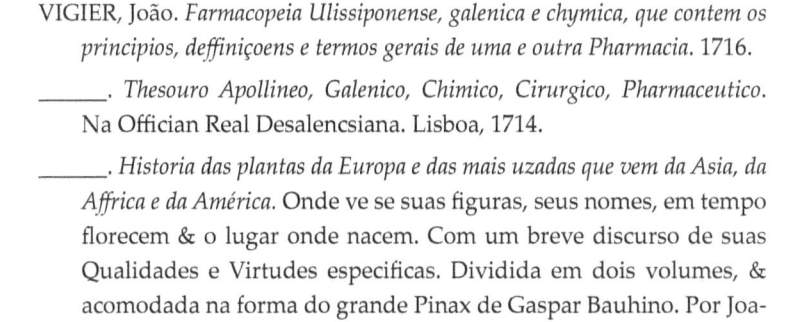

VIGIER, João. *Farmacopeia Ulissiponense, galenica e chymica, que contem os principios, deffiniçoens e termos gerais de uma e outra Pharmacia*. 1716.

_____. *Thesouro Apollineo, Galenico, Chimico, Cirurgico, Pharmaceutico*. Na Offician Real Desalencsiana. Lisboa, 1714.

_____. *Historia das plantas da Europa e das mais uzadas que vem da Asia, da Affrica e da América*. Onde ve se suas figuras, seus nomes, em tempo florecem & o lugar onde nacem. Com um breve discurso de suas Qualidades e Virtudes especificas. Dividida em dois volumes, & acomodada na forma do grande Pinax de Gaspar Bauhino. Por Joaon Vigier, Offerecida Ao Emº. Snor. Cardeal D. Nunno da Cunha Inquisidor Geral &c. EM LION, Na Officina de ANISSON, POSUEL, & RIGAUD, 1718, 2 v.

_____. *Cirurgia anatomica, e completa por perguntas, e respostas, que contêm os seus principios, a osteologia, a myologia, os tumores, as chagas, as feridas simplices, e compostas, as de armas de fogo, o modo de curar o morbo gallico, e o scorbuto, e a applicaçaõ das ataduras, e aparelhos, as fracturas, dislocaçoēs, e todas as operaçoēs cirurgicas: O modo de fazer a panacèa mercurial, e de compór os remedios mais usados na cirurgia*. Tradução da obra de Le Clere Lisboa: Officina de Viuva de Ignacio Nog. Xisto, 1768.

VERNEY, Luis Antônio. *Verdadeiro methodo de estudar, para ser útil à República e à Igreja, proporcionado ao estilo, e necessidade de Portugal*. Valensa: a Officina de Antonio Balle, 1745.

Estudos

A FEBRE amarela no século XVII no Brasil. Rio de Janeiro: Editora Edgard Blücher Ltda, 1971.

A SAÚDE pública no Rio de Dom João. Intr. De Moacy Scliar. Rio de Janeiro: Ed. Senac Rio, 2008.

ABREU, Eduardo Augusto Pereira de. A Fiscatura-mor e o Cirurgião-mor dos Exércitos no Reino de Portugal e Estados do Brasil. In *Revista do Instituto Histórico e Geográfico Brasileiro*. Tomo LXIII, parte 1, 1901.

ABREU, Jean Luis Neves. Ilustração, experimentalismo e mecanicismo: aspectos das transformações do saber médico em Portugal no século XVIII. *Topoi*, vol. 8, n. 15, jul.-dez. 2007.

ALGUNAS cosas que de la Provincia del Brasil se proponen nuestro Padro General este anno de 1579 y respuestas a ellas. (Bras. 2,29v, 45)

ALMEIDA, Carla B. S. *Medicina mestiça*. Saberes e práticas curativas nas minas setecentistas. São Paulo: Annablume, 2010. p. 23.

AMARAL, Marivaldo Cruz do. Mulheres, imprensa e higienização: a medicalização do parto na Bahia (1910-1927). *História, Ciências e Saúde – Manguinhos*. Rio de Janeiro, vol.15, n.4, out-dez. 2008.

ANDRADE, António Alberto Banha de. *Vernei e a cultura de seu tempo*. Actas Univesitatis Conimbrigensis, 1965.

ANDRADE, Gilberto Osório de. *Montebelo, os males e os mascates*. Recife: Universidade Federal de Pernambuco, 1969.

ANDRADE, Mário de. *Namoros com a medicina*. São Paulo: Martins/ MEC, 1972. p. 69.

ANÔNIMO. Journal d'um Voyage. In: FRANÇA, Jean Marcel Carvalho. *Visões do Rio de Janeiro colonial*. Antologia de textos. (1531-1800). São Paulo: Ed. José Olympio, 2008.

ARAÚJO, Alceu Maynard. *Medicina rústica*. Brasiliana vol. 300. São Paulo, Ed. Nacional, Brasília, INL, 1977.

ARAÚJO, Heráclides César de Souza. *História da lepra no Brasil:* vol.1. período colonial e monárquico (1500-1889). Rio de Janeiro: Imprensa Nacional. 1946.

ARAUJO, Maria Benedita. *O conhecimento empírico dos fármacos no século XVII e XVIII*. Lisboa: Cosmos, 1992.

ASSIS, Machado de. 19 de novembro de 1893. In: _____. *A Semana*. Rio de Janeiro: H. Garnier, s.d.

AZEVEDO, Moreira. Sociedades fundadas no Brasil desde os tempos coloniais. *Revista do Instituto Histórico e GeográficoBrasileiro*, n. 48, pt 2, 1885.

BASTIDE, Roger. Medicina e magia nos candomblés. In: _____. *Negros no Brasil: religião medicina e magia*. São Paulo: Escola de Comunicações e Artes/USP, 1971.

BIRMAN, Joel. *A psiquiatria como discurso da moralidade*. Rio de Janeiro: Graal, 1978.

BOTELHO, João Bosco. *Os limites da cura*. São Paulo. Plexus. 1998.

BRAS, José Gregório Viegas. A higiene e o governo das almas: o despertar de uma nova relação. *Rev. Lusófona de Educação*, Lisboa, n. 12, 2008.

BRIAN, P. Galen on the ideal of the physician. *South Africa Medical Journal*, 52. 1979.

BUCHILLET, Dominique. *Bibliografia crítica da saúde indígena no Brasil*. Ed. Abya-Yala, 2007.

BURTON, W. *An account of the life and writings of Herman Boerhaave*. London, 1743.

CABRAL, Oswaldo. *A medicina teológica e as benzeduras*. Suas raízes na história e sua persistência no folclore. São Paulo, 1958.

CAIRUS, Henrique F. & RIBEIRO JR., Wilson A. *Textos hipocráticos: o doente, o médico e a doença*. Rio de Janeiro: Fiocruz, 2005.

CALAFATE, Pedro. *A ideia de natureza no século XVIII em Portugal*. Lisboa: Imprensa Nacional da Casa da Moeda, 1994.

CALAINHO, Daniela Buono. *Os jesuítas e a medicina no Brasil*. Revista Tempo, Rio de Janeiro, nº 19, p. 61-75.

CAMARGO, Procópio Ferreira. Apresentação. In: MONTEIRO, Paula. *Da doença à desordem. A magia na umbanda*. Rio de Janeiro: Edições Graal, 1985.

CAMÕES, Luis. *Os lusíadas*. Reimpressão fac-similada da verdadeira impressão de os Lusíadas de 1574. Lisboa: Tip. Da Biblioteca Nacional, 1921.

CANGUILHEM, Georges. *La connaissance de la vie*. Paris: Vrin, 2000a.

_____. *O normal e o patológico*. Forense universitária, 2000b.

CARNEIRO, Henrique. *Filtros, mezinhas e triacas*. As drogas no mundo moderno. São Paulo: Xamã VM Editora e Gráfica, 1994.

CARVALHO, Augusto da Silva. *Le Médecine dans la découverte et la colonization du Brésil: rapport prèsentè au X Congrés de histoire de la médecine*. Centro tipográfico colonial, 1937.

CASTELO, José Aderaldo. *Manifestações literárias no período colonial*. São Paulo: Ed. Cultrix, 1972.

CAVALCANTI, Nireu. *Crônicas históricas do Rio colonial*. Rio de Janeiro: Faperj, 2004.

_____. *O Rio de Janeiro Setecentista*. A vida e a construção da cidade da invasão francesa até a chegada da Corte. RJ: Jorge Zahar Editor, 2003.

CHALHOUB, Sidney. *Cidade Febril: cortiços e epidemias na Corte imperial*. São Paulo, Cia da Letras, 1996.

CHAVES, D. A. Anchieta, sua enfermidade e suas atividades médicas. In: *Conferências anchietanas*. RJ: Cia. Editora Americana, 1969.

CIDADE, Hernani. *Apud* SCHWARTZMAN, S.; PAIM, A. *A Universidade que não houve*: antecedentes da ciência e educação superior no Brasil (uma perspectiva comparada). 1976.

COSANS, C. Galen's Critique of Rationalist and Empiricist Anatomy. *Journal of the History of Biology, 30, 1997.*_____.*The Experimental Foundations of Galen's Teleology. Studies in History and Philosophy of Science.* n. 29, 1998.

COSTA, Jaime Celestino da.O estudo da medicina até ao fim do século XIX. In: Academia das Ciências de Lisboa (org.) *História e desenvolvimento da ciência em Portugal*. Lisboa: Publicações do II Centenário da Academia das Ciências de Lisboa, 1986. I v.

COSTA, Palmira Gomes da.*Corpo insólito: Dissertações sobre Monstros no Portugal do Século XVIII*. Porto: Porto Editora, 2005.

COUTINHO, R. de Souza. *Aviso de... que se publique uma flora completa e geral (...)* 12 de novembro de 1801, ms.-BN-RJ;

_____. Estabelecimento de um jardim botânico, Lisboa, 5 de junho de 1802, ms.-BN-RJ.

CRESPO, Jorge. *A história do corpo*. Lisboa: Ed. Difel, 1992.

CRUZ, Guilherme Braga da.*Obras esparsas*. Volume IV: Estudos doutrinários e sociais. Coimbra: Coimbra Ed. LTDA, 1985.

CUNHA, Carlos Alberto Miranda. *A arte de curar nos tempos da colônia*: limites e espaços da cura. Recife: Fundação de Cultura da Cidade do Recife, 2004.

DE LACY, P. Galen's Platonism. *American Journal of Philosophy*, 1972.

DEL PRIORE, Mary. Homens e mulheres: o imaginário sobre a esterilidade na América portuguesa. *Hist. cienc. saúde-Manguinhos*, Rio de Janeiro, vol. 8, n. 1, Junho/ 2001.

DIAS, José Pedro de Sousa. A "Água de Inglaterra" no Portugal das Luzes. Contributo para o estudo do papel do segredo na terapêutica do século XVIII. Lisboa> Faculdade de Farmácia, 1986.

_____. João Vigier e a introdução da química farmacêutica em Portugal. *Farmácia Portuguesa*, n. 43, 1987

DOMINGUES, Francisco Contente. *Navios e Viagens. A experiência portuguesa nos séculos XV a XVIII.* Lisboa: Tribuna, 2008.

EDLER, Flávio Coelho. *Boticas & pharmacias. Uma história ilustrada da farmácia no Brasil.*Rio de Janeiro: Editora Casa da Palavra, 2005.

EDMUNDO, Luiz.O*Rio de Janeiro no Tempo dos Vice-Reis – 1763-1808*. Brasília: Senado Federal, Conselho Editorial, 2000.

ENGEL, Magali. Psiquiatria e feminilidade. In: DEL PRIORE, Mary. *História das Mulheres no Brasil.* São Paulo: Editora Contexto, 2000.

ESAGUY, Augusto de. *Noticia sobre a agua de Inglaterra.* Lisboa: Na Oficina da Imprensa Moderna, 1936.

FAES, J.T. *Hospitales de leprosos en Asturias durante las edades media y moderna.* Oviedo, [s.n.], 1966

FELIPPE, Gil; ZAIDAN, Lilian Penteado.*Do éden ao éden.* São Paulo: Ed. Senac, 2008.

FERRAZ, Márcia Helena Mendes. *As Ciências Em Portugal e no Brasil(1772-1822).* São Paulo, 1997.

FERREIRA, António Gomes. A compreensão médica portuguesa sobre a concepção da criança no século XVIII. In: *Educar*, Curitiba, n. 25, p. 17-38, 2005.

FERREIRA, Luiz Otávio. Os periódicos médicos e a invenção de uma agenda sanitária para o Brasil (1827-1843). *História, Ciências, Saúde – Manguinhos*, vol. VI (2), jul./out. 1999.

FIGUEIREDO, Betânia Gonçalves. As doenças dos escravos: um campo de estudo para a história das ciências da saúde. In:NASCIMENTO, D.R.; CARVALHO, D.M. (org.) *Uma história brasileira das doenças.* Brasília: Editora Paralelo 15, 2004.

FLANDRIN, Jean-Louis. *Famílias, parentesco, casa e sexualidade na sociedade antiga.* Lisboa: Estampa, 1985.

FLECK, Eliane Cristina Deckmann. *Em busca da saúde das almas*: medicina e missão nas reduções jesuítico-guaranis (século XVII) In: Estudos de história, vol. 13, n. 1, 2006.

FONTOURA, Candido. *O problema das pharmacias no Brasil*. São Paulo: Instituto Medicamenta, 1935.

FOUCAULT, Michel. A vontade de saber. *Resumo dos cursos do Collége de France* (1970-1982). Rio de Janeiro:

_____. *História da sexualidade. Volume 01: A vontade de Saber*. Rio de Janeiro: Ed. Graal, 2009.

_____. *O nascimento da clínica*. Rio de Janeiro: Ed. Forense Universitária, 2001.

_____. O nascimento da medicina social. In:_____. *Microfísica do poder*. Rio de Janeiro: Graal, 1984

FRANCO, Odair. *História da febre amarela no Brasil*. Rio de Janeiro, 1969.

FREITAS, Octávio. *Doenças africanas no Brasil*. São Paulo: Cia Editora Nacional, 1935.

FREIRE, Jurandir Costa. *Ordem médica e norma familiar*. Rio de Janeiro: Ed. Graal, 1989.

FRENCH, Roger. *Medicine before Science:* the business of Medicine from the Middle Ages to Enlightenment. Cambridge, 2003.

FREYRE, Gilberto. *Casa-grande & senzala: formação da família brasileira sob o regime da economia patriarcal*. Rio de Janeiro/Brasília, Livraria José OlympioEditora, 2002.

GAUER, Ruth Maria Chittó. *A Modernidade Portuguesa e a Reforma Pombalina de 1772*. Porto Alegre: EDIPUCRS, 1996.

GIFFONI, O. Carneiro. *Dicionário Bio-bibliográfico brasileiro de escritores médicos (1500-1899)*. São Paulo: Nobel, 1972.

GOFFMAN, E. *Manicômios, prisões e conventos*. São Paulo: Ed. Perspectiva, 1974.

GOMES, Joaquim Ferreira. *Estudos para a história da Universidade de Coimbra*. Coimbra: Livraria Minerva, 1991.

GOMES, Ordival Cassiano. *História da medicina no Brasil no século XVI*. Rio de Janeiro: Instituto Brasileiro de História da Medicina, 1974.

_____. *Fundaçãodo ensino médico no Brasil. José Correia Picanço*. In: Revista de História, Vol. III, SP, 1951.

_____. *A medicina do século XVII* – As descobertas científicas – Os iatrofísicos e os iatroquímicos – Thomas Sydenham e o neo-hipocratismo seiscentista. In: Revista de história, Vol. VI, SP, 1953.

GOUVEIA, Antônio Camões. Estratégias de interiorização da disciplina In: MATTOSO, José (Dir.) *História de Portugal O Antigo Regime (1620-1807)*. Lisboa: Editorial Estampa, 1992.

GRANT, Alexander. *The story of the University of Edinburgh during the first three hundred years*.Londres: Longmans/ Green and Co, 1884.

GURGEL, Cristina. *Doenças e curas: o Brasil nos primeiros séculos*. São Paulo: Ed. Contexto, 2008.

HARVEY, William. *The circulation of the blood*.Library of Congress, 2006.

HERSON, Bella. *Cristãos-novos e seus descendentes na medicina brasileira. (1500-1850)*. São Paulo: Edusp, 2003.

HOLANDA, Sérgio Buarque de. *Caminhos e fronteiras*. Rio de Janeiro: José Olympio, 1957.

_____. *Visão do paraíso*. Os motivos edênicos no descobrimento e colonização do Brasil. São Paulo: Companhia das Letras, 2010.

JORDONOVA, L. J. Earth Science and Environmental Medicine: The Synthesis of the Late Enlighenment. In: JORDONOVA, J. L.; POTER R. Poter. (org.) *Images of the Earth: Essays in the History of Environmental Sciences*. London: Bristish Society for the History of Science, 1979.

KARASCH, M. *Slave life in Rio de Janeiro, 1808-1850*. Princeton, N.J.: Princeton University, 1987. p. 203.

KAUFFMAN, Paul; HELITO, Alfredo Salim. *Saúde: entendendo as doenças*. São Paulo: Câmara Brasileira do Livro, 2007.

LEBRUN, François. *Os cirurgiões-barbeiros*. In: LE GOFF, Jacques. *As doenças tem história*. Lisboa: Ed. Terramar, 1985.

LÉCURY, Bernad P. 'L'Hygiene en France avant Pasteur 1750-1850'. In: SALOMONT-BAYET, Claire. *Pasteur et la Révolucion Pastorienne*. Paris, 1986.

LE GOFF, Jacques. *As doenças tem história*. Lisboa: Ed. Terramar, 1985.

LEITE, Serafim. *Os jesuítas no Brasil e a medicina*. Lisboa: Separata da Revista Petrus Nominus, 1936.

_____. *História da Companhia de Jesus no Brasil*. 10v. Rio de Janeiro: Civilização Brasileira; Lisboa: Portugália, 1938-50.

_____. *Artes e ofícios dos jesuítas no Brasil. (1549-1760)*. Lisboa: Edições Brotéria, 1953.

_____. *Serviços de saúde da Companhia de Jesus no Brasil (1544-1760)*, Lisboa, Typografia do Porto, 1956.

LIND, James. *An essay on diseases incidental to Europeans in hot climates with the method of preventing their fatal consequences*.London, 1771.

LINDEBOOM, G. A. *Herman Boerhaave: the man and his work*. Methuen, 1968.

LOBBAN, R. D. *Edimburgo y la revolución de la medicina*.Ediciones Akal, 1990.

LULL, R. *Paracelsus of the chymical transmutation (...)*. London, 1657. Disponível em http://bit.ly/o9BYha.

MACHADO, Roberto et. al. *Danação da norma: a medicina social e constituição da psiquiatria no Brasil*. Rio de Janeiro: Ed. Graal, 1978.

MARQUES, A. H. de Oliveira. *A sociedade medieval portuguesa*. Lisboa: Sá da Costa, 1964.

MARQUES, Vera Regina Beltrão. Medicinas secretas. Magia e ciência no Brasil setecentista. In: CHALOUB, S.; Marques, V. R. B.; SAMPAIO, G. R. e SOBRINHO, C. R. G. *Artes e ofícios de curar no Brasil. Capítulos de história social*. Campinas: Ed. Unicamp, 2003.

_____. *Natureza em boiões. Medicinas e boticários no Brasil setecentista*. Campinas: Ed. da Unicamp, 1999.

MAXWELL, Kenneth. *Marquês de Pombal, paradoxo do Iluminismo*. Tradução de Antônio Pádua. Rio de Janeiro: Paz e Terra, 1996.

MELLO-LEITÃO, Cândido de. *História das expedições científicas no Brasil*. São Paulo: Nacional, 1941.

MESGRAVIS, Laima. *A santa casa de misericórdia de São Paulo (1599? – 1884): contribuição ao estudo da assistência social no Brasil*. São Paulo: Conselho Estadual Cultural, 1976.

MIRA, M. Ferreira de. *História da medicina portuguesa*. Lisboa: Empresa Nacional de Publicidade, 1947.

MIRANDA, Carlos Alberto Cunha. *A arte de curar nos tempos da Colônia:*
limites e espaços de cura. Recife: Fundação de Cultura da cidade de
Recife, 2004.

MITCHELL, Gilberto de Medeiros. *História do Serviço de Saúde do Exército Brasileiro.* Rio de Janeiro: Escola de Saúde do Exército, 1963.

MONTEIRO, Paula. *Da doença à desordem. A magia na umbanda.* Rio de Janeiro: Edições Graal, 1985.

MORAES, Rubens Borba de. *O bibliófilo aprendiz.* Editora Casa da Palavra, 2005. p. 23.

MOSSÉ, Claude. As lições de Hipócrates. In: LE GOFF, Jacques. *As doenças tem história.* Lisboa: Ed. Terramar, 1995.

NAVA, Pedro. *Capítulos da história da medicina no Brasil.* São Paulo: Oficina do Livro Rubens Borba de Moraes, 2003.

_____. *Território de Epidauro.* Rio de Janeiro: Cândido Mendes Jr., 1947.

NASCIMENTO, Alfredo. *O centenário da academia nacional de medicina no Rio de Janeiro – primórdios e evolução da medicina no Brasil.* Rio de Janeiro, 1929.

NÓBREGA, Manoel da.*Cartas do Brasil e mais escritos.* Introdução e notas por Serafim Leite. Coimbra: Por ordem da Universidade, 1955.

NOGUEIRA, Roberto Passos. *Do físico ao médico moderno:* a formação social da prática médica. São Paulo: Editora UNESP, 2007.

NUTTON, Vivian. The Chronology of Galen's Early Career. *Classical Quarterly 23,* 1973.

OTT, Carlos. *A santa casa de misericórdia da cidade de Salvador.* Rio de Janeiro: Publicações do patrimônio histórico e artístico nacional, 1960.

PEDROSA, Manoel X. V. Estudantes brasileiros na faculdade de medicina de Montpellier no fim do século XVIII. *Revista do IHGB.* Rio de Janeiro, vol. 243. Abril – junho, 1959.

_____. O exercício da medicina nos séculos XVI, XVII e primeira metade do século XVIII no Brasil colonial. *IV Congresso de História Nacional.* Rio de Janeiro: Imprensa Nacional, 1951.

PEIXOTO, A. (org.) *Cartas avulsas de jesuítas (1550-1568). Cartas Jesuíticas II.* Rio de Janeiro: Publicações da Academia Brasileira de Letras, 1931.

PIMENTA, Miguel Dias. "Notícia do que é o achaque do bicho". In: MORÃO, ROSA & PIMENTA. Notícias dos três primeiros livros em vernáculo sobre a medicina no Brasil. Recife: Arquivo Público Estadual de Pernambuco, 1956.

PIMENTA, Tânia Salgado. Entre sangradores e doutores: práticas e formação médica na primeira metade do século XIX. *Cad. CEDES*, Campinas, vol. 23, n. 59, abr. 2003.

_____. *Artes de curar. Um estudo a partir dos documentos da Fiscatura-Mor no Brasil do começo do século XIX*. Campinas: Ed. da Unicamp, 1997.

_____. Transformações no exercício das artes de curar no Rio de Janeiro durante a primeira metade do Oitocentos. História, Ciências, Saúde. Manguinhos, vol. 11 (supplement 1): 67-92, 2004.p. 148.

PINA, Luís de. *Os remédios imundos na medicina popular*. Paris: Librarie E. Nourry, 1931.

PINTO, Manuel Serrano et al. O médico brasileiro José Pinto de Azeredo (1766?-1810) e o exame químico da atmosfera do Rio de Janeiro. *Hist. cienc. saúde-Manguinhos*, Rio de Janeiro, vol. 12, n. 3, Dec.2005.

PISO, Guilherme de. *História natural do Brasil ilustrada*. Tradução de Alexandre Correia. São Paulo: Companhia Editora Nacional, 1946.

PITA, João Rui. A Pharmacopea Lusitana de D. Caetano de Santo Antônio ou quando se faz "divino o remédio humano". In: SANTO ANTONIO, D. Caetano de. *Pharmacopea Lusitana. (1704)* Organização e nota introdutória de João Rui Pita. Coimbra: Edições MinervaCoimbra, 2000. p. XII.

_____. Contributo para a história das farmacopeias portuguesas: Manuel Joaquim Henriques de Paiva e a Farmacopéa Lisbonense. *Cadernos de Cultura. Medicina na beira interior, da pré história ao século XXI*. Portugal, n. 22, novembro de 2008. p. 126.

_____. *Farmácia, medicina e saúde pública em Portugal (1772-1836)*. Coimbra: Ed. Minerva, 1996.

POWER, D'Arcy.*William Harvey*: masters of medicine. London, 1996.

PRESTES, Maria Elice Brzezinski. *A investigação da natureza no Brasil colônia*. São Paulo: Annablume; FAPESP, 2000.

PRIORE, Mary Del. *História das mulheres no Brasil*. São Paulo: Ed. Contexto, 2006.

_____. *Ao sul do corpo*. São Paulo: Ed. Unesp, 2009.

_____. Ritos da vida privada. In: *História da vida privada no Brasil. I: cotidiano e vida privada na América portuguesa*. São Paulo: Cia das Letras, 1997.

RASTEIRO, Alfredo. *O ensino médico em Coimbra. 1131-2000*. Coimbra: Quarteto, 1999.

RIBEIRO, José Silvestre. *História dos estabelecimentos scientificos, litterarios e artísticos de Portugal nos sucessivos reinados da monarquia*. Lisboa: Academia Real de Sciencias.

RIBEIRO, Lourival. *Medicina no Brasil Colonial*. Rio de Janeiro: GB, 1971.

RIBEIRO, Márcia Moisés. *A ciência dos trópicos. A arte médica no Brasil do século XVIII*. HUCITEC, 1997.

_____. *Exorcistas e demônios: demonologia e exorcismos no mundo luso brasileiro*. São Paulo: Campus/Elsevier, 2003.

ROCHA, José Martinho. *Introdução a história da puericultura e pediatria no Brasil (1500-1882)*. Rio de Janeiro, 1947.

RODRIGUES, Jaime. *De costa a costa: Escravos, marinheiros e intermediários do tráfico negreiro de Angola ao Rio de Janeiro (1780-1860)*. São Paulo: Companhia das Letras, 2005.

RODRIGUES, Lopes. *Anchieta e a medicina*. Belo Horizonte: Edições Apolo, 1934.

ROSA, Maria Cristina. *Da pluralidade dos corpos: educação, diversão e doença na comarca de Vila Rica*. Campinas, SP: [s.n.], 2005. (tese de doutorado, Unicamp)

ROSEN, George. *Uma história da saúde pública*. São Paulo: Ed. Unesp/HUCITEC, 1994.

RUSSELL-WOOD, A. J. R. *Escravos e libertos no Brasil colonial*. Rio de Janeiro: Civilização brasileira, 2005.

_____. *Fidalgos e filantropos*. A Santa Casa da Misericórdia da Bahia, 1150 – 1755. Brasília: Editora Universidade de Brasília, 1981.

SAMPAIO, F. A. de. História dos reinos vegetal, animal e mineral no Brasil, pertencente à medicina. *Anais da Biblioteca Nacional*, 89 (1969), 5-95, 1-91.

SANTOS FILHO, Lycurgo. *Pequena história da medicina brasileira*. São Paulo: DESA/Edusp, 1966.

_____. *História geral da medicina brasileira*. São Paulo: Edusp/HUCITEC, 1977.

_____. *História da medicina no Brasil*. São Paulo: Ed. Brasiliense, 1947.

_____. *Medicina Colonial*.in HOLANDA, Sérgio Buarque de. *História Geral da Civilização Brasileira* (tomo I, vol. 2) – Difusão Europeia do Livro, São Paulo, 1960.

SANTOS, Fernando Santiago dos. *As plantas brasileiras, os jesuítas e os indígenas do Brasil: história e ciência na Triaga Brasílica (séc.XVII-XVIII)*. São Paulo: Casa do Novo Autor Editora, 2009.

SANTOS, J. J. Carvalhão. *Revista Kalliope, de Medicina*. 1990.Vol.3.

SANTOS, Manoel dos. *Calamidades de Pernambuco*. Governo de Pernambuco, Secretaria de Turismo, Cultura e Esportes, Fundação do Patrimônio Histórico e Artístico de Pernambuco, Diretoria de Assuntos Culturais, 1749.

SARMENTO, Jacob de Castro. *Do uso e abuso das minhas agoas de Inglaterra, ou directorio e instruccam, para se saber seguramente quando se deve, ou não, usar dellas, assim nas enfermidades agudas. Como em algumas chronicas, e em casos propriamente de Cirrugia, pelo inventor das mesmas agoas*. Londres: Em caza de Guiçherme Strahan, 1756.

SAUVAGES, François. *Nosologie méthodique: dans laquelle les maladies sont rangées par classes, suivant le système de Sydenham, et l'ordre des botanistes*. Paris, 1770-1771.

SCHWARTZ, Stuart. *A América Latina no período colonial*. Rio de Janeiro: Civilização Brasileira, 2002.

_____. *Segredos internos: engenhos e escravos na sociedade colonial. 1550-1835*. São Paulo: Cia das Letras, 1988.

SIGERIST, Henry E. *Historia e sociologia de la medicina*. Bogotá: Ed. Guadalupe ltda, 1974.

SILVA, Alberto Martins da. Hospital Central do Exército 1768/1998. *Revista do Instituto Histórico e Geográfico Brasileiro*, Rio de Janeiro, ano 158, n.397, p. 977-1321, out./dez. 1997.

SILVA, Innocêncio Francisco da. *Diccionário bibliographico portuguez: estudos de Innocêncio Francisco da Silva aplicáveis a Portugal e ao Brazil*. Lisboa: Imprensa Nacional, 1858.

SILVA, J. M. P. *Os varões illustres do Brazil durante os tempos coloniáes*. Paris:Livraria Franck/ Guillaumin, 1858.

SILVA, Maria Beatriz Nizza da.*Cultura no Brasil colônia*. Petrópolis: Ed. Vozes, 1981.

_____. *Sistema de casamento no Brasil colonial*. São Paulo: T.A. Queiroz; EDUSP, 1984.

_____. Médicos, cirurgiões e boticários. Análise da estratificação social no Rio de janeiro, de 1808 a 1821. São Paulo: FFLCH-USP, *Boletim* n. 7, 1975.

_____. Médicos e cirurgiões no Brasil colonial. *Anais da III Reunião da Sociedade Brasileira de Pesquisa Histórica*. São Paulo, 1984.

_____. (coord) *Dicionário da história da colonização portuguesa no Brasil*. Lisboa: Verbo, 1994.

SOURNIA, Jean-Charles. O homem e a doença. In: LE GOFF, Jacques. *As doenças tem história*. Lisboa: Ed. Terramar, 1995.

SOUSA, Marco Antonio. *Memoria sobre a capitania de Serzipe (1800)*. Aracaju: 1944.

SOUZA, Gabriel Soares de. *Tratado descritivo do Brasil em 1587*. Edição castigada pelo estudo e exame de muitos códices manuscritos existentes no Brasil, em Portugal Espanha e França, e acrescentada de alguns comentários por Francisco Adolpho de Varnhagem. Brasiliana, volume 117, 1938.

STUDART, G. *Pathologia historica brazileira*. Documentos para a história da pestilência da bicha ou males. Fortaleza: Biblioteca Básica Cearense, 1997.

TAUNAY, Carlos Augusto. *Manual do agricultor brasileiro*. São Paulo: Companhia das Letras, 2001.

TAVARES DE SOUSA, A. *Curso de História da Medicina* – das origens aos fins do século XVI, Lisboa, Fundação Calouste Gulbenkian, 1996.

THOMAS, Keith. *O homem e o mundo natural*.São Paulo: Companhia das Letras, 2002.

VASCONCELLOS, Simão. *Chronicas da Companhia de Jesus do Estado do Brasil*. Lisboa, 1865.

VICENTE, Gil. *Auto dos físicos*. Lisboa: Edições Ledo Ltda, 1993.

VIEIRA, Elisabeth Meloni. *A medicalização do corpo feminino*. Rio de Janeiro: FIOCRUZ, 2002.

VIGARELLO, Georges. *História das práticas de saúde*. A saúde e a doença desde a Idade Média. Lisboa: Éditions du Seuil, 1993a.

_____. *Le sain et le malsain: Santé et mieux-être depuis le Moyen Age*.Paris: Éd. Seuil, 1993b.

VILHENA. *Recopiação de notícias soteropolitanas e brasílicas: acompanhadas de mapas e prospectos da Bahia*. 1802.Manuscrito (FBN 10,2,20)

VOTTA, Raul. *A irmandade da Santa Casa de Misericórdia de São Paulo nos primórdios de sua existência*. São Paulo: Dupont, 1951.

WEHLING, Arno. O fomentismo português no final do século XVIII: doutrinas, mecanismos, exemplificações. *RIHGB*, 1977, vol. 316.

Alameda nas redes sociais:
Site: www.alamedaeditorial.com.br
Facebook.com/alamedaeditorial/
Twitter.com/editoraalameda
Instagram.com/editora_alameda/

Esta obra foi impressa em São Paulo no outono de 2017. No texto foi utilizada a fonte Palatino Linotype em corpo 9,8 e entrelinha de 13 pontos.